KB069373

법!
말장난의 과학

최덕규 지음

청어

법! 말장난의 과학(개정판)

최덕규 지음

발행처 · 도서출판 **청어**
발행인 · 이영철
영　업 · 이동호
홍　보 · 최윤영
기　획 · 천성래 l 이용희
편　집 · 방세화 l 김명희
디자인 · 김바라 l 서경아
제작부장 · 공병한
인　쇄 · 두리터

등　록 · 1999년 5월 3일
(제321-3210000251001999000063호)

1판 1쇄 발행 · 2014년　9월 30일
2판 1쇄 발행 · 2015년 12월 15일
　　2쇄 발행 · 2016년　1월 30일

주소 · 서울특별시 서초구 효령로55길 45-8
대표전화 · 02-586-0477
팩시밀리 · 02-586-0478

홈페이지 · www.chungeobook.com
E-mail · ppi20@hanmail.net
ISBN · 979-11-5860-380-9 (03360)

이 도서의 국립중앙도서관 출판시도서목록(CIP)은 서지정보유통지원시스템 홈페이지
(http://seoji.nl.go.kr)와 국가자료공동목록시스템(http://www.nl.go.kr/kolisnet)에서 이용하실 수
있습니다.(CIP제어번호: CIP2015033099)

펀!
말장난의 과학

정의롭지 못한 세상에서
정의로운 세상을 꿈꾸며 살아가는
모든 이들에게 이 책을 바칩니다.

C·o·n·t·e·n·t·s

제6장. 멀어져가는 정의

제7장. 판결문 공개 – 사법정의를 향한 첫걸음

제8장. 다시 쓰는 판결문

제9장. 법의 문외지대(門外地帶) – 특허분야

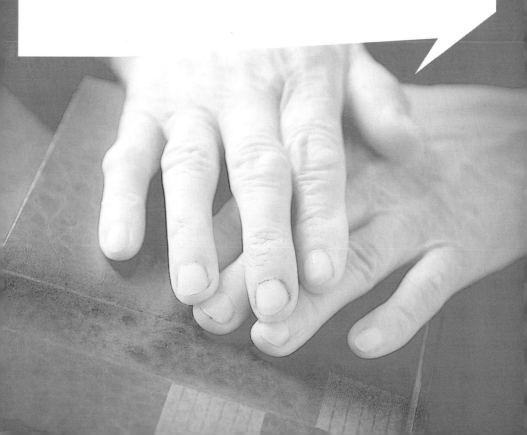

제1장

법! 무엇이 문제인가?

행복하지 못한 나라
자유롭지 못한 국민의 자유
만인은 법 앞에 평등하다?
깡패국가로 전락한 법치주의
강자의 논리가 되어버린 정의
분노한 민중

행복하지 못한 나라

삼천리금수강산 한반도 남녘 대한민국이라는 나라 집에 5,000만이라는 귀하디귀한 존재들이 살고 있다. 반만년 유구한 역사 속에 왕조도 여러 번 바뀌고 참혹했던 식민통치에 이어 동족상잔의 전쟁도 치러 민중은 낙담상혼(落膽喪魂)에 이르고 금수강산은 폐허가 되었지만, 인동초처럼 견디고 오뚝이처럼 일어나 민주공화국이라는 틀을 만들었다. 그것도 잠시뿐 장기집권 음모와 군부독재에 이어 신군부까지 연장되면서 인권은 더욱더 유린되고 국민의 자유와 평등은 오랜 기간 암울한 시대를 맞아야 했다.

하지만 민중은 하늘로부터 부여받았다는 인간으로서의 기본권을 보장받고 법 앞에서 평등한 대우를 받아가면서 인간답게 살고자 수많은 희생과 고난을 마다하지 않았다. 4·19 의거가 그러했고, 유신독재에 대한 투쟁이 그러했으며, 5·18 광주항쟁과 6·10 민주항쟁이 그러했다.

민중의 힘으로 민주주의를 쟁취하고 명실공히 민주공화국이 되었는데도 우리의 기본권은 아직도 신음하고 있으며 법 앞에 평등하다는 민주주의 기본이념은 아직 현실과 거리가 멀다. 보릿고개를 넘기기도 하고 산업화에 따라 돈 맛도 알게 되고 마이카 시대에 OECD도 가입하여 선진국도 되어 1인당 평균 GDP가 2만 달러를 넘어 3만 달러를 향해가고 있지만 별로 행복하지 못하다. 행복은 차치하고 불만과 증오, 적대감, 화, 분노로 가득차 있다. 예전에는 못 살아 각박해 그러려니 했을 것이다. 그러나 지금 우리는 어떤 경제지표 상으로도 선진국 반열에 들어서있다. 빈부격차도, 사회경직성도 아직은 비교적 낮은 편이다. 그런데도 행복도는 늘 전 세계 밑바닥권이다.[1]

전 세계 각 나라의 행복지수를 보면, 국민소득 2만 달러, 세계 10위권의 경제 규모를 가진 우리나라의 국민 행복도는 절망적이다. 2010년 갤럽 조사에서는 155개국 중 56위, 2009년 유럽 신경제재단(NEF) 조사에서는 143개국 중 68위, 2008년 영국 레스터 대학 조사에서는 178개국 중 102위였다. 2009년 보건사회연구원의 OECD 행복지수 분석에서도 우리는 30개국 중 25위로 최하위권이었다.[2] 물질적으로 과거에 비해 엄청나게 풍요로워졌는데도 우리의 행복도는 더 나아진 게 없다.

사회 범죄율을 가지고 외국과 비교해보자. 형사정책연구원의 자료를 바탕으로 살펴보면, 미국은 한국보다 살인 사건이 2.7배나 많이 발생하고, 영국은 강도 사건이 12.6배나 많이 발생한다. 영국은 한국보다 강간 사건이 4.3배나 많지만, 실제로 한국의 통계에는 추행 등 각종 성 관련 범죄가 포함되었기 때문에 실제 격차는 훨씬 더 크다. 영국은 한국보다

---

(1) 이준희, 편집인 칼럼, 한국일보 2013. 11. 20, 30면
(2) 박에스더, 『나는 다른 대한민국에서 살고 싶다』, (주)쌤앤파커스(2012), 80쪽

38.4배나 많은 폭행 사건이 발생하고, 상해 범죄의 경우 독일은 9.1배나 많다. 방화는 영국이 30.3배, 절도는 11.8배나 많다. 얼핏 보면 오타가 있을까 싶을 정도로 엄청난 격차다. 이러한 통계를 보건대, 분명히 한국은 일본과 더불어 세계에서 가장 안전한 나라다.[3] 범죄율만 놓고 보면 가장 안전한 나라라고 평가되는데도 우리는 행복하지 못하다. 분명히 또 다른 요인이 우리를 행복하지 못하게 만들고 있다.

2006년 한국개발연구원(KDI) 경제정보센터가 공공기관과 민간기관들의 사회 신뢰도를 조사한 〈사회적 자본 실태 종합조사 보고서〉에 따르면, 불신을 0점, 신뢰를 10점으로 했을 때, 법원은 4.3점, 검찰은 4.2점이라는 매우 낮은 평점을 얻었다. 교육기관 5.4점, 시민단체 5.4점, 언론기관 4.9점보다 뒤떨어지는 것은 물론이고, 군대·대기업·노동조합·경찰보다 신뢰도가 낮았다. '법원의 판결이 정당하다'는 응답은 50%대였고, '공직자들이 법을 제대로 지킨다'는 응답은 5%에 불과했다. 처음 만난 사람에 대한 신뢰도가 4.0이므로, 우리 법원, 검찰은 고작 낯선 사람 수준의 신뢰를 얻고 있는 셈이다.[4]

하루가 멀다 하고 터지는 비리 사건들, 권력형 비리, 불법 정치자금 수수, 재벌들의 비자금, 분식회계, 탈세, 국민을 위협하는 공안 사건들로 넘쳐난다. 대한민국은 경제적으로 완전히 성숙한 나라지만, 부정부패, 비리문제에서만은 후진적이다. 2011년 국제투명성기구(Transparency International)의 부패인식지수(Corruption Perceptions Index) 조사에서 한국은 176개국 중 43위에 머물렀다(해당 지수에서 북한은 세계에서 가장 부패

---

(3) 오창익, 『십중팔구 한국에만 있는!』, (주)도서출판 삼인(2013), 103쪽
(4) 김두식, 『불멸의 신성가족』, 창비(2009), 152쪽

한 나라로 나온다).[5] 2013년에도 청렴도는 더 떨어졌다. 국제투명성기구가 발표한 2013년 부패인식지수에서 우리나라는 177개국 중 46위로 지난해보다 한 단계 낮아졌다. OECD 가입 34개국 중에서 27위로 바닥권이다. 경제규모 세계 15위, 무역규모 세계 8위라는 자랑이 부끄럽다.[6]

세계경제포럼의 〈2012~2013 국가경쟁력 보고서〉에 따르면, 정치인들에 대한 국민의 신뢰도가 150여 조사국 중에서 우리나라가 117위였다. 슬로베니아가 116위, 세르비아가 118위이니 우리나라 수준을 알 수 있다. 공무원에 대한 뇌물공여 지수는 50위였는데, 말타가 49위였고 잠비아가 51위였다. 사법부가 정부나 재벌, 전관변호사, 로펌 등에 영향을 받지 않고 독립적으로 판결할 수 있는 사법부 독립성 지수는 74위였고, 나이지리아가 73위, 인도네시아가 76위를 기록했다. 정부예산이 낭비 없이 얼마나 효율적으로 집행되는지를 나타내는 예산낭비 지수는 107위를 기록했다.[7]

OECD 회원국으로 세계 10위권의 경제규모를 갖는 나라로서 이러한 수치는 초라하다. 경제적으로는 풍요로워졌지만 사회 전반에 걸쳐 깨끗하지 못한 나라, 가진 자와 힘 있는 자들의 천국, 그래서 행복하지 못한 나라가 되기에 충분하다.

미국 메릴랜드대 정치학과 프레드 앨퍼트(C. Fred Alford) 교수는 〈한국인의 심리에 관한 보고서〉에서 '한국 사회에서는 악의 실체가 존재하는데도 한국인들은 그것을 악이라 규정하지 않는다. 악의 정체를 제대

---

(5) 다니엘 튜터 지음, 노정태 옮김, 『기적을 이룬 나라 기쁨을 잃은 나라』, (주)문학동네(2013), 264~265쪽

(6) 한국일보 2013. 12. 5, 사설

(7) 세계경제포럼의 2012-2013 국가경쟁력 보고서, 388~409쪽(www.weforum.org)

로 규정하지 않는 한국인의 사고방식은 결과적으로 거짓말을 은폐하는 역할을 한다' 라고 지적했다.[8] 석궁 사건의 김명호 교수는 이를 이렇게 풀이한다.

한국인의 판단기준이 엉망인 것은 사회의 기본 틀을 만드는 신상필벌의 대원칙이 무너졌기 때문이다. 엄벌해야 할 곳에서 관용을 베풀고 관용을 베풀어야 할 곳에서 엄벌하는 사회, 괘씸죄, 억울하면 출세하라' 는 말들이 공공연히 돌아다니는 기준 없는 사회라는 것이다. 억울하면 출세하라? 법 치국가에서 억울한 일을 당하면 출세하라니? 권력을 잡든지 돈을 벌어 법 을 위반하는 위치에 올라가라는 얘기 아닌가? 아주 대놓고 법을 묵살하라 고 권장하는 사회다.[9]

(8) 김명호, 『판사 니들이 뭔데』, 석궁김명호출판사(2012), 217쪽
(9) 김명호, 위의 책, 217쪽

자유롭지 못한 국민의 자유

18세기 미국 정치가 패트릭 헨리는 '자유 아니면 죽음을 달라'고 외쳤다. 인류의 중요한 보편적 가치 중에서 자유는 그 어느 것보다도 우선한다. 평등이나 평화보다도 더 소중하다. 자유 없는 삶은 죽음보다도 못하다 할 만큼 자유는 목숨 다음으로 소중한 가치다.

우리 헌법은 국민의 기본권인 자유에 대하여 모두 열 가지로 규정한다. 신체의 자유, 거주 이전의 자유, 직업선택의 자유, 주거의 자유, 사생활의 비밀과 자유, 통신의 비밀, 사상의 자유(양심의 자유), 종교의 자유, 표현의 자유(언론·출판의 자유와 집회·결사의 자유), 학문과 예술의 자유가 그것이다. 인간이 인간답게 살아나가기 위해서 절대적으로 중요한 권리이다.

신체의 자유가 자유 중에 으뜸이다. 감옥이 우리에게 두려운 이유가 여기에 있다. 그래서 헌법에서도 가장 먼저 등장한다. 2013년 12월 타계한 남아프리카 공화국의 민주화 상징이자 살아있는 성자로 불린 '넬

슨 만델라'는 '사람이 사람을 억압해서는 안 된다'는 말을 남겼다.

우리의 자유가 보장되고 있는 실태를 살펴보면, 헌법에서 규정한 10개의 자유 중에서 거주 이전의 자유, 직업선택의 자유, 주거의 자유, 종교의 자유, 학문과 예술의 자유에 대해서는 큰 문제가 없다. 누구나 능력에 따라 살고 싶은 곳으로 이주하여 살 수 있다. 능력에 따라 원하는 직업을 가질 수 있고, 원하는 종교를 선택할 수 있다. 학문과 예술의 자유도 제한받는 경우가 거의 없다. 사생활의 비밀과 자유 그리고 통신의 비밀은 완벽하지 못하다. 민간인의 통신을 감청하고 사생활의 비밀을 정치적으로 이용하는 경우가 왕왕 있지만 일반 대중에게는 그리 심각한 지경은 아닌 것 같다. 문제는 신체의 자유, 표현의 자유(언론·출판의 자유와 집회·결사의 자유), 사상의 자유(양심의 자유)에 있다. 이는 아주 심각하다. 그렇다면 우리는 아직도 절반 정도의 기본권만이 보장되는 국가라 할 수 있다.

2008년 미네르바라는 필명으로 활동하던 한 사용자가 인터넷 게시판에 한국경제에 대한 비관적인 전망을 올리기 시작했다. 미네르바의 예언이 몇 차례 적중했다는 것이 확인되자, 그를 추종하는 사람들이 크게 늘어났다. 겁에 질린 정부는 미네르바의 가면을 벗겨내 그가 30세의 실직자 박대성이라 폭로했고, 그를 '허위사실 유포' 혐의로 기소했다. 박씨는 나중에 무혐의로 풀려났지만 미네르바 사건은 한국에서 표현의 자유가 완전히 보장되어 있지 않다는 것을 확인시켜준 사건이었다.[10]

---

(10) 다니엘 튜터 지음, 노정태 옮김, 『기적을 이룬 나라 기쁨을 잃은 나라』, (주)문학동네 (2013), 126쪽

증거가 명백하고 도주의 우려가 없는 미네르바를 구속한 것도 불구속수
사를 원칙으로 하는 현대 형사사법의 기본 이념을 거스르는 반인권적 수
사 형태였다. 국가형벌권이라는 공포를 동원해 네티즌들의 활동을 위축시
키는 정치적 목적을 달성하기 위한 무리수였다. 미네르바 변호인들에 따르
면 미네르바는 피의자 신분으로 검사실에서 수갑을 차고 포승줄에 묶인 채
13시간 이상 조사받기도 했다고 한다. 이 정도면 신문(訊問)이 아니라 사실
상 고문(拷問)이라고 봐야 한다. 법률 전문가들인 검사들의 사고가 목적 달
성을 위해서는 수단 방법 가리지 않고 상대방을 굴복시켜야 한다는 봉건시
대 칼잡이 수준에서 맴돌고 있는 것 같다. 더군다나 재독학자 송두율 교수
사건에서 헌법재판소가 검찰 신문 과정에서 피의자를 수갑 채우고 포승줄
로 묶는 것은 위헌이라고 결정했는데도 검찰은 아직도 이런 신문 형태를
고집하고 있다. 검찰은 심각하고도 명백한 불법행위를 자행한 것이다.(11)

2011년 12월, 전직 국회의원이자 세계에서 가장 유명한 팟캐스트인
〈나는 꼼수다〉의 출연진이었던 정봉주는, 이명박 대통령이 악명 높은
사기극에 연루되어 있다는 의혹을 제기했다가 명예훼손죄로 감옥에 가
야 했다. 다른 민주주의 국가에서였다면 정봉주는 최악의 경우에도 손
해배상금을 지급하는 수준에 그쳤을 것이다. 프랑크 라 뤼(Frank La
Rue) 유엔 의사표현의 자유 특별보고관은 2011년 12월 〈뉴욕타임스〉를
통해 이렇게 말했다. '한국에서는 사실을 적시했으며 공익을 목적으로
한 표현에 명예훼손죄를 적용한 소송이 빈번히 이뤄지며, 이는 정부를
비판하는 개인을 처벌하기 위한 용도로 사용되고 있다.' (12)
'떡값 검사'의 이름을 공개했다는 이유로 기소된 진보정의당 공동대

---

(11) 김희수 외 3인, 『검찰공화국, 대한민국』, (주)도서출판삼인(2012), 196~197쪽
(12) 다니엘 튜터 지음, 노정태 옮김, 위의 책, 125쪽

표 노회찬 의원이 2013년 2월 대법원 유죄판결을 받아 의원직을 상실하였다. 1997년 대선을 앞둔 몇 달 동안 안기부는 홍석현 중앙일보 사장, 이학수 삼성그룹 비서실장 사이의 대화를 도청하여 녹음했는데, 여기에는 삼성그룹이 대선에서 특정 후보자를 지원하는 내용과 주요 정치인과 고위 검사들에게 '떡값'이라 불리는 뇌물을 준다는 내용이 들어있었다. 이 도청테이프가 우여곡절을 겪어 2005년 언론에 보도됐고, 그 여파로 당시 홍석현 주미대사가 자리에서 물러났다. 그러나 검사들의 명단은 공개되지 않았다.

노회찬 의원은 검사 7명의 실명을 공개한 보도자료를 언론에 돌리고 같은 내용을 인터넷에도 올렸다. 그런 국회 발언과 보도자료는 국회의원의 면책특권이 적용되어 문제가 되지 않았으나, 인터넷에 공개한 것이 통신비밀보호법을 위반했다는 것이 대법원 판결의 내용이었다.[13]

권력에 의한 언론통제 역시 문제다. 2011년 미국 싱크탱크인 프리덤하우스는, 한국은 민주주의 국가지만 '부분적 언론자유국'이라고 지적했다. 이는 '검열과 함께 언론 매체의 뉴스와 정보 콘텐츠에 대한 정부 영향력의 개입이 확대된 데 따른 것'이며 언론 자유도는 전반적으로 악화되고 있다고 지적했다.[14] 다음은 다니엘 튜더 기자가 지적하는 한국의 언론 상황이다.

직접적인 검열을 하지 않더라도, 정부는 불편한 사건이 있을 때마다 불만을 토로하는 언론사의 고위직에 낙하산 인사를 떨어뜨려 영향력을 행사

---

(13) 서화숙, 이런 세상, 한국일보 2013. 2. 15, 30면
(14) 다니엘 튜더 지음, 노정태 옮김, 『기적을 이룬 나라 기쁨을 잃은 나라』, (주)문학동네 (2013), 97쪽

할 수 있다. 2012년, 한국의 방송 3사 기자들은 이 문제로 파업에 들어갔으며, 2009년에는 노종면 YTN 기자가 사장의 출근을 지지하며 항의했다는 점 때문에 업무방해죄로 유죄 선고를 받았다. 그에 대해 국제사면위원회는 반대의 뜻을 표명한 바 있다. 또한 재벌이 한국 경제에 미치는 힘이 커지면서, 주류 언론에서 삼성이나 현대 같은 대기업에 냉정한 비판을 가하는 사례도 점점 찾아보기 힘들어지고 있다. 만약 한 언론의 전체 광고수입 중 20%가 한 기업에서 나온다면, 그 회사를 비판하는 일은 매우 어려워질 수밖에 없을 테니 말이다. 뉴스매체가 보여주는 이러한 제약 조건들은 대중이 언론을 불신하게 만드는 원인을 제공한다. BBC의 한 조사에 따르면, 한국인들은 정부가 언론에 과도하게 개입하는 경향이 있다고 생각하며, 55%는 언론을 신뢰하지 않는다고 대답했다.[15]

저작권과 관련된 표현의 자유도 침해가 심각하다. 1992년에는 연세대 마광수 교수의 소설 『즐거운 사라』를 서울지검 특수부에서 기소했다. 1995년에는 소설가 장정일 씨가 『내게 거짓말을 해 봐』로 인해 법정 구속되었다. 마광수 교수는 1995년 6월에, 장정일 씨는 2000년 10월에 각각 대법원에서 유죄 판결을 받았다.[16] 소설가가 소설도 제대로 쓸 수 없는 나라가 헌법에 민주공화국을 표방하고 누구나 표현의 자유를 갖는다고 규정하고 있다.

마지막으로 사상의 자유다. 우리 근대사에서 가장 참혹하게 인권을 유린했던 것이 바로 이 사상의 자유와 관련된 것이다. 그 중심에 '국가보안법'이 있다. 국가 보안법은 허울 좋은 안보론을 내세워 국민의 사상의 자유를 위협하고 있다. 국민을 바보 취급하는 대표적인 법안이 발

---

(15) 다니엘 튜터 지음, 노정태 옮김, 위의 책, 97~98쪽
(16) 김두식, 『헌법의 풍경』, 교양인(2013), 82쪽

이 국가보안법이다.[17]

신체의 자유가 보장되지 않는 것은 공권력이 남용되는 후진국가에서 나 볼 수 있는 일이다. 사생활의 비밀과 자유 그리고 통신의 비밀이 완벽하지 않고 표현의 자유와 사상의 자유가 제한되는 것은 깊이 사유하지도 말고 많이 알려고도 하지 말고 그저 만족한 돼지처럼 살라는 것이다. 불만족한 소크라테스가 되어 괜히 따지려 들지 말고 권력에 대항하려 하지 말라는 것이다.

---

(17) 김희수, 『법도 때로는 눈물을 흘린다』, (주)도서출판삼인(2005), 238쪽

만인은 법 앞에 평등하다?

인간은 본래 평등한 존재가 아니다. 인간뿐만 아니라 세상만물이 다 그렇다. 성별이 다르고 키가 다르고 몸무게가 다르고 얼굴 생김새가 다르고 개성이 다르고 능력이 다르다. 한날한시에 태어난 쌍둥이도 다르긴 마찬가지다. 인간은 결코 평등할 수가 없는 존재다. 그런데 유일하게 평등해야 할 때가 하나 있다. 바로 법 앞에서이다. 법 앞에 서면 모두가 평등해야 한다. 이것이 인간이 가져야 할 중요한 가치다. 자유 다음으로 그리고 자유 못지않게 누려야 할 인간으로서의 기본적 가치다. 우리 사회는 이 중요한 가치가 무너진 지 오래다.

이동흡 전 헌법재판관의 특정업무경비 유용혐의 수사가 배당된 지 10개월이 지나도록 진척을 보이지 못하고 있다. 헌법재판소의 특정업무경비 자료제출이 제대로 이뤄지지 않고 있는 데다 핵심 참고인인 헌재 직원 소환조사도 계속 연기되고 있다는 게 검찰 설명이다.

참여연대는 2013년 2월 총 3억 2,000만 원의 특정업무경비를 유용한 혐의로 이 전 재판관을 검찰에 고발했다. 검찰은 이 사건을 서울중앙지검 형사5부(부장검사 권순범)에 배당했다. 이후 검찰은 여러 차례 헌재에 특정 업무경비 지급내역과 사용현황 등 관련자료 제출을 요구했지만 헌재 측은 응하지 않은 것으로 알려졌다. 검찰 관계자는 '헌재에 요청한 자료가 거의 오지 않고 있다'며 '수사에 어려움이 많다'고 전했다.

지난(2013년) 1월 이동흡 헌재 소장 후보자 인사청문회에 증인으로 출석 했던 김모 사무관 소환조사도 계속 연기되고 있다. 검찰 관계자는 '핵심 참고인인 김 사무관에 대한 소환조사를 헌재에 요청했으나 소환 날짜가 계속 미뤄지고 있다'고 말했다. 당사자인 이 전 재판관도 자료 제출을 미루고 있다.[18]

다른 공무원이 3억 원의 공금을 유용했다면 당장 구속되었을 것이다. 이런 일은 빙산의 일각에 불과하다. 이런 사회에서 행복해 할 국민 없다. 그래서 20%가 넘는 국민이 기회만 되면 이 나라를 떠나려는 생각을 갖고 있다.[19]

내연관계인 변호사로부터 벤츠 승용차 등을 받고 고소 사건을 청탁 받았다는 이른바 '벤츠 여검사'에게 부산고등법원이 무죄를 선고했다. 알선수재 혐의를 적용해 징역 3년과 추징금 4,462만 원을 선고했던 1심 판결을 송두리째 뒤집었다. 부산고등법원은 사건 청탁 2년 7개월 전 부터 벤츠 승용차, 시계, 반지 등을 받았고 청탁 전후 경제적 지원이 크

---

(18) http://news.naver.com/mian, 국민일보 2013. 12. 02

(19) 저자 주: 2014년 12월 서울중앙지검 형사 5부는 특정업무경비 3억여 원을 횡령한 혐의로 고발된 이동흡(63) 전 헌법재판관에 대해 무혐의 처분했다. 검찰은 "입출금내역과 경비사 용 내역 등을 대조분석한 결과 사적 용도로 사용했다는 점을 인정할 만한 증거가 없다"라고 설명했다.(중앙일보 2014.12.5) 2014년 12월은 비선실세 의혹사건으로 정윤회, 박지만이 검찰수사를 받는 등 매우 어수선한 분위기였다. 횡령혐의로 고발되었지만, 검찰이 증거가 없다고 하면 없는 것이다. 국민은 묻지도 따지지도 말고 그렇게 받아들여야 한다.

게 달라지지 않았으므로 뇌물로 볼 수 없다는 것이다. 인터넷엔 '유전무죄 무전유죄'라는 말에 빗댄 '법조무죄 일반유죄'라는 신조어가 등장했고, '벤츠는 차가 아닙니다. 벤츠는 사랑입니다'라는 풍자까지 나돌 정도다.[20]

'벤츠 여검사'에 대한 최근의 2심 판결은, 법원의 판결을 존중하라는 원칙이 왜 생겨났는지 생각게 한다. 판사 개개인은 독립적 사법기관으로서, 판례를 통해 법질서를 형성한다. 문제는 판결을 내린 재판관만 빼고 누가 봐도 납득이 안 되는 경우다. 이럴 때도 우리는 법원의 판결을 존중해야 하고, 판결에 대한 이견이나 토론을 자제해야 하는 것일까? 여검사가 내연 관계에 있던 변호사로부터 뇌물을 받고 동료 검사에게 사건 관련 청탁을 한 혐의에 대해 1심은 징역 3년, 추징금 4,462만 원을 선고했지만 2심은 1심 판결을 뒤집고 무죄를 선고했다. 새로운 증거는 없었고, 인터넷에서 비아냥거림거리가 된, 판사의 새로운 해석이 있었다. 청탁을 하기 2년 7개월 전에 준 벤츠 승용차는 뇌물이 아닌 '사랑의 정표'라는 해석이다. 사랑에서 우러난 청탁 전화는 처벌 대상이 아니라는 결론이었다.[21]

헌법에서 규정하는 우리의 평등권은 돈 앞에서도 여지없이 무너졌다.

'모든 국민은 법 앞에 평등하다.' 현실 속에서 이 말은 공허한 메아리일 뿐이다. 재벌 총수와 거물정치인이 자신과 똑같이 법의 적용을 받는다고 느끼는 국민은 많지 않을 것이다. 재벌 총수가 검찰의 조사를 받고, 비리를 저지른 정치인이 법정에 설 때마다 언론은 대서특필하며 떠들어대지만 이 일들은 항상 똑같은 결말로 귀결된다. 마치 끊임없이 같은 장면이 되풀이 되는 드라마의 재방송을 보는 듯한 느낌이다.

---

(20) 매일경제, 사설, 2012. 12. 15
(21) 한국일보 2012. 12. 18, 30면

김승연 한화그룹 회장에게 이례적으로 집행유예 요건이 안 되는 4년 징역형을 선고한 사법부는 스스로 '그동안 우리 법원이 재벌이나 기업범죄의 양형 등에서 관대하게 처벌한 것은 부인할 수 없는 사실'이라고 인정했다. 그리고 '이제는 법원이 일반 국민들 입장에 서서 양형에 있어 선제적·선도적 역할을 해줘야 한다'고 말해 앞으로 재벌 총수와 기업 비리에 무거운 처벌을 내릴 가능성이 높다고 시사했다.

하지만 대한상공회의소를 비롯한 대표적인 경제인단체의 리더들은 사법부의 의지가 못마땅한 모양이다. 모 인사는 김승연 회장에게 내려진 이례적인 판결에 대해 '최근 기업인들의 사법처리를 강화하는 것에 대해 안타깝게 생각한다'는 견해를 밝혔다. 또 그는 '기업인들도 투명경영과 사회적 책임을 다해야 하겠지만 대기업의 공과에 대해서는 균형 있는 시각을 견지할 필요가 있다'고 덧붙였다. 그가 말하는 '균형 있는 시각'이라는 게 무엇인지 나는 도무지 모르겠다. 그다지 좋지 않은 내 머리로 이 말을 억지로 해석해보면, 대기업이 국가경제에 힘을 보태는 만큼 웬만한 잘못은 눈감아주는 아량이 필요하다는 말로 들린다.[22]

한편, 김승연 사건과 비슷한 시기에 검찰은 뉴코아-이랜드 비정규직 조합원 14명에 대해 무더기로 구속영장을 청구했다. 대부분은 주부들이었다. 재벌 회장이 정상적인 사회생활을 하는 것도 중요하지만, 주부들이 한 가정의 어머니로서, 또한 생업에 종사하면서 생계를 잇고자 해야 하는 일의 무게도 결코 가볍지는 않다. 결국 헌법과 법률의 정신은 재벌회장이든 가정주부든 비정규직 노동자이든 간에 누구나 똑같은 무게로 공평한 대접을 받아야 한다는 것인데, 실제 사건에서 확인한 결과는 결코 그렇지 않다. 이건희, 정몽구, 김승연 등 재벌 회장은 수사 단계부터 특권을 누리고, 법원의 판결에서도 특혜를 받는다.[23]

(22) 박영규, 류여해, 『당신을 위한 법은 없다』, 꿈결(2012), 180~181쪽
(23) 오창익, 『십중팔구 한국에만 있는!』, (주)도서출판 인(2013), 262쪽

'유전무죄 무전유죄'는 1988년 탈주범 지강헌이 세상을 조롱할 때 쓴 말이다. 그의 조롱에도 세상은 변하지 않고 있다. 민주적 통제도 시민적 통제도 받지 않는 경찰, 검찰, 법원의 고관대작들이 '유전무죄 무전유죄'의 망국적 폐해를 이어가고 있다. 법의 지배가 관철되지 않고 법 앞에 모든 국민이 평등하지 않으며 돈 많은 사람은 특권을 누리고 돈 없는 사람은 가혹한 판결에 시달려야 하는 무전유죄, 유전무죄의 현실이 대한민국의 평등권의 현주소다.[24]

BBK 사건의 주인공 김경준 씨가 그의 저서 『BBK의 배신』에서 말한다.

> 2008년 김양수 검사는 나에게 이렇게 말했다.
> "당신은 누가 보아도 3년짜리 혐의인데, 대통령에게 욕을 해서 10년으로 늘어났다. 우리나라에서 제일 높은 사람을 욕했으니 당연한 결과다."
> 참으로 황당하여 내가 물었다.
> "그럼, 동일한 범죄인데 피해자가 다르면 처벌도 다른가요?"
> "그렇다."
> 이것이 대한민국에서 정의를 수호하고, 검사들 가운데서도 엘리트 중 엘리트만 배치 받는다는 대검 중수부로 지금 가 있는 김양수 검사의 대답이었다.
> 내가 누군가의 이빨을 부러뜨려 벌을 받아야 한다면, 그 피해자가 어느 술집의 취객이건 대통령이건 처벌은 똑같아야 한다. 그게 공정한 것이고, 민주주의이고, 정의로운 사회인 것이다. 그런데 대상이 대통령이어서 '괘씸죄'가 추가된다니……. 동네 바둑이가 웃을 일이다.[25]

---

(24) 오창익, 위의 책, 263쪽
(25) 김경준, 『BBK의 배신』, (주)비비케이북스, 20~21쪽

2000년 6월 형사정책연구원이 서울지역 성인 493명을 대상으로 실시한 조사 결과 399명(80.9%)과 415명(84.2%)이 각각 '유전무죄·무전유죄라는 말에 공감한다', '동일 범죄에 대해서도 가난하고 힘없는 사람이 더 큰 처벌을 받는다'고 답한 것으로 나타났다.[26] '만인은 법 앞에 평등하다'는 말을 외면한 채 권력이나 빈부 격차에 따라 디케의 저울이 한쪽으로 쏠린 판결들이 적잖았던 탓이다. 판사들은 선뜻 받아들이기 힘들겠지만, 2011년에 개봉된 영화 〈부러진 화살〉에 많은 관객이 몰린 것이 이를 방증한다.[27]

같은 살인교사죄를 범해도 누구는 감옥에 가고 누구는 돈으로 버무린 진단서로 호화로운 병원 생활을 즐긴다. 민생 범죄는 단호히 처벌하는 반면 죄질이 더 무거운 기업 비리나 경제 사범은 느슨하게 처벌하는 법원의 이중 잣대는 무전유죄라고 비판받는다. 피의자는 서면조사하고 참고인은 소환조사한다. 힘 있는 사람은 유죄 판결을 받더라도 처벌이 대체로 가벼운 수준이다. 대체로 벌금이나 집행유예 수준에 그친다. 드물게 적절한 처벌이 이루어진다 해도, 대통령 특별사면이 그들의 죄를 사하여주기 위해 항시 대기 중이며, 특히 재벌 회장님들의 경우에 더욱 그러하다. 재계순위 5위에 속하는 기업 중 현대, 삼성, SK의 회장들은 모두 2000년대 들어 대통령 사면을 받았다는 공통점이 있다.[28]

만인이 법 앞에 평등하지 못하다는 것은 대주그룹 허재호 전 회장의 이른바 황제노역에 이르러 절정에 다다른다. 254억 원의 벌금형을 받

(26) 강준만, 『갑과 을의 나라』, 인물과 사상사(2013), 250쪽

(27) 이춘재, 김남일, 『기울어진 저울』, 한겨레출판(주)(2013), 5쪽

(28) 다니엘 튜터 지음, 노정태 옮김, 『기적을 이룬 나라 기쁨을 잃은 나라』, (주)문학동네 (2013), 87~88쪽

고 하루 일당을 5억으로 쳐서 49일만 일을 하면 254억 원을 탕감받는다는 것이다. 서민들은 노역으로 대체되는 벌금액이 하루에 5만 원 내지 10만 원에 해당한다. 황제노역 사건 이후 대법원이 강제노역에 대한 금액을 조정하였지만 아직도 공평하지 못한 것은 여전하다. 황제노역은 2014년 4월 세월호 사건 때문에 우리의 기억에서 멀어져갔다.

만인이 법 앞에 평등하다는 것은 우리에겐 하나의 허구다. 법은 돈과 권력 앞에 힘을 잃어버렸다. 남들보다 돈이 부족해도 인간은 행복할 수 있다. 그러나 남들과 다르게 부당한 대우를 받거나 공정하지 못할 때 인간은 불만을 갖게 되고 분노하게 되고 결국에는 폭력을 부른다. 돈이 없고 권력이 없고 지위가 없어도 법 앞에서 공평한 대우를 받을 수 있다면 그 상황이나 현실을 기꺼이 수용할 수 있다.

자식들이 서너 명 또는 네댓 명 되던 시절에는 부모의 사랑이 고르지 못하면 반드시 반항아가 생겨났다. 그래서 부모에게 자식들에 대한 편애는 금물 중의 금물이었다. 학교에서 선생님의 사랑을 고르게 받지 못한 학생은 문제아가 되었다. 국가도 마찬가지다. 국가가 공정하지 못하고 돈과 권력에 의하여 국민의 평등권을 유린할 때 이 나라가 장차 어디로 향해 갈 것인지 한번쯤 생각해 보라.

깡패국가로 전락한 법치주의

국가는 성문법이 되었든 불문법이 되었든 법에 의하여 국민을 통치한다. 법은 인류사회의 최소한의 요건이다. 법이 없어도 모두 잘 살아갈 수 있다면 좋겠지만 그런 인간사회는 존재할 수 없다. 그래서 최소한의 규범이 필요하게 되었다.

국민 개개인은 법을 믿고 법을 지키며 자신의 신체와 재산을 보호하고 국민으로서의 권리를 누릴 수 있어야 한다. 국가는 그렇게 되도록 국민을 잘 보호할 의무가 있다. 우리의 법치주의 현실을 보자.

대법관을 지낸 박우동 변호사의 저서 『법의 세상』에 나오는 얘기다.

갑은 급하게 이사를 해야 할 사정이 생겨 그의 아파트를 을에게 보증금 1,000만 원에 월세 40만 원으로 빌려주었다. 그런데 을은 몇달 지나지도 않아 월세를 제때 입금하지 않는 것은 물론, 독촉을 해도 곧 해결하겠다는 대답만 되풀이하며 역정을 내고는 넘어가는 것이었다. 을의 이러한 반응으로 미루어볼 때 무언가 일이 꼬이는 예감이 들었으나, 갑으로서는 일단 보증금에서 까나가는 수밖에 없었다. 갑은 을을 만나 아파트의 명도를 요구했다. 을은 곧 돈이 나올 곳이 있으니 조금만 기다려주면 한꺼번에 해결하겠다고 말했으나, 갑은 선뜻 믿기지가 않았다. 그렇게 또 몇 달이 흘렀는데, 갑은 자기를 피하는 을을 간신히 만나 한 번 더 해약을 통고하고 아파트를 비워달라고 당부했다. 당당하게 명도를 요구한 것이 아니라, 밀린 월세를 모두 탕감해주겠으니 제발 좀 비워달라는 간청이기도 했다.

을은 기다렸다는 듯이 이사비 500만 원 정도를 도와주면 좋겠다고 말했다. 을의 능글맞은 태도에 화가 머리끝까지 치민 갑은 주먹이 올라가는 것을 참고 왜 이사비를 주어야 하는지 이유를 말해보라고 했다. 그랬더니, 누가 거저 달라고 하느냐, 좀 빌려주면 뒤에 갚겠다, 차용증도 쓰겠다, 그런 장난 같은 말로 갑의 부아를 돋우었다.

안면을 싹 바꾼 을은 돈 없는 것도 죄냐, 없는 사람 내쫓고 잘살 것 같으냐 투덜거리면서 갑을 오히려 비뚠 사람 취급하는 지경까지 가는 것이었다. 이런 능청스러운 말투에 갑이 참지 못하고 손찌검이라도 했다면 을은 기다렸다는 듯이 상해진단서를 끊고 고소를 하여 갑을 골탕 먹였을 것이다. 갑은 태도를 고쳐 좋은 말로 한 번 더 설득하려고 했다. 그 순간 을이 한마디 말을 단호하게 내뱉는 것이었다.

"싫으면 법대로 하시든가."

법대로 하라는 것은 민사소송으로 해결하자는, 법정(法廷)에서 만나자는 합법적인 해결책을 제시한 것인데, 갑으로서는 순간 울화가 치밀며 이어 무력감(無力感) 같은 것이 스쳤다. 명도소송을 제기해 승소판결을 받고, 집행관에 의뢰해 아파트를 돌려받는 과정이 문제이다. 그 법률적인 해결책을 동원한다는 것은 시간과 비용 면에서도 그렇고, 산정하기 어려운 정신적 고통은 이루 말할 수 없다. 뻔히 지는 재판임을 알면서 골탕이나 먹어봐라 하는 을의 심술이다.

갑은 변호사를 찾아가서 상담을 해보았다. 결론은 을이 요구하는 대로 이사비를 부담하고 빨리 해결하는 것이 좋을 듯하다는 것이었다. 을의 무자력까지 감안하면 별다른 처방이 나올 수 없는 것이고, 애당초 배 째라는 식으로 나오는 을을 대적하는 것 자체가 버거운 일이었다. 세입자 하나 잘못 골라 갚은 돈 잃고 망신당하는 참담한 처지에 이른 것이다. 세상은 을과 같은 거머리가 얼마나 득실거리는지 모른다.[29]

단순한 가상의 얘기가 아니라 실감 나는 우리 현실의 얘기다. 우리는 이런 국가에서 살고 있다. 이런 국가에서 살면서 군대 갔다 오고, 세금을 내고, 온갖 법을 지켜가면서 살고 있다. 시민들은 법이 사회질서를 유지하고 선량한 시민과 약자를 보호한다는 상식을 믿고, 수만 년 문명사회의 숱한 경험과 고민이 담긴 사회적 약속임을 믿는다. 시민들이 법에 복종하고 법을 신뢰하는 것은 인간의 삶 속에서 일어나는 여러 가지 갈등에 법률이 보편타당한 해결책을 제시해 줄 것이라는 기대를 하고 있기 때문이다.[30] 우리 사회에서는 그러한 믿음과 기대가 산산이 부서졌다. 법이 있고 국가가 있어도 도움이 되지 못한다.

근로자에게 임금(賃金)을 주지 않고 버티는 기업주도 법대로 하든지 마음대로 하라는 배짱을 부릴 때는 인간으로 보이지 않는다. 그는 인간미를 상실했기 때문에 생계를 걱정하는 근로자의 형편을 알면서 조롱하는 태도를 취할 수 있는 것이다. 그런 기업주에게 이런 메아리가 들릴까? "사장님, 법대로 하라는 말 대신 저희더러 임금을 포기하라고 말씀하세요. 제발 법 좀 그만 들먹이세요. 저희는 법을 모릅니다. 법, 법 하는 사람 치고 법을 지키는 것 못 봤어요. 사장님, 법 덕분으로 잘사세요."
법대로 하라는 말에서 풍기는 법의 냄새는 더럽다. 더러운 입에서 나오는 말이기에 더러운지 모른다. 그 법은 정의(正義)의 편이 아니라 실질적으로 부정직하고 부정한 채무자에게 이익을 주고 힘이 되어주는 것이다. 법

(29) 박우동, 『법의 세상』, (주)지식산업사(2013), 270~272쪽
(30) 박영규, 류여해, 『당신을 위한 법은 없다』, 꿈결(2012), 18쪽

은 엄하면서도 순진한 것이다. 법은 이처럼 악한 사람에게 이용당하는 순간만은 정의의 동반자가 되는 힘을 잃는 모양이다.[31]

민주공화국 법치국가에서 벌어지고 있는 또 다른 예를 보자. 대법원 재판연구관을 지낸 류여해 박사가 그의 저서 『당신을 위한 법은 없다』에서 소개한 간접경험이다.

> 부산의 한 지인이 겪은 일이다. 노부부가 시장에서 장을 본 뒤 노면에 주차해두었던 차를 출발시키려고 좌석에 앉았다. 앞에서 한 남자가 인도가 아닌 도로 위를 걸어오고 있는 것이 보였다. 차가 서서히 움직이기 시작할 때 이 남자가 노부부가 탄 차량의 백미러에 손을 부딪쳤다. 순간 멈칫했지만, 남자가 별일 아닌 듯 지나쳐서 노부부도 잠시 사태를 지켜보다가 출발했다. 그로부터 몇 시간 뒤 경찰서에서 전화가 걸려왔다. '뺑소니'로 고소장이 접수되었다는 내용이었다. 부리나케 경찰서로 달려갔다. 시장에서 자신들의 차량 백미러에 손을 부딪쳤던 남자가 형사 한 명과 희희낙락하고 있다가 노부부를 발견하고는 정색을 했다. 형사가 합의를 유도했다. 가중처벌 운운하는 형사 앞에서 노부부는 겁에 질릴 수밖에 없었다. 결국 합의금을 건네주었다.
> 시간이 조금 지난 뒤에야 자신들이 어떤 작당에 당했다는 심증이 들어 뒤늦게 나에게 전화를 걸어왔다. 확증은 없지만 정황상 형사와 시장의 남자가 한패라는 생각이 강하게 들었다. 순간, 화가 머리끝까지 치밀었다. 어느 경찰서냐고 물었다. 지인은 잠시 생각에 잠기더니 '그냥 묻어두자'고 했다. 연로한 부부가 송사로 법원에 드나들 걸 생각하니, 몹시 피로했던 모양이다. 내가 계속해서 그냥 넘길 일이 아니라고 설득했지만, 지인은 끝내 그 일을 묻어두고 말았다. 자신들과 같이 화를 내준 것만으로도 고맙다고

---

(31) 박우동, 위의 책, 273쪽

했다.(32)

앞에 서있는 차의 범퍼를 그리 빠르지 않은 속도로 들이받아도 목 뒤에 손을 대고 차 안에서 나오는 형국이다. 깡패국가에서나 일어날 수 있는 사건들이다. 『계란으로 바위 깨기』를 저술한 원린수 씨는 앞에 서 있는 차를 비껴가듯이 들이받은 자신이 가해자이자 뺑소니로 몰려 1년 6개월 실형을 살았다.

> 바로 앞에 정차 중인 그레이스 승합차를 비켜 진행하려고 그레이스 승합차의 우측 틈새를 빠져 나가는 도중 내 차 좌측 뒤 펜더 부분이 그레이스 승합차의 우측 후미등 부분과 살짝 스치는 사고가 발생했다.
> 나는 핸들을 우측으로 완전히 돌려 내 차를 뺀 다음 그레이스 승합차 앞 공간에 정차를 시켰다. 차에서 내려 내 차의 스친 부분을 살피는 도중 신호등이 진행 신호로 바뀌었다. 신호를 기다리던 다른 차량들이 일제히 경적을 울려 계속 그 자리에 있을 수 없었다.
> 마침 사고현장 200미터 앞에 넓은 공터가 있었다. 나는 그레이스 승합차 운전사에게 공터를 손으로 가리키며 그곳에 주차하자고 하였다. 그러고 나서 공터에 주차하려는데 핸드폰으로 전화가 걸려왔다. 나는 통화를 하면서 공터에 주차를 시킨 후 차에서 내렸다. 그런데 상대 차가 보이지 않았다. 날이 어둡기 시작하여 더 크게 눈을 뜨고 주변을 돌아보며 상대 차를 찾아보았지만 더는 보이지 않았다. 아마 피해가 경미하여 그냥 갔나보다 하고 별 생각 없이 차를 몰고 가던 길을 재촉하였다.
> 집에 와서 내 차를 다시 살펴보니 좌측 뒷바퀴 펜더 부분만 찌그러져 있었고 별다른 피해는 없었다. 그러나 그때부터 운명의 검은 그림자는 서서히 나를 향해 다가오고 있었다. (중략)

---

(32) 박영규, 류여해, 『당신을 위한 법은 없다』, 꿈결(2012), 86~87쪽

최 순경이 물피 사건으로 보고한 사건을 사람을 다치게 하고 도망친 **뺑**소니 사건인 것처럼 조작한 것이다. 새로 조작한 도면에는 나의 타우너 승합차가 정차 중인 그레이스 승합차 우측을 들이받고 그대로 도망친 모습으로 작성되어 있었다.

처음 최 순경이 작성한 실황도면은 누가 보더라도 사람이 다친 사고라고 볼 수 없었다. 그러나 윤 경장이 작성한 도면은 파출소 최 순경이 작성한 도면과는 전혀 다르게 가해차량 앞 범퍼로 피해 차량 뒤 범퍼를 추돌한 모습으로 도면이 작성되어 있었다. 그 사건을 조작한 장본인은 바로 계양 경찰서의 뺑소니 전담반인 윤영준 경장이었다.[33]

백미러에 손을 부딪친 것이 **뺑**소니로 누명을 쓰고, 경찰은 한술 더 떠서 같은 패거리가 되고, 물피 사건을 상해 사건으로 둔갑시키고, 의사들은 허위진단서를 발부하고, 사건 조서를 조작하는 모든 일들이 민주 공화국 법치국가에 일어나고 있다. 민초들은 힘없어서 당하고 두려워서 당하고 시달리는 일이 싫어서 당한다. 깡패국가에서나 일어날 수 있는 일들이다.

---

(33) 원린수, 『계란으로 바위깨기』, 화남(2006), 14~18쪽

강자의 논리가 되어버린 정의

　법치국가에서 법은 정의를 실현하는 수단이다. 한마디로 정의는 '신
상필벌(信賞必罰)'이다. 공적이 있는 자에게 상을 주고 죄과가 있는 자에
게 그에 상응하는 벌을 주는 것이다. 이를 법적으로 해석하면 권리가
있는 자에게 권리를 찾아주고 잘못이 있는 자에서 책임을 묻게 하는 것
이다. 그런데 우리에게는 정의가 없다. 정의롭지 못한 사회라고 불평하
고 비판한다. 정의를 실현하는 수단인 법이 잘못되었기 때문이다. 법이
돈과 권력 앞에서 이현령비현령(耳懸鈴鼻懸鈴) 이중 잣대로 변질되었기
때문이다. 그렇게 변질된 법을 돈과 권력을 가진 자들은 '정의'라 하고,
우리는 그것을 '강자의 논리' 또는 '지배자의 논리'라 한다.

　사전을 찾아보면 정의는 '사람으로서 지켜야 할 마땅한 도리'라고 뜻
풀이를 하고 있다. 그리고 사전적 의미를 떠나 사회 구성원 대부분은
정의에 함축된 수많은 행동윤리들을 선험적으로 알고 있다. 하지만 어
떤 사람들에게는 정의에 관한 이 보편적 가치관이 통하지 않는다. 그들

34

은 여전히 정의를 '지배자의 논리'로 받아들이고 있다. 그리고 이들에게 법은 '정의를 실현하는 수단'이 아니라, '지배자의 논리를 실현하는 수단'이 된다.[34]

상식이 통하면 정의로운 사회다. 하지만 일부 기득권층의 가치관과 상식은 보편적 대중지성의 반대편에 서 있다.[35] 우리는 그동안 승자의 일방적인 폭력이 지배하는 까닭에 표면상 평온해 보이는 사회를 '법의 지배'로 오해해왔다. 그러나 그것은 법의 탈을 쓴 폭력의 지배에 지나지 않는다.[36]

법은 상식이다. 영어로는 'common sense'라 한다. '상식'하면 우리는 별로 중요하지 않은 값싼 지식 정도로 여긴다. 그러나 '상식(common sense)'은 그런 의미가 아니다. 누구나 그렇게 생각한다는 '공통된 인식'을 의미한다. 법(法)은 물(水)이 가는(去) 것을 의미한다. 물은 반드시 위에서 아래로 흐른다. 모든 사람들은 물이 위에서 아래로 흐른다는 것을 안다. 물이 아래서 위로 흘러가는 법은 없다. 그건 법이 아니다. 그래서 '공통된 인식'의 의미를 갖는 '상식'이 그토록 중요한 것이다. 상식은 진리나 다름없다. 상식을 벗어난 법은 없다. 인간은 보고 듣고 겪은 것만을 신뢰할 수밖에 없고 이를 통찰한 인류는 분야를 막론하고 실증적 경험에 근거한 방법으로 연구하여 왔다. 그러니 인간사회의 규범을 정하는 법이 일반 상식에 부합될 수밖에 없는 것이다.[37]

법보다 더 중요한 것으로 사회 관습을 포함한 도덕이 있다. 에티켓에

(34) 박영규, 류여해, 『당신을 위한 법은 없다』, 꿈결(2012), 159쪽

(35) 박영규, 류여해, 앞의 책, 표지

(36) 김두식, 『헌법의 풍경』, 교양인(2013), 10쪽

(37) 김명호, 『판사 니들이 뭔데』, 석궁김명호출판사 (2012), 머리말

맞게 도덕적으로 사는 것이 법에 의존하여 사는 것보다 더 중요하다. 도덕보다 더 중요한 것은 인간이 갖고 있는 양심이다. 법관은 법과 양심에 따라 판결한다고 하지만 모두가 양심에 따라 판결했다면 우리가 오늘날 이 지경이 되지는 않았을 것이다. 양심 위에는 무위(無爲)의 도가 있다. 도인들의 세계에서나 맛볼 수 있는 대상이다. 그 세계에는 작용과 반작용의 법칙이 적용되지 않는다.

이처럼 법은 맨 하질(下質)이다. 법에 의존한다는 것은 막가는 것이나 다름없다. 그래서 석가모니 부처님은 억울해도 소송하지 말라고 하였다. 그러나 인간사회는 그럴 수 없다. 한시도 법을 떠나 살아갈 수 없다. 그래서 법치가 중요하고 사회정의가 중요한데 우리는 그 정의가 강자의 논리로 변질되어 버렸다.

BBK 사건 만큼 가장 강력한 강자의 논리가 적용되었던 사건은 없을 것이다. 상대가 당시 당선이 유력했던 대통령 후보였던 이명박 전 대통령이었기 때문이다.

이명박 후보가 BBK의 실제 소유자였는지가 2007년 대선 직전에 온 국민의 초미의 관심이었다. 대선 직전 어느 한 여론 조사에서는 50% 넘은 국민들이 '이명박 후보가 BBK의 실제 소유자라고 생각한다'고 보도하기도 했다.

이명박(이하 MB)이 BBK의 소유자가 아니라는 결론을 2007년 12월 5일 자로 검찰이 발표하였지만, 그 전날 내가 작성한 '검찰 회유 협박' 메모지가 공개되자 검찰은 MB 봐주기 논란에 휩싸였다. 그 후 MB 자신이 BBK의 소유자·설립자라고 자백하는 동영상이 나오자 BBK 검찰 조작 수사와 'MB의 BBK 소유자' 논란이 다시 요동을 쳤다.

MB는 특검을 수용한다고 밝혔고, 자신 앞으로 된 재산(논현동 집 제외한)을 모두 사회에 환원하겠다고 발표했다. 그러니 선거 직전에 많은 악재

들로 인한 논란에 휩싸여 있던 MB는 반전이 필요했다.

BBK 논란이 모두 거짓말이었고, 노무현 대통령과 민주당이 만들어낸 조작이라고 검찰, MB 선거 캠프, 한나라당, 각종 보수 단체들, 조·중·동 등이 전적으로 몰고 가기 시작했다.

이렇게 MB 측의 반격을 위하여 만들어진 정치공작이 'BBK 가짜 편지'와 기획입국설'이다. 나는 최근 언론에게, 한나라당과 홍준표 전 한나라당 대표 하던 자가 주장한 '기획입국설'이 조금이라도 사실이라면 나의 목을 베어달라고 하였다. 편지만이 가짜가 아니라 기획입국설 전체와 기획입국설을 근거한다는 모든 증거들과 기획입국설을 조사한 검찰 조서 모두 '가짜'였다.(38)

강자의 논리는 사법부나 행정부에 국한되지 않는다. 대기업을 중심으로 한 경제에도 강자의 논리는 어김없이 찾아든다. 2010년 말, '통큰할인' 시리즈로 재미를 보던 롯데마트가 야심작 '통큰치킨'을 내놓았다. 프라이드치킨을 매일 한정 수량으로 1마리당 5천 원에 판다는 것이다. 동네 치킨점에서 1만 2천 원에서 1만 5천 원가량에 팔고 있는 프라이드치킨을 5천 원에 팔겠다니, 첫날부터 롯데마트 앞에 사람들이 장사진을 이뤘다. 이마트나 롯데마트의 '통큰피자'도 마찬가지다. 그러자 동네 치킨점 주인들이, 재벌 그룹의 계열사인 롯데마트가 자본력을 이용해 손해를 보는 가격에 치킨을 판매함으로써, 영세상인인 동네 치킨점의 생계를 위협한다며 롯데마트 앞에서 데모를 하기 시작했다.

찬반 논란이 뜨거워졌다. 네티즌들은 '돈이 없어서 치킨도 마음껏 못 먹었는데, 롯데마트가 싸게 팔아 치킨을 먹을 수 있게 됐다'며 롯데마트의 통큰치킨에 뜨거운 지지를 보내는가 하면, 자본력이 있는 대항마

---

(38) 김경준, 『BBK의 배신』, (주)비비케이북스(2012), 292~293쪽

트들만이 할 수 있는 일로 또 하나의 '영세상인 죽이기' 라는 비판론이 나오기도 했다.[39]

대형마트들의 '통큰판매' 에 대하여 여러 가지 의견이 있을 수 있다. 대형마트들의 미끼상품 전략이라든지, 시민들은 값싼 먹을거리를 살 권리가 있다든지, 자유시장경제에서 물건을 싸게 팔 권리도 당연히 보장되어야 한다든지, 미끼상품 전략으로 대형마트가 지역 상권을 죽이려 한다든지 등등이다.

중요한 것은 자유시장경제도 공정해야 한다는 점이다. 공정한 여건 하에서 경쟁하여야 한다. 대형마트의 통큰판매를 그대로 방치한다면 영세상인은 모두 도산할 것이다. 대기업의 자금력을 감당할 영세상인은 없기 때문이다. 영세상인이 도산하면 대형마트의 본색이 드러날 것이고, 그때는 소비자는 더 비싼 치킨을 사 먹을 수밖에 없다. 일시적으로 몇 천 원 싸다고 해서 마냥 좋아할 일이 아니다.

이명박 정부 들어 '경제민주화' , '동반성장' 이라는 말이 등장했다. 동반성장위원회라는 것도 만들었다. 경제민주화나 동반성장의 핵심은 공정한 경쟁이 되어야 한다는 것이다. 막대한 자금력을 가지고 불공정한 경쟁을 하는 것을 막으면 된다. 과거에 대기업이 중소기업을 고사시켜 통째로 삼켜버리던 방법이 바로 자금력에 의한 횡포였다. 자금력을 바탕으로 덤핑을 일삼고 견디다 못한 중소기업은 무너지고, 무너진 기업은 대기업에 먹히게 되었다.

스포츠는 공정한 규칙이 있고 공정한 심판이 있어서 재미있다. 그것이 깨지는 순간 관중은 분노한다. 당장 물병이 날아들고 아수라장이 될

---

(39) 박에스더, 『나는 다른 대한민국에서 살고 싶다』, (주)쌤앤파커스(2012), 205쪽

수도 있다. 선수는 말할 것도 없다. 정부나 민간기업도 마찬가지다. 우리에겐 공정한 규칙이 필요하고 공정한 심판이 필요하다. 그렇게 되면 최선을 다할 수 있고 결과에 승복할 수 있다.

분노한 민중

1993년 대구지법 판사로 근무하던 중 사법부 개혁을 요구하는 글을 썼다가 법관 재임용에서 탈락한 신평 경북대 교수는 '사법피해자'의 일면을 적나라하게 설명한다. 그가 2006년 월간 〈신동아〉에 발표한 글의 일부를 보자.

법관의 잘못에 대해서는 관용이 터무니없이 베풀어졌다. 사법부에는 어떠한 결함도 있을 수 없다는 원칙을 지키기 위해서는 달리 대안이 없었다. 분명히 법관의 잘못 때문에 재판이 그르쳐졌는데도, 재판은 정당했고 법관은 잘못을 전혀 범하지 않았다는 상투적인 회답이 민원인에게 돌아갔다. 이런 사건에는 국가배상청구도 허용되지 않았고, 검찰청에 고소해봤자 결과는 늘 뻔했다. 공정하지 못한 재판으로 사건 당사자가 입는 손해는 너무 쉽게 무시됐다.

오직 반복되는 것은 '사법부는 완전무결의 조직체'라는 떠벌림이었다. 설사 부패 사건이 생겨 문제의 일각이 불거져도 사건 초기단계에서 은폐하기 위해 모든 힘을 동원했다. 언론도 협조했다. 검찰은 당연히, 협조 정

도가 아니라 '공범자'로서 사건의 무마와 은폐에 무소불위의 힘을 기꺼이 빌려줬다.(중략)

이런 도착된 현실에서 많은 '사법피해자'가 생겨났다. 그들은 피를 토하듯 억울함을 호소하지만 누구도 그들의 말에 귀 기울이지 않는다. 국가인권위원회도, 국민고충처리위원회도 그들에겐 손을 든 지 오래다. 사설 변호사 사무실을 찾아가봤자 대답은 뻔하다. 사법피해자들은 내일을 기약할 수 없는 막막한 투쟁을 오늘도 계속하고 있다.

이들의 공통점은 재판을 통해 재산을 다 잃고 가정이 풍비박산 났다는 것, 그리고 거대한 공권력과 싸우며 이 사회의 편견에 휘감겨 살아오느라 정신이 극도로 피폐해졌다는 점이다. 기존 법질서에 대한 끝간데 없는 불신감으로 그들 옆에 서면 살의(殺意)가 느껴질 정도다.[40]

2011년에는 우리 사회에 커다란 반향을 일으켰던 두 편의 영화가 개봉되었다. 〈도가니〉와 〈부러진 화살〉이 그것이다. 이 두 영화로 인하여 국민들은 분노하기 시작하였다. 잠재되어 있던 분노가 수면 위로 표출되기 시작한 것이다.

사법부에 대한 불신은 어제오늘의 얘기가 아니다. 정의를 말살하여 국민의 기본권을 유린하고 공정하지 못한 판결을 내림으로써 수많은 사법피해자를 양산시켰던 중심에 사법부와 검찰이 있었다.

'도가니' 사건은 그런 수많은 부당한 판결 중의 하나였다. 한 작가가 아니었다면 여느 사건처럼 그렇게 묻혀버릴 사건이었다. 소설가 공지영 씨는 '집행유예로 석방되는 그들의 가벼운 형량이 수화로 통역되는 순간 법정은 청각장애인들이 내는 알 수 없는 울부짖음으로 가득 찼다'라는 한 신문기사 때문에 소설 『도가니』를 썼다.[41]

---

(40) 신 평, 「'로비 안 통하는 법정' 꿈꾸는 전직 판사의 참회록」, 신동아 통권 564호(2006. 9. 1)

〈부러진 화살〉은 대학입시에서 잘못 출제를 지적한 한 대학교수가 오히려 대학으로부터 쫓겨나고, 소송에서 싸우다가 역시 부당한 판결에 시위하기 위하여 석궁을 들고 담당판사를 찾았다가 쏘지도 않은 화살을 쏜 것으로 조작하여 사법권 보호를 외치는 사법부에 정면으로 대항하였던 좀처럼 보기 드문 용감한 사건이었다.

부당한 판결에 대하여 법원 앞에서 1인 시위를 하고, 부당함을 알리기 위해 책을 써서 출판하고, 간신히 기자를 만나 언론에 기사화 하더라도 수면 위로 떠오르지 않던 민중의 분노가 영화라는 매체를 통하여 드러난 것이다.

이러한 사회적 현상에 대해 곤혹스러워 한 것은 물론 사법부였다. 영화는 영화일 뿐이라며 애써 자위해보려는 노력도 역력했고, 영화 속의 사실관계가 호도되었다고 강변하기도 하였다. 급기야는 우리나라 지방법원의 대표 격인 서울중앙지법이 나섰다. 사법 불신의 목소리가 일고 있는 가운데, 국민의 다양한 목소리를 듣고 법원 입장을 진솔하게 보여줌으로써 쌍방향 소통을 구현하겠다는 취지로 서초동 법원종합청사 대회의실에서 '소통 2012 국민 속으로' 행사를 2012년 2월 6일 열겠다는 것이었다.

행사장에는 수백 명의 사법피해자들이 몰려들었다. 그들은 행사장에 들어와 패널과 일반인들의 의견 발표 중간중간 고함치며 '법원에 문제가 많다'고 제지하고 나서 진행이 자주 중단됐다. 자신의 재판에 불만을 품고 방청석에 앉아 있던 일부 참석자들이 분노와 억울함을 호소해 진행이 끊기는 일이 빈번했고, 법원은 '자중해 달라'는 말을 반복했다.

---

(41) 공지영, 『도가니』, 창비(2009), 292쪽

일부는 진행을 방해한다는 이유로 밖으로 끌려나가기도 했다. 행사는 권위적이고 공평하지 못한 법원에 대한 성토장을 방불케 했다. 저마다 자신에게 발언 기회를 달라며 목소리를 높이는 바람에 예정보다 진행이 지연됐고, 행사가 끝난 뒤에도 계속 목소리를 높였다. 한 50대 남성은 아들이 억울하게 숨졌다며 행사 직전과 휴식 시간 아들의 사진을 들고 울부짖으며 단상으로 뛰어들려다 제지를 당하기도 했다. 결국 사회를 맡은 성낙송 수석부장판사가 '각오를 하고 준비한 자리'라며 일부 항의자에게 발언권을 준 뒤에야 겨우 진행이 가능해졌다. 파행을 빚었지만 이날 패널과 일반인들의 의견은 '법원이 이전처럼 권위적인 모습만 보여선 안 된다'는데 모아졌다. 이진성 서울중앙지법원장은 쏟아지는 일침에 '좀 더 신뢰받는 법원을 만들겠다'며 행사를 마쳤다. 법원은 계속 국민과의 대화시간을 가질 계획이라고 하였다. 일회성이나 전시성 행사가 아니라 국민과 진정성을 갖고 계속 소통할 수 있는 행사로 추진할 계획이라 하였다.[42]

사법부는 민중의 분노에 대해 알지 못하고 있다. 그들이 왜 〈부러진 화살〉에 박수치는지, 그리고 그 중심에 법원이 있다는 것을 상상조차 하지 못하고 있다. 재판은 언제나 정당했고 법관은 항상 잘못이 없다는 오만과 미혹 속에 빠져있다. 그래서 그들은 겁도 없이 또 하나의 변명을 만들고자 그런 행사를 열었다. 계속해서 그런 행사를 갖겠다고 하던 그들은 4년여가 다가와도 더 이상의 그런 행사를 열지 못하고 있다. 사법정의가 실현되지 않는 한, 그들은 그런 오만한 행사를 더 이상 열지 못할 것이다. 서울중앙지법의 계획대로 그런 행사가 또 열린다면 어느

---

(42) 한국일보 2012. 2. 6

누구도 결과에 대해서 책임을 지지 못하는 상황이 벌어질 것이다. 지금 사법피해자의 분노는 폭발 직전에 있다는 것을 알아야 한다.

2009년부터 2013년 6월까지 억울한 옥살이가 약 8만 건인 것으로도 알 수 있듯이 재판이 아니라 개판이라는 말이 나올 정도로 우리의 수사와 재판에는 문제가 많다.[43] 법원 앞에서 매일 벌어지는 1인 시위는 물론 재판의 과정과 결과를 두고 재판장이나 법원 직원을 협박하고 무차별적으로 고소·고발하는 일이 빈번하게 발생하고 있다.

대법원이 법관과 직원의 사기저하방지 차원에서라도 조치가 필요하다는 목소리가 높아지면서 직접 대책 마련에 나섰다. 대법원은 '악성 민원인'에 대해서는 일단 강력한 처벌로 대응한다는 입장이다. 폭력이나 명예훼손 사안에는 적극적으로 고소·고발한다는 것이다. 1인 시위자들이 피켓이나 현수막으로 재판장이나 법관에 대해 허위사실을 유포할 경우 모욕죄 등으로 처벌하는 방안도 고려하고 있다. 현행 형법상 모욕죄는 모욕당한 당사자의 고소가 있어야 처벌이 가능하지만 법률 개정을 통해 당사자가 아닌 법원 차원에서 고소가 가능하도록 하겠다는 것이다. 대법원 관계자는 '대부분의 법관이나 직원들이 피해를 당해도 혼자 삭히는 경우가 많다'며 '기관 차원에서는 보다 적극적으로 대처할 수 있을 것'이라고 말했다.[44]

악성 민원인은 없다. 부당한 판결이 그들을 그렇게 만들었을 뿐이다. 대법원은 그들을 강력한 처벌로 대응하기 전에 부당한 판결을 근절시킬 수 있는 대책을 마련해야 한다. 그것이 대법원이 말하는 악성 민원

---

(43) 박홍규, 〈아침을 열며〉, 한국일보 2013. 11. 12, 31면
(44) 한국일보 2012. 7. 25, 9면

인을 가장 빨리 줄일 수 있는 방법이다. 그들이 1인 시위를 하고 고소·고발을 남발한다 하더라도 그것은 법원의 공권력에 비하면 조족지혈에 불과하다. 『계란으로 바위 깨기』의 저자 원린수 씨는 말한다. 1998년 2월 교통사고가 발생한 이후 2001년 12월까지 내가 할 수 있는 모든 일을 하였지만 나의 무죄를 밝히고자 하는 나의 행동은 마치 계란으로 바위 깨는 격이었다고.[45]

다산 정약용 선생이 1803년 가을 전라도 강진에 있을 때 지은 시 중에 「애절양(哀絶陽)」이란 시가 있다. 갈밭마을에 사는 어떤 백성이 아이를 낳았는데, 3일 만에 그 아이가 군적에 오르게 되어 이정이 군포 명목으로 소를 끌고 가버렸다. 그 백성은 '내가 이것 때문에 이런 곤욕을 치른다' 하고는 칼을 갈아가지고 자기 양경(남자 생식기)을 잘라 버렸다. 아내가 피가 뚝뚝 떨어지는 남편의 양경을 주워들고는, 관청을 찾아가서 울기도 하고 하소연도 하고 했으나 문지기는 도리어 호통을 치면서 쫓아버렸다고 한다. 이 이야기를 듣고 지은 시가 「애절양」이다.[46]

양경을 자른 기막히고 엽기적인 백성의 사연을 슬퍼하며 지은 다산의 「애절양」은 200여 년 전 삼정문란으로 부정부패가 극에 달하던 조선 후기를 보면서 오늘날 우리에게 많은 걸 느끼게 해준다. 남자의 성기를 잘라 슬퍼하며 불쌍히 여긴다는 제목이 요즘 세태 언어로 표현하자면 엽기라 말할 수 있을 것이다. 이런 초엽기적인 이야기를 전해들은 정약용이 정치가로서 학자로서 당대 지식인으로서 백성의 슬픔을 시로 지어냈던 것이다.[47]

---

(45) 원린수 『계란으로 바위깨기』, 화남(2006), 248쪽

(46) http://blog.daum.net/_blog/hdn?ArticleContents 2013. 11. 19

(47) http://blog.daum.net/_blog/hdn?ArticleContents 2013. 11. 19

나라의 기강과 정책이 흐트러질 때로 흐트러져 부정부패가 판을 치던 세상에서 한 여자의 남편이요, 한 자식의 아버지인 남자가 스스로 자신의 남근을 자른다는 것은 미치지 않고서야 상상도 할 수 없는 일이다. 그럼에도 불구하고 스스로 남근을 잘랐다는 것은 백성들이 미쳐버릴 정도로 당시의 탐관오리들의 부정부패 폭거가 얼마나 잔혹했었는지 알 수 있다. 모두가 똑같은 백성인데 부자들은 쌀 한 톨, 비단 한 치 바치지 않고 풍악을 울리며 즐기고 못난 백성들은 억울하게 당하기만 하는 것은 그 후 200년이 지난 이 시점에도 현재진행형이다.(48) 법과 정의를 무시하고 전관예우로 1년에 수십억, 십 수 억씩 벌어가면서 호의호식할 때 수많은 「애절양」의 통곡소리를 토해내는 사법피해자를 양산하고 있는 것이 200년 전과 무엇이 다르단 말인가! 현대판 「애절양」의 통곡소리를 그치게 하는 구체적인 방법을 제안하고자 나는 이 책을 쓴다.

---

(48) http://blog.daum.net/_blog/hdn?ArticleContents 2013. 11. 19

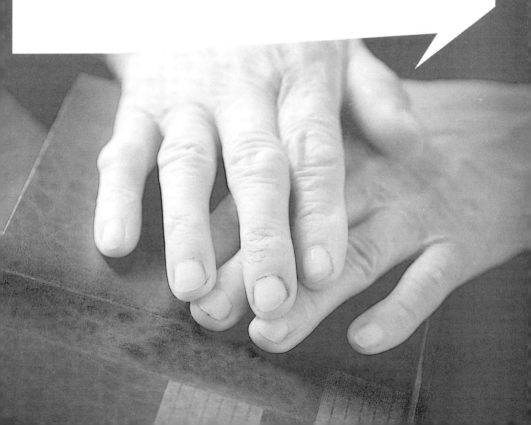

제2장

검찰 같은 법원, 법원 같은 검찰

검찰의 어제와 오늘
잘못된 검찰청사
무질서의 혼돈사회

검찰의 어제와 오늘

　검찰은 일반 국민에게 아주 소중한 존재다. 각종 범죄로부터 국민의 신체와 재산을 지켜주는 고마운 사람들이다. 범죄자를 수사하여 죄에 상응하는 벌을 받도록 사법부에 기소하고 다시는 그런 범죄를 저지르지 못하도록 하는 민중의 지팡이다. 가장 정의롭고, 진실 되며, 인권을 보호하고, 공정하며, 청렴해야 할 국가의 공무원이다. 그런 검찰이 권력의 시녀, 암적 존재, 반동의 선봉, 비리의 온상 등으로 불리고 있다. 오늘날 검찰을 생각하면서 동시에 정의, 진실, 인권, 공정, 청렴을 떠올리는 사람이 얼마나 될까. 검찰에 대한 비판의 목소리는 차갑고 모질기까지 하다. 검찰에 대한 비판은 오랜 세월 동안 거듭되어왔다.[49]

　검찰은 또한 범죄 수사와 처벌을 통하여 국가 질서를 지키기 위하여 밤잠 설치면서 일해 왔다는 것을 자랑삼아 떠들고 있다. 검찰이 지키려고 한

---

(49) 김희수 외 3인 『검찰공화국, 대한민국』, (주)도서출판삼인(2012), 30쪽

것은 누구의 질서였단 말인가. 그들이 지킨 질서는 일본제국주의 질서였고, 군사독재의 질서였으며, 분단의 토대 위에서 성장해온 재벌과 권력의 질서이다. 일제하에서 독립을 외치던 독립운동가들, 군사독재 하에서 민주화를 외치던 민주인사를, 분단의 시대에 통일을 외치던 학생들을 잡아 가둔 주범이 바로 검찰이다. 이것이 검찰의 역사이다.[50]

한국 사회에서 검찰이 차지하는 위상은 남다르다. 검찰은 법무부 외청으로 행정부 소속이면서도 다른 행정부서와는 전혀 위상이 다르다. 아마 차원이 다르다고 말해야 적당할 것이다.[51]

우리나라 검찰의 가장 큰 특징은 바로 무소불위의 권력에 있다. 수사권과 기소권을 핵심으로 하는 검찰의 권력은 그야말로 막강하다. 권력의 크기라면 국민에 의해 직접 선출되고 행정부를 총괄하는 대통령이 가장 크겠지만 그의 권력은 기껏해야 5년 동안만 쓸 수 있는 것이다. 이에 반해 검찰은 선출된 권력도 아니면서 임기도 정해져 있지 않은 상태에서 제한 없이 권력을 사용할 수 있다. '정권은 유한하지만 검찰은 영원하다'는 말이 정설처럼 퍼져 있다.[52]

검찰은 아무 곳에나 검찰권이란 칼을 들이대고 있다. 꼭 필요한 경우에만, 그것도 최후의 수단으로 쓰여야 할 검찰권이 마구잡이식으로 쓰이고 있다. 이를 통해 검찰은 우리 사회에서 가장 영향력 있고 유력한 판단자로 행세하고 있다. 그들의 판단이 국민적 판단 또는 국민적 판단의 근사치에 있다고 여겨지는 여론과 동떨어지고 법률과 먼 곳에 있어도 아무 상관없다.

---

(50) 이창호, 「검찰개혁의 방향과 과제」, 민주법학 제24호(2003)
(51) 김희수 외 3인, 위의 책, 5쪽
(52) 김희수 외 3인, 위의 책, 6쪽

중요한 것은 검찰이 그렇게 판단했다는 것뿐이다. 죄가 있는지 없는지를 살피고 그 죄에 맞는 법률을 적용하며 범죄자를 법정에 세우면서 법의 정의를 세우는 것이 검찰에게 주어진 사명이지만, 우리나라 검찰의 역할과 영향력은 법률이 정한 그것을 훌쩍 넘어서고 있다.(53)

박정희 정권이 추진하였던 한일회담은 학생들을 중심으로 반대 투쟁이 진행되었다. 저항 운동에는 시민들도 합세했고, 투쟁은 전국으로 확대되었다. 투쟁이 확산되자 박정희 정권도 반격을 시작했다. 반격은 국민들의 뿌리 깊은 반공의식을 자극하는 방식으로 진행되었다. 이른바 중앙정보부(현 국가정보원)가 인민혁명당 사건을 발표한 것이다.

1964년 8월 14일, 중앙정보부는 '인민혁명당은 조선노동당 강령을 토대로 발전하여 전국 학생조직에 현 정권이 타도될 때까지 학생시위를 계속 조종함으로써 북한이 주장하는 노선에 따라 국가를 변란하고 남북평화통일을 성취할 것을 목적으로 활동해 왔다' 면서 수십 명을 검거했다. 도예종 등 22명은 구속, 12명은 불구속으로 검찰에 송치했다. 혐의는 반공법 위반이었다.(54)

인민혁명당 사건을 송치받은 이용훈 검사 등 4명의 검사는 철저한 수사를 통해 '피의자들의 혐의를 입증할 증거가 전혀 없으며 피의자들은 중앙정보부에서 고문을 심하게 당한 것이 명확하다' 는 이유 등을 들어 기소를 포기해야 한다고 상부에 보고했다.

그러자 서울지검 검사장 서주연은 '빨갱이 사건' 은 일반 사건과 다르게 취급해야 하는 것이라며 이 사건에 대한 공소제기는 법무부장관과

(53) 김희수 외 3인, 앞의 책, 9쪽
(54) 김희수 외 3인, 앞의 책, 52~53쪽

검찰총장의 명령이라고 했다. 기소를 하든 검사직에서 물러나든 둘 중 하나를 택하라고 했다. 기소를 해서 무죄가 되더라도 검사들에게는 책임을 묻지 않겠다는 거였다.[55]

이용훈 검사 등은 기소하라는 상부의 지시를 거부했고 사표를 제출했다. 그러자 당직 검사에게 이 사건을 기소하도록 지시했고 공소가 제기되었다. 재판 결과 47명의 수사 대상자 중에서 2명만이 1심에서 유죄가 인정되었고 나머지는 모두 무죄가 선고되었다. 그러나 항소심에서 반공법 위반으로 13명에게 실형이 선고되었다. 상부의 지시에도 불구하고 기소를 거부했던 검사는 나중에 '도예종이 (진짜로) 당을 만들려고 하면 경계심을 일으키지 않는 이름을 썼을 것이며, 북한에서 돈을 받아서 만들었다면 혁명과 인민이라는 표현을 어떻게 사용할 수 있느냐. 심증도 물증도 전혀 없었다' 라고 증언했다.[56]

정치권력의 필요에 의해 결국 기소되었고 정치 재판을 통해 유죄를 선고받기는 했지만 인민혁명당 사건 관계자에 대한 기소 자체에 반대한 검사들은 용기 있는 사람들이었다. 정치권력의 뜻만 충직하게 따르는 상부에 의해 사표를 제출하고 검찰을 떠날 수밖에 없었지만 역설적으로 검찰이, 그리고 검사가 왜 존재해야 하는지를 확인시켜준 사람들이다. 우리 시대도 이렇게 용기 있고 법의 원칙에 충실한 법조인을 원하고 있다.[57]

인혁당 재건위 사건도 1964년의 인혁당 사건과 마찬가지로 불법체포와 고문으로 조작된 사건이었다. 그러나 고문을 당했다는 관계자들의

---

(55) 김희수 외 3인, 앞의 책, 53쪽
(56) 김희수 외 3인, 앞의 책, 53~54쪽
(57) 김희수 외 3인, 앞의 책, 54쪽

호소는 외면당했다. 중앙정보부가 고문으로 사건을 조작하자 검찰은 기계적인 기소에다 높은 형량으로 화답했고 법원은 검찰의 주장을 인용하기만 했을 뿐이다. 고문과 조작의 진실이 알려지는 것이 두려웠던 박정희 정권은 대법원에서 사형이 확장되자 그야말로 판결문의 잉크도 채 마르기 전인 18시간 만에 전격적으로 사형을 집행해버렸다. 사형수라 해도 집행을 이렇게 신속하게 한 적은 없었다.[58]

스위스 제네바에 본부를 둔 국제법학자협회는 사형이 집행된 1975년 4월 9일을 '사법 역사상 암흑의 날'로 선포했다. 사형 집행을 당한 사람들의 시신조차 가족들에게 넘겨주지 않았다. 시신을 돌려달라고 서울구치소 앞에서 절규하는 유족들을 경찰력으로 밀어붙이고 크레인까지 동원해 시신을 빼앗아 갔다. 유족들을 감금한 경찰은 시신을 화장 처리했다. 시신에 남아 있는 고문 흔적을 없애기 위한 만행이었다. 터무니없는 사형 선고에다 전격적인 사형 집행도 모자라 시신까지 빼앗아 화장시켜버리는 일이 모두 자칭 법치주의 국가라는 데서 일어났다.[59]

민주화가 된 후에도 검찰은 크게 달라지지 않았다. 김대중 대통령은 『김대중 자서전』에서, '이 나라의 최대 암적 존재는 검찰이었다. 너무도 보복적이고 정치적이며, 지역 중심으로 뭉쳐있었다. 개탄스러웠다. 권력에 굴종하다가 약해지면 물어뜯었다. 나라가 검찰공화국으로 전락하고 있는 것 같아 우려스러웠다.'라고 술회하였다.[60]

노무현 정부는 검찰과 새로운 관계 설정을 원했다. 노무현 정권에서

---

(58) 김희수 외 3인, 앞의 책, 74쪽
(59) 김희수 외 3인, 앞의 책, 74~75쪽
(60) 김희수 외 3인, 앞의 책, 115쪽(『김대중 자서전』(제2권), 김대중, 삼인출판사[2010])

검찰은 역대 어느 정권보다 확실하게 중립성과 독립성을 보장받았다. 노무현 대통령은 검찰권을 정권 유지에 사용하지 않겠다는 약속을 지키려고 노력했다. 전체적인 방향은 옳았다. 그런데 검찰은 중립과 독립성 보장을 통해 더욱 견고해졌다. 선출되지도 교체되지도 않는 권력, 그것도 현실적 위력을 갖는 수사관과 기소권을 배타적으로 갖고 있는 권력 집단에게 견제 장치 없는 독립성만 보장하는 것은 위험한 일이었다. 검찰이 중립성을 지키지 않는 상태에서 검찰의 독립성은 오히려 검찰을 더 폐쇄적이고 독선적인 관료 조직으로 강화시켰다.[61]

검찰개혁에 실패하고 검찰로부터 갖은 모욕과 박해를 받다 유명을 달리한 노무현 대통령은 자서전 『운명이다』에서 술회한다.

> 결국 검·경 수사권 조정도 공수처(고위공직자비리수사처) 설치도 모두 물거품이 되고 말았다. …… 검찰 개혁을 제대로 추진하지 못한 가운데, 검찰은 임기 내내 청와대 참모들과 대통령의 친인척들, 후원자와 측근들을 집요하게 공격했다. 검찰의 정치적 독립을 추진한 대가로 생각하고 묵묵히 받아들였다. 그런데 정치적 독립과 정치적 중립은 다른 문제였다. 검찰 자체가 정치적으로 편향되어 있으면 정치적 독립을 보장해주어도 정치적 중립을 지키지 않았다. 정권이 바뀌자 검찰은 정치적 중립은 물론이요 정치적 독립마저도 스스로 팽개쳐버렸다. …… 검·경 수사권 조정과 공수처 설치를 밀어붙이지 못한 것이 정말 후회스러웠다. 이러한 제도 개혁을 하지 않고 검찰의 정치적 중립을 보장하려한 것은 미련한 짓이었다. 퇴임한 후 나와 동지들이 검찰에 당한 모욕과 박해는 그런 미련한 짓을 한 대가라고 생각한다.[62]

---

(61) 김희수 외 3인, 앞의 책, 115쪽
(61) 김희수 외 3인, 앞의 책, 116~117쪽 (노무현재단 엮음, 유시민 정리, 『운명이다』, 돌베개 [2010])

이명박 정부 들어 검찰은 과거로 회귀하였다. 또다시 무소불위의 검(檢)을 휘두르기 시작했다. 검찰은 2008년 8월 12일 정연주 KBS 사장을 특정경제범죄가중처벌법상 배임혐의로 긴급체포하여 재판에 회부했다. 그가 재직 중인 2005년 국세청을 상대로 한 법인세 부과 취소소송 1심에서 승소한 다음, 재판부의 중재 권고로 국세청과 합의를 통해 556억 원을 환급받고 항소심을 취하한 일 때문이다. 회사가 돌려받아야 할 2,448억 원을 다 받지 못해, 그 차액인 1,892억 원 만큼 회사에 손해를 끼쳤다는 게 혐의였다.

하지만 정연주는 법원의 조정 권고를 수용했을 뿐이다. 이러한 행위를 배임죄를 걸어 기소한 것은 법리적으로 납득할 수 없는 일이었다. 정연주 사건에 대해서는 검찰 내부에서도 '법원 조정에 응한 게 죄가 될 수 있나' 라는 회의적인 시각이 많았다고 한다. 그러나 검찰 지휘부와 담당인 박은석 서울 중앙지검 조사부장은 기소를 강행했다.[63]

2009년 들어 〈PD수첩〉 사건을 담당하던 임수빈 서울중앙지검 형사2부장검사가 〈PD수첩〉 제작진이 일부 사실을 왜곡하기는 했지만, 농림수산식품부장관 등에 대한 명예훼손 혐의는 성립하지 않는다고 밝혔다. 〈PD수첩〉 제작진을 기소할 수 없다는 입장이었다. 임수빈 검사는 이 같은 소신 때문에 검찰을 떠나야 했다. 이를 통해 사건을 담당하는 일선 수사진과 정치권의 사주를 받는 검찰 지휘부 사이의 갈등이 세상에 알려지게 되었다. 담당 부장검사의 사임은 이명박 정부가 비판 언론의 입을 막기 위해 무리한 재갈 물리기에 나섰음을 반증하는 것이었다.

검찰은 다시 이 사건을 서울중앙지검 형사6부에 배당하여 MBC PD

---

(63) 김희수 외 3인, 앞의 책, 188쪽

들을 체포하는 등 보강수사를 벌였고 결국 〈PD수첩〉 제작진을 허위사실 유포에 의한 명예훼손죄로 기소했다. 하지만 법원은 2010년 1월 20일 무죄를 선고했다. 검찰은 패소했지만 적어도 정권에 불리한 프로그램을 제작하면 오랫동안 수사와 재판을 받으며 고생을 하게 된다는 '교훈', 곧 공포를 심어주는 데에는 성공했다.[64]

김대중 대통령은 『김대중 자서전』에서 이명박 정부의 검찰에 대하여 다음과 같이 탄식한다.

> 지난 10년의 민주 정부를 생각하면 오늘의 현실은 참으로 기가 막힌다. 믿을 수 없다. 꿈을 꾸고 있는 것 같다. …… 반민주, 반국민 경제, 반통일로 질주하는 것을 좌시할 수 없다. 지난 50년간 반독재 투쟁에서 얼마나 많은 사람이 사형, 학살, 투옥, 고문을 당했는가. 어떻게 얻은 자유이고 남북화해였던가.[65]

군사정권 시절엔 군인들이 총칼로 국민을 탄압하고 국민의 자유와 권리를 빼앗아버렸다. 지금은 검찰이 정권의 의중을 충실히 쫓는 선봉이 되었다. 대통령이 한마디 하면 법무부장관이나 검찰총장은 한 발 더 앞서가고 검사들은 군말 없이 법무부장관과 검찰총장에게 복종한다. MBC 〈PD수첩〉의 '광우병 왜곡 보도 의혹 사건'을 수사한다면서 5명이나 되는 검사를 투입해 번역 오류를 뒤지며 정부 관계자의 명예훼손 사건을 수사했다. 정연주 전 KBS 사장을 배임 혐의로 체포하고, 조·중·동 광고 불매운동을 벌였다고 관계자들을 출국 금지하고 구속영장

---

(64) 김희수 외 3인, 앞의 책, 191~192쪽
(65) 김희수 외 3인, 앞의 책, 220~221쪽(『김대중 자서전』(제2권), 김대중, 삼인출판사(2010))

을 청구했다. 소비자 운동에 대한 수사는 세계적으로 유례가 없는 일이다. 이미 사문화된 전기통신기본법을 적용해 미네르바를 체포, 구속하기도 했다.(66)

박근혜 정부 들어 국회 사법제도개선특별위원회(사개특위)도 박근혜 대통령의 대선 공약인 상설특검제와 특별감찰관제 도입 등 검찰개혁안에 대한 별다른 합의 없이 사실상 종료됐다. 향후 법사위에서 검찰개혁 논의를 이어갈 예정이지만 여야 간 이견 차이가 현격한 데다 대치 정국으로 합의 도출이 어려울 것이란 전망이 나온다.(67)

그러나 박근혜 정부는 대선 공약대로 대검찰청 중앙수사부(중수부)를 폐지하였다. 그리고 그 자리에 2013년 12월 대검찰청 반부패부를 신설하였다. 범죄인이 아니라 범죄행위만을 제재의 대상으로 삼는 '사람을 살리는 수사'를 해야 한다고 역설하면서 출범한 것이다. 반부패부는 직접 수사기능이 없어서 종전의 중수부와는 현격한 차이가 있지만 박근혜 정부의 검찰이 인권과 사회정의를 실현할 수 있을지는 더 지켜볼 일이다.

---

(66) 김희수 외 3인, 앞의 책, 227쪽
(67) 한국일보 2013. 9. 24 5면

잘못된 검찰청사

한강 반포대교를 지나 남쪽으로 예술의 전당 쪽으로 가다보면 서초
동 낮은 산자락에 우리나라 사법부를 대표하는 대법원 청사가 자리 잡
고 있다. 대법원 청사는 1995년 준공된 뒤 각종 건축상을 휩쓸었을 만
큼 유명한 건물이다. 그 건물 좌측에 대법원 청사와 거의 같은 규모로
비슷한 위용을 자랑하는 건물 하나가 있다. 우리나라 검찰을 대표하는
대검찰청 청사다. 대검찰청 좌측으로 서초동 법조타운에는 서울고등법
원과 서울고등검찰청이 비슷하게 위치하고, 서울중앙지방법원과 서울
지방검찰청 또한 그러하다. 서초동 법조타운 뿐만 아니라 전국 어디든
지 고등법원 옆에는 고등검찰청이, 지방법원 옆에는 지방검찰청이, 지
원 옆에는 지청이 있다.

대법원 청사(왼쪽)와 대검찰청 청사(오른쪽)

우리나라 검찰은 청사부터 잘못되어 있다. 청사만을 놓고 보면 우리
나라 검찰은 법원과 동급이다. 이것은 한 나라의 기본질서를 올바로 정
립하지 못한 엄청난 잘못이다.

법원은 우리나라 정부를 구성하는 3부(府) 중의 하나다. 3권 분립을
채택하는 우리나라는 정부가 입법부, 행정부, 사법부로 구성된다. 사법
부인 법원은 3권 분립의 한 축을 담당한다. 검찰은 검찰청 소속으로, 검
찰청은 우리나라 행정부의 한 부(部)인 법무부에 속해 있는 하나의 청
(廳)에 불과하다. 사법부인 법원을 할아버지에 비유한다면 검찰은 손자
뻘에 해당한다. 그런데 손자가 할아버지와 맞먹고 있다. 때로는 으름장
을 놓으면서 할아버지를 위협하기도 한다.

그럴 수는 없다. 서울시장 집무실이 대통령 집무실과 동급일 수는 없
다. 하물며 구청장 집무실은 말할 것도 없다. 우리나라 검찰의 모든 문

제는 바로 검찰청사로부터 시작된다.

　모든 세상만물에는 질서가 있다. 국가도 마찬가지다. 정부를 구성하는 입법부, 행정부, 사법부가 있고, 그 밑으로는 필요한 하부조직이 있고, 그 하부조직 밑에는 또 다른 하부조직이 있게 마련이다. 검찰청사는 이러한 질서, 즉 국가의 질서를 무너뜨린 대표적인 예다. 그래서 우리나라 검찰은 그토록 많은 문제를 일으키고 있는 것이다. 하루라도 검찰이 뉴스에서 빠지지 않는 '검찰공화국'에 살고 있다. 대통령이 바뀔 때마다 검찰개혁을 외치고 있다. 정치인도 재벌도 검찰의 눈치를 살펴야 하고 시민은 공포의 대상으로 그들을 쳐다보고 있다. 모두 국가의 기본질서를 파괴한 검찰청사 때문이다.

　나의 이 같은 주장에 대하여 내용보다는 청사라는 단순한 형식에 의존한 주장이라는 반박이 있을 수 있다. 그러나 행정부의 한 부처에 속한 행정청이 사법부인 법원과 청사를 나란히 지은 것 자체가 사법부의 권위에 편승하려는 형식에 기초한 것임을 알아야 한다.

　풍수지리의 양택풍수에 의한 원리를 보더라도 검찰청사는 그 원리에 어긋난다. 만물은 제자리에서 제 역할을 할 때 가장 아름답고 질서가 잡힌다. 시장이나 군수가 대통령 행세를 할 수 없고, 아버지도 동급으로 앉아 있을 수 없는 자리에 아버지를 제치고 손자가 할아버지와 동급으로 앉아 있을 수는 없다.

　이춘재, 김남일 기자가 쓴 『기울어진 거울』에 나오는 얘기다.

　　나란히 이웃한 대법원과 대검찰청을 유심히 살펴보면 두 건물이 약간 엇갈려 지어진 걸 알 수 있는데, 이를 두고도 그럴듯한 설명이 이어진다. 대법원 청사 양쪽에는, 전국 법관들의 인사와 사법행정 등을 총괄하는 법원행정처 건물이 마치 날개처럼 펼쳐져 있다. 문제는 양 날개 끝이 대검찰청 쪽을 향해 뾰족하게 튀어나왔다는 점이다. 풍수적으로 뾰족한 곳은 기운이 찌르듯 나온다고 한다. 그래서 사법부의 '예봉'을 피하기 위해 대검찰청 건물을 옆으로 살짝 비켜서 지었다는 것이다.

이렇듯 법원과 검찰 간의 기 싸움은 실제로 곳곳에서 벌어진다. 검찰청법에 따라 법원과 검찰은 늘 붙어 다녀야 하는 운명인데, 서로 기 싸움에서 밀리지 않으려고 온갖 묘수를 동원하는 것이다. 가령 서울북부지검은 건물을 새로 지으면서 법원보다 높게 보이려고 가벽을 세웠고, 광주지검은 신축을 하면서 건물 높이를 올렸는데, 옛 건물을 그대로 사용하는 광주지법에 새로 부임하는 법원장마다 검찰이 법원을 내려다보는 것에 매우 불쾌해한다고 한다.

그런가 하면 대구 수성구 범어동의 비탈진 산자락에 자리한 대구지법과 대구지검은, 예전부터 터가 좁아서 다른 곳으로 옮겨야 한다는 의견이 많았다. 그런데 법원 쪽은 이미 다른 장소를 물색해놓은 반면 검찰은 그 비좁은 터를 떠나지 않으려고 했다. 그 자리에서 검찰총장이 많이 배출되었기 때문이다. 결국 검찰은 원래 자리에 건물을 새로 올렸다.[68]

검찰이 나보다 더 풍수지리를 신봉하고 있음을 알 수 있다. 나는 국가의 기본질서를 파괴한 우리나라 검찰청사가 어디에 근거를 두고 있으며 어디에서 유래했는지가 궁금했다. 이춘재, 김남일 기자가 지적했듯이, 법원과 검찰이 쌍둥이처럼 붙어 다녀야 했던 이유는 검찰청법에서 유래한 듯하다. 검찰청의 설치와 관할구역을 규정한 검찰청법 제3조에는 '대검찰청은 대법원에, 고등검찰청은 고등법원에, 지방검찰청은 지방법원과 가정법원에 대응하여 각각 설치한다. 지방법원 지원 설치 지역에는 이에 대응하여 지방검찰청 지청을 둘 수 있다'고 규정한다. 이 규정을 자세히 살펴보면, 청사를 쌍둥이처럼 나란히 지어야 한다는 규

(68) 이춘재, 김남일, 『기울어진 저울』, 한겨레출판(주)(2013), 193~194쪽

정은 아닌 것 같다. 다른 이유가 있는지 더 살펴보자.

대법원장 비서실장을 지낸 양삼승 변호사는 이 문제에 대하여 우리에게 질문을 던진다.

> 법원과 검찰의 청사가 나란히 있는 것에 대해, 진심으로 '국민의 편의를 위하여' 그래야 된다고 생각하는지, 형사 사건뿐만 아니라 민사와 행정 사건까지도 취급하는 법원에 볼 일이 있는 국민의 어느 정도가 이로 인한 편의를 보는지, '서면 심리'만을 하는 대법원과 함께 대검찰청 건물이 왜 나란히 있어야 하는지, 선진 외국의 법조인들이 우리 법조를 둘러보고 가장 이상하게 느끼는 점이 무엇이라고 이야기하는지, 질문만을 던져둔다.[69]

양삼승 변호사는 검찰을 지배하는 법칙이 있다고 주장한다. 제1법칙은 검찰, 특히 수뇌부의 검찰이 추구하는 최고의 목표는 '명예는 판사만큼, 권력은 통치권자만큼' 누리는 것이고, 제2법칙은 검사의 법적 자격요건이 판사와 동일함을 근거로, 어떤 면에서든지 '판사에게 뒤지려고 하지 않는다'는 것이다. 이는 법적 대우뿐 아니라, 심지어 청사의 위치에서까지 철저히 적용된다고 한다.[70]

나는 직업상 많은 외국의 도시를 돌아다녔다. 약 30여 개국 100여 개 도시를 돌아다닌 것 같다. 그때는 도로교통에 관심이 있어서 유심히 관찰하면서 외국의 도시를 돌아다녔다.

2002년에는 『길이 제대로 돼야 나라가 산다』를 출간하면서 동남아 오세아니아 10여 개 도시를 별도로 방문했다. 시드니, 멜버른, 웰링톤,

---

(69) 양삼승, 『법과 정의를 향한 여정』, 까치글방(2012), 178쪽

(70) 양삼승, 앞의 책, 76~77쪽

홍콩, 방콕, 쿠알라룸푸르, 타이베이, 베이징, 오사카, 싱가포르 등을 방문하였다. 나는 지금도 서울시 도로가 모두 내 것이라면 2년 내에 체증 없는 도시를 만들 자신이 있다. 이 모든 내용은 『길이 제대로 돼야 나라가 산다』에 나와 있다. 이런 말을 하면 모든 사람이 내가 미쳤다고 한다. 그러나 내가 미치지 않았다는 것을 증명하기 위해 아주 쉬운 예를 하나 들겠다.

나는 우리나라 고속도로 체증을 완전히 해결할 수 있다. 넉넉잡고 1년이면 충분하다. 방법은 모든 톨게이트를 없애는 것이다. 그러고는 도로가 교차하는 곳마다 진출입로를 만드는 것이다. 이렇게 말하면 하나같이 통행료를 걱정한다. 통행료는 세금으로 거두면 된다. 1년에 차 1대당 20만 원 정도면 충분하다. 일종의 방법의 전환이요, 창조경제의 하나다. 그래서 나는 8조 원의 예산이 드는 제2 경부고속도로 건설에 강력히 반대하는 사람이다. 그 돈이면 우리나라 고속도로는 아주 여유롭게 달릴 수 있기 때문이다.

검찰청사에 대한 의문이 든 이후부터 나는 외국에 가면 반드시 그 도시에 위치한 법원청사와 검찰청사를 찾아본다. 워싱턴, 댈러스, 홍콩, 하노이를 갔다 왔다. 하지만 검찰청은 법원과 같이 있지 않았다. 법원 근처에도 없었다. 외국의 변리사를 만날 때마다 물어보았다. 당신네 나라에는 검찰청(Prosecutors' Office)이 법원(Court)과 함께 같은 장소에 있느냐고. 그들은 한결같이 의아한 표정을 지으며 나에게 반문하였다. 검찰청은 행정부 소속인데 왜 법원과 같이 있느냐고.

나는 일본이 범인이라고 생각했다. 우리나라는 치욕의 역사 때문에 일본제도가 아무런 검토나 비판 없이 그대로 들여온 것이 많기 때문에 검찰청사도 그럴 거라고 의심했다. 내가 일하고 있는 분야의 특허법이나 상표법도 법조문 하나 틀리지 않고 그대로 베껴온 때가 있었고, 지금도 누더기처럼 땜질만 하였을 뿐 서로 비슷하다. 그래서 일본 오사카에 갔다 왔다.

오사카 지방법원

오사카 지방검찰청

일본이 범인이라고 했던 의심은 여지없이 빗나갔다. 오사카 지방법원은 오사카시 북구 서천만에 있었고, 오사카 지방검찰청은 오사카시 복조구 복조동에 있었다. 그렇다면 우리 검찰청은, 이춘재, 김남일 기자가 지적했듯이, 검찰청법에서 유래한 것이 맞는 것 같다. 그렇다면 검찰청법은 국가의 질서를 어지럽힐 만큼 잘못된 법이다.

검사는 판사와 동급이 아니다. 설사 그들이 함께 사법시험을 합격하고 함께 사법연수원을 수료했다 하더라도 검사와 판사는 동급이 될 수 없다. 함께 사법시험을 합격하고 함께 사법연수원을 수료했다 해서 법조3륜이라 하는 신성가족 사법패밀리는 국가의 질서를 바로 세우고 인권과 정의를 실현하고자 하는 이 시점에 유통기한이 다했음을 알아야 한다.

형사소송에서 검찰의 카운터파트는 피고인 및 이를 보조하는 변호인이지, 법원이 아니며, 법원은 두 당사자 사이의 공방이 공정하게 이루어지도록 지휘, 감독한 후 이에 대한 결론을 내리는 '심판'과 같은 위치에 있다. 물론, 하급법원의 판결에 대해서 검찰이 상소를 제기할 수 있으나, 그렇다고 해서 검찰이 법원과 상호 견제관계가 있다고 할 수 없음은 피고인도 똑같이 상소할 수 있다는 점에서 명백하다.[71]

양삼승 변호사는 존경받는 법조인이 되기 위한 길의 하나로 사고방식의 세계화를 주장한다. 세계적으로 공통되게 적용할 수 있는 합리적이고 이성적인 생각이 지배해야 한다는 것이다. 우리나라에서만 통하는 생각으로는 충분치 않다고 한다. 미국 등 선진국과 달리 왜 우리나라는 법원 옆에 검찰청이 나란히 자리 잡고 있는가? 이는 자칫 한국에서는 정의보다 권력이 지배한다는 인상을 줄 우려가 있다고 한다.[72]

3심제라는 대원칙 하에 대법원-고등법원-지방법원으로 이루어진 구조를 대검찰청-고등검찰청-지방검찰청으로 이어지는 것도 문제다. 이러한 검찰심급제는 검찰조직을 위계질서화 하고 인력의 효율적 배치도 가로막고 있다. 대검찰청의 역할이 지방검찰청의 역할과 중첩되는 것도 문제지만 가장 엉뚱한 조직은 고등검찰청이다. 고등검찰청은 고등법원에 대응하는 조직을 염두에 두고 만들었다.

그러나 검찰은 근본적으로 법원에 대응하는 조직이 아니다. 법원은 3심제의 원활한 운용을 위해 지방법원-고등법원-대법원의 구조를 갖추

---

(71) 양삼승, 앞의 책, 177~178쪽
(72) 양삼승, 앞의 책, 119쪽

고 있는 것이 타당하지만, 검찰은 한 번의 수사와 한 번의 기소밖에 진행하지 않기 때문에 지방검찰청–고등검찰청–대검찰청의 구조를 가질 이유가 전혀 없다. 실제 수사를 일선 지검에서 진행하는 상황에서는 더욱 그렇다. 고등법원의 부장판사는 중요한 일을 하는 고위직이지만, 고등검찰청의 부장검사는 한직(閑職)이다. 그런데도 고등법원 옆에 고등검찰청을 거의 똑같은 규모의 건물로 지어놓으면서, 마치 고등법원과 대등한 위상을 지닌 검찰청인 것처럼 행세를 하고 있다.(73)

검찰청사를 법원청사와 동급으로 나란히 있도록 함으로써 법원이 검찰 같고 검찰이 법원 같도록 한 것은 사법부로선 가장 치욕스런 일이다. 사법부는 우리나라 정부를 구성하는 3부(府) 중의 하나로서 그 위상을 되찾아야 하고, 3부 중에서도 가장 정의롭고 권위 있는 부(府)로 다시 태어나야 한다.

요원한 일이겠지만, 검찰청사는 차례로 하나씩 법원으로부터 분리하여 이전해야 한다. 대구지방검찰청과 같이 검찰총장이 많이 나오는 그런 명당을 찾아 이전하는 것도 좋지만, 아주 흉지(凶地)를 찾아 이전하는 것이 더 좋을 것이다. 청사는 흉지에 지었어도 앞으로 검찰이 정의로운 일만 한다면 그 흉지는 복이 터지는 길지(吉地)로 변할 것이기 때문이다. 마치 신라 말 도선 국사가 흉지 위에 절을 세움으로써 비보풍수(裨補風水)로써 사기(邪氣)를 물리쳐 명당으로 바꾸어 놓은 것처럼.

검찰이 떠난 청사는 법원이 접수해야 한다. 그리고 판사마다 독립된 사무실을 마련해 주어야 한다. 판사가 각자 독립된 사무실조차 없다는 것은 참으로 부끄러운 일이다. 그리고도 공간이 남는다면 법률도서관

---

(73) 김희수 외 3인, 앞의 책, 269~270쪽

을 만들길 바란다. 다른 책 꽂아놓을 필요 없고 법원판례집만을 모아
놓으면 된다. 도서관은 반드시 시민에게 개방하여야 한다.

무질서의 혼돈사회

사법부와 같은 규모의 검찰청사를 보고 있노라면 우리나라는 비리국가요 깡패국가요 부정부패국가라는 생각이 든다. 사실 검찰청은 대다수의 힘없는 국민이 가는 곳은 아니다. 힘없는 시민이 검찰청사 포토라인 앞에 서서 플래시 세례를 받으며 기자들과 인터뷰하는 경우는 없다. 서민들은 검찰이 아니라 경찰서에서 오라고만 해도 가슴이 철렁 내려앉는다. 그 앞에 서는 사람들은 주로 부정정치자금 받은 정치인들, 뇌물 받은 고위 관료들, 비자금 조성하고 탈세하고 불법 상속한 재벌들, 뇌물이나 보험금(?)을 제공한 재벌들, 성상납이나 벤츠 같은 것을 받은 사람들 등등 서민과는 별로 관계없다. 이런 사람들이 얼마나 많기에 사법부와 같은 크기의 검찰청사를 지어놓느냐 말이다. 설사 그리 많다 하더라도 가장 존엄해야 할 법원 옆에 쌍둥이처럼 지어놓느냐 말이다.

우리의 검찰청사는 국가의 기본질서를 무너뜨린 국기문란행위다. 국가의 기본질서가 무너졌기 때문에 검찰은 사법부와 같은 동급의 위상을 보여주고 사법부는 존엄과 권위를 잃고 있다.

공익의 대표자임을 자처하는 검찰이 스스로 그 역할을 부정하고 사법부의 명령도 무시하고 있다. 용산참사 사건의 수사 기록 미공개 파문이 한 예다. 검찰은 용산참사 당시 화재를 일으켜 경찰관을 숨지거나 다치게 한 혐의로 용산참사 희생자의 유족 등 철거민들을 기소했지만 무리한 진압으로 참사를 일으킨 서울지방경찰청장 등 경찰 지휘부에 대해서는 면죄부를 주었다. 하지만 검찰이 공개하지 않은 2천여 쪽의 수사기록에는 경찰의 무리한 진압에 대한 검찰의 공소사실과는 다른 내용이 들어 있다는 의혹이 강하게 제기되었다. 이에 대해 1심 재판부는 검찰에 기록 공개를 명령했다. 그러나 검찰은 사생활 보호 등을 이유로 기록을 공개하지 않았다. 법원의 판결조차 수용하지 않았던 거다. 2010년 1월 용산 사건의 항소심 재판부가 재정신청 사건의 재판부를 통해 입수한 문제의 미공개 기록을 피고인 측에 공개하자 검찰은 격렬히 반발하고 재판부가 예단을 갖고 있다며 재판부 기피신청을 내기도 했다.(74)

검찰은 법원의 명령도 이행하지 않는 수준에 이르렀다. 적반하장 격으로 재판부 기피신청까지 냈다. 깡패나 폭력집단에서나 볼 수 있는 무법천지다. 사법부의 권위는 땅 끝까지 추락하고 있다. 권위의 실추 문제를 넘어 사법부의 위기다.

검사에게는 실체적 진실의 발견을 통해 범인을 검거하고 유죄를 입증하는 책무도 주어져 있지만, 동시에 억울한 피해자가 생기지 않도록 최선의 노력을 기울여야 하는 책무도 동시에 주어져 있다. 검찰은 공익

---

(74) 김희수 외 3인, 앞의 책, 216~217쪽

의 대표자로서 피고인의 방어권 보장을 위해 피고인에게 유리한 증거가 있다면 이를 공개할 의무가 있다고 헌법재판소가 판단한 적도 있다.[75] 이 같은 일이 미국에서 있었다면 법원은 검사를 법정모독죄로 처벌하거나 검찰의 공소를 기각했을 것이다.[76]

사법부도 기본질서가 무너진 것은 마찬가지다. 겉으로는 평온해 보이지만 대표적인 혼돈사회다. 전관예우가 판을 치고, 돈과 권력 앞에서 법의 여신 디케(Dike)의 저울은 기울어진지 오래다. 우리는 디케의 저울마저 바꾸어 놓았다. 본래 디케는 천으로 눈을 가리고 한 손에는 저울을, 다른 손에는 칼을 쥐고 있다. 저울은 형평성을, 칼은 엄격함과 날카로움을 상징한다. 천으로 눈을 가린 것은 공평무사하게 판결하겠다는 의지의 표현이다.

하지만 우리 대법원 청사 중앙 홀에 있는 디케는 이런 모습이 아니다. 눈을 가리지 않았을 뿐만 아니라, 왼손에는 칼 대신 법전을 들었다. 이른바 '한국형 디케'인 셈이다. 왜 이렇게 만들었을까? 법원에서 납득하기 힘든 판결이 나올 때마다 두 눈을 가리지 않고 칼도 들지 않은 한국형 디케가 입길에 오르내린다. 법정에 드나드는 피고인이 재벌 회장인지 정치인인지 두 눈으로 똑똑히 볼 수 있고, 칼보다 무딘 법전을 휘두르니 공평무사하고 추상같은 재판을 기대할 수 있겠느냐고 비아냥거

---

(75) 검사는 소추와 공소유지를 담당하는 당사자로서의 지위 외에도 공익의 대표자로서의 지위에서 피고인의 정당한 이익을 옹호해야 할 의무도 지고 있으므로, 진실을 발견하고 적법한 법의 운용을 위하여 피고인에게 불리한 증거에 대하여는 상대방에게 방어의 기회를 부여하고, 피고인에게 유리한 증거에 대하여는 이를 상대방이 이용할 수 있도록 하여주어야 한다. (94헌마60 결정)

(76) 김희수 외 3인, 앞의 책, 217쪽

린다.[77]

보다 못한 판사들이 들고 일어났다. 지금까지 모두 다섯 차례의 사법
파동(司法波動)이 있었다. 첫 번째 사법파동은 1971년에 일어났고, 2차는
노태우 정권 시기 일부 소장판사들이 사법개혁을 주장하면서 일어났
다. 3차 사법파동은 김영삼 정부 때, 4차 사법파동은 대법관 인사 관행
에 대한 항의로, 5차는 신영철 대법관의 2008년 촛불집회 재판 개입에
대한 법관들의 항의로 일어났다.[78]

기본질서가 무너진 곳은 검찰이나 사법부뿐만 아니다. 거의 모든 분
야에서 무질서의 혼돈사회를 볼 수 있다. 우리나라는 통치 구조부터 이
상하다. 우리나라는 대통령 5년 단임제 하의 대통령중심제 국가다. 현
행 대통령 5년 단임제는 1987년 헌법 제정 당시 장기 집권을 막아야 한
다는 국민적 여망과 집권을 노리는 각 정파의 의도가 결합하여 만들어
졌다. 당시 전두환의 후계자 노태우, '삼김(三金)'으로 불렸던 김대중·
김영삼·김종필 등은 1987년 헌법 아래에서 누가 첫번째 대통령이 되든
간에 한 번만 하게 만들어 자신도 대통령이 되는 기회를 확보하려 했
다.[79]

현행의 단임제는 장기집권을 막는 데는 성공했지만, 국회의 임기를 4
년제로 함으로써 대통령이 국정을 제대로 펼칠 수 없는 구조다. 그래서
단임제를 국회위원 임기에 맞춰 4년 중임제로 해야 한다고 자주 거론하
지만 이제까지 아무런 진전이 없다. 국민을 위한 정치를 하는 것보다는

(77) 이춘재, 김남일, 앞의 책, 4쪽
(78) 김희수 외 3인, 앞의 책, 69~70쪽
(79) 조국, 『조국, 대한민국에 고한다』, (주)21세기북스(2011), 30쪽

대통령을 한 번 하는 것이 그들에겐 더 의의가 있고 더 중요한 일이기 때문이다. 대통령직을 나눠먹은 것이다. 입만 열면 국민을 위한다고 말하던 분들이다. 우리 헌법은 그렇게 만들어졌다.

우리 헌법을 보다 보면 이상한 데가 또 있다. 제3장에는 국회를 규정하고, 제4장은 정부를 규정하고, 제5장은 법원을 규정한다. 제4장은 다시 대통령과 행정부로 구분한다. 국가의 권력구조를 입법부, 행정부, 사법부로 규정함으로써 한쪽의 전횡을 막고 서로 견제를 하여 균형을 이루도록 3권 분립의 정부구조를 이루고 있다. 그런데 어딘가 좀 이상하다.

우선 제4장에서 규정하는 '정부'가 이상하다. 정부(Government)의 의미는 대통령제나 내각제에 따라 약간씩 의미가 다르기도 하고 협의로는 행정부를 의미하기도 하지만 일반적으로 입법부, 행정부, 사법부로 이루어지는 국가의 통치기구 전체를 의미한다.[80] 그리고 대통령은 행정부의 수반이고 국가를 대표한다. 입법부, 행정부, 사법부가 정부를 구성하고 여기에 국민과 영토가 있어서 국가를 이룬다. 그래서 국민이나 영토가 없는 국가는 있을 수 없다. 이것은 국가의 기본틀이고 기본질서다. 미국에서는 '오바마 정부(Obama Government)'라고 하지 않는다, 그들은 반드시 '오바마 행정부(Obama Administration)'라고 말한다. 그런데 우리는 '박근혜 정부(Park Government)'라고 한다. 우리도 '박근혜 행정부(Park Administration)'라고 해야 한다. 따라서 헌법 제4장의 '정부'는 '행정부'가 더 정확하다. 차제에 제3장의 '국회'도 '입법부'로, 제5장의 '법원'도 '사법부'로 하는 것이 더 바람직할 것이다. 국가의

---

(80) http://en.wikipedia.org/wiki/Government

체제부터 바로 잡아야 한다. 그렇게 되면 검찰청은 어디쯤에 있어야 하는지 더 명확히 알 수 있게 될 것이다.

노무현 대통령은 현재의 세종시에 신행정수도를 건설하려 했다. 그러나 계획은 헌법재판소의 위헌결정에 따라 수포로 돌아갔다. 그래서 궁여지책으로 나온 것이 행정수도가 아닌 행정도시였다. 행정부의 일부 부처만을 이전하겠다는 것이었다.

정부 부처를 그렇게 멀리 쪼개놓고 국정이 원활할 리 없다. 문제점을 인식한 이명박 정부가 세종시를 행정도시가 아닌 과학벨트로 전환하려 했다. 하지만 당시 한나라당의 강력한 대선주자였던 박근혜 의원은 이에 반대했다. 이명박 정부의 계획도 수포로 돌아갔다. 모두 개인의 정치적인 계산에서 나온 결과였다. 정부가 쪼개지든 쪽박이 나든 관심사는 오로지 대선 득표에 있었다.

드디어 때가 되어 정부 부처가 세종시로 이전하기 시작했다. 총 3단계에 걸쳐 52개 기관과 주요 부처들이 이전한다고 한다. 이런 상태에서 국정이 제대로 될 리 없다. 벌써부터 많은 문제점이 드러나기 시작한다. 모두 예상했던 것들이다. 장관들은 아예 내려가지도 않는다고 한다. 정부도 쪼개지고 가정도 쪼개지고 쪼개질 것은 다 쪼개졌다. 기본 질서가 무너진 혼돈국가 혼돈사회의 단면이다.

혼돈사회는 입법부인 국회에서도 이어진다. 의회 내에서의 몸싸움, 변호사들의 겸직 문제, 각종 비리 등은 차치하더라도 입법과정이 부실하기 짝이 없다. 염불에는 관심이 없고 잿밥에만 관심이 있기 때문이다.

류여해 박사는 우리나라 국회의 입법과정을 접하고는, 우리나라에는 아무도 만들지 않은 법이 존재한다고 말한다. 법은 그 나라의 현실 상황과 실정을 반영해서 제정해야 하는데도 우리는 남이 만들어놓은 것을 그대로 베낀다. 그러다 보니 이 법률에 대해서 고민한 사람이 없고, 기록으로 남길 만한 것 역시 아무것도 없다. 그리고 이렇게 베끼고 짜 깁기해서 만든 법률이 버젓이 국회를 통과한다.(81)

---

(81) 박영규, 류여해, 앞의 책, 25쪽

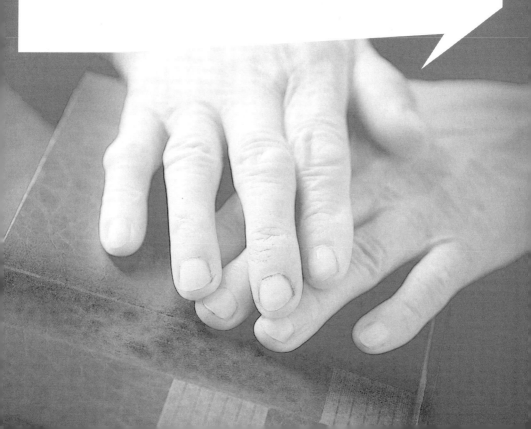

제3장

일그러진 사법부

초라한 대법원
전지전능한 대법원
있으나 마나 한 3심제
무기력한 합의부
판결은 정녕 어려운 것인가

초라한 대법원

2011년 8월 대법원에서는 서울중앙지방법원 합의부의 원심판결을 파기하고 사건을 환송한다는 한 판결이 내려졌다.[82]

자동차관리법 제10조 제5항은 '누구든지 자동차 등록번호판을 가리거나 알아보기 곤란하게 하여서는 아니 되며, 그러한 자동차를 운행하여서도 아니 된다'고 규정하고 있고 같은 법 제82조는 고의로 위 제10조 제5항을 위반한 경우에는 100만 원 이하의 벌금에 처하도록 규정하고 있는 바, 위 각 규정은 자동차 등록번호판을 가리거나 알아보기 곤란하게 하는 모든 행위에 대하여 무차별적으로 적용된다고 할 수는 없고, 자동차 관리법이 자동차를 효율적으로 관리하고 자동차의 성능 및 안전을 확보함으로써 공공의 복리를 증진함을 목적으로 하고 있는 점 등에 비추어 그 행위가 이루어진 의도, 목적, 내용 및 장소 등을 종합적으로 고려하여 자동차관리법 위

---

(82) 대법원 2011. 8. 25. 선고 2009도2800 (자동차관리법 위반) 재판장 대법관 신영철, 주심 대법관 박시환, 대법관 차한성, 대법관 박병대

반 여부를 판단해야 할 것이다. 특히 자동차 등록번호판을 가리는 등의 행위가 자동차의 효율적 관리나 자동차의 성능 및 안전 확보, 교통·범죄의 단속과는 무관하게 사적인 장소에서 이를 저해하거나 회피할 의도 없이 행해진 경우에는 위 각 규정에 따른 처벌 대상이라고 할 수 없다.

이러한 법리에 비추어 이 사건 기록을 살펴보면, 피고인이 호텔의 종업원으로서 호텔 주차장에 주차된 자동차의 번호판을 호텔 간판 등으로 가리는 행위를 하였다고 하여도 이는 호텔을 이용하는 사람들의 요청에 따라 그들의 사생활 노출 방지 등을 목적으로 한 행위이고, 자동차의 효율적 관리나 자동차의 성능 및 안전, 교통·범죄의 단속과는 별다른 관련이 없으므로 자동차관리법 제10조 제5항 및 제82조를 적용하여 처벌할 수는 없다고 할 것이다.

그럼에도 불구하고, 원심은 자동차관리법 제10조 제5항을 함부로 제한 해석해서는 아니 된다는 이유를 들어 이 사건 공소사실을 유죄로 인정하였으니, 원심판결에는 자동차관리법 제10조 제5항의 해석·적용에 관한 법리를 오해하여 판결 결과에 영향을 미친 위법이 있다. 이 점을 지적하는 상고이유 주장은 이유 있다.

그러므로 원심판결을 파기하고 사건을 다시 심리·판단하게 하기 위하여 원심법원에 환송하기로 하여, 관여 대법관의 일치된 의견으로 주문과 같이 판결한다.

사건을 간단히 요약하면, 한 호텔의 종업원이 호텔 주차장에 주차된 고객 차량의 번호판을 가리개로 가렸는데, 이러한 행위가 차량번호판을 가려서는 안 된다는 자동차관리법을 위반하였다는 이유로 검사가 기소한 사건이다. 1심 재판부는 자동차의 안전 확보와 관련이 없는 장소에서 이뤄진 행위라며 무죄를 선고했지만, 2심 재판부는 교통위험과 장해 관리를 위해 자동차 번호판 제도가 만들어졌다며 호텔종업원에게 5만 원의 벌금형을 선고하였다. 2심 재판부의 판결에 대한 상고심에서 대법원은 1심 재판부와 같이 무죄를 선고하였다.

웃을 수도 없고 웃지 않을 수도 없는 기막힌 사건이다. 내가 바라보는 이 판결의 문제점은 세 가지다. 여기서는 두 가지만 설명하고 하나는 8장에서 설명한다.

첫 번째 문제는 어느 나라 대법원이 이런 것을 판결이라고 내놓느냐 말이다. 어느 나라 대법원이 5만 원짜리 벌금형 사건을 다룬 판결을 내놓느냐 말이다. 지구상에 그런 대법원은 없다. 우리나라 판사와 검사는 스스로 엘리트 중의 엘리트라 하면서, 1심도 아니고 2심도 아닌 대법원까지 가서 5만 원짜리 벌금형에 대한 판단을 받아보아야 하다니 1, 2심도 한심하지만 대법원은 더 한심하다. 1심은 그렇다 치더라도 2심이었던 지방법원 합의부는 3명의 판사가 재판을 하는데 5만 원짜리 벌금형 사건도 제대로 판단할 수 없다니! 이 판결은 수많은 판결 중의 하나에 지나지 않지만 사법부의 수준을 보여주는 중요한 사건이다.

대법원에서 이런 판결을 하고 있으니 대법원 상고 건수가 외국에 비해서 그토록 많은 것이다. 1990년대 초에 연간 약 9천 건 하던 대법원 상고 건수가 2012년에는 약 3만 6천 건으로 기하급수적으로 늘어났다. 이를 대법관 1인당 사건 수로 나누면 약 3천 건이 된다.[83] 미국 연방대법원이 1년에 100건을 넘지 않는다고 하니 우리 대법관은 초능력 아니 신에 가까운 능력을 갖고 있다고 할 수 있다.

우리나라 상고 건수가 이처럼 많은 이유는 1심과 2심의 하급심에서의 재판이 부실하기 때문이다. 1심은 차치하고라도, 2심은 최소한 지방법원 합의부 또는 고등법원 합의부에서 심리한다. 지방법원 합의부 판

---

(83) 이춘재, 김남일, 앞의 책, 56쪽

사나 고등법원 판사는 그 경력이나 직급으로 볼 때 결코 가볍지 않다. 합의부가 제대로 운영되지 않는다는 것을 보여주는 반증이기도 하다.

대법원은 최소한 이런 판결을 골라낼 수 있어야 한다. 대법원은 최소한 그런 능력을 갖추어야 한다. 그런 엉터리 판결을 내리는 판사를 문책하고 인사에 적극 반영해야 한다. 그런 판결에 대하여 해당 법관을 시범적으로 문책하는 몇 번의 시도만 있었어도 차량번호판 같은 사건이 대법원까지 올라오는 일은 없었을 것이다. 대법원이 그런 능력과 시스템을 갖추고 있다면 하급심에서는 보다 법과 원칙에 따라 판결하고자 노력할 것이고, 그 결과 좋은 판결이 나왔을 것이다. 그렇게 한다면 상고 건수는 대폭 줄어들 수 있다. 우리나라 상고 건수가 외국에 비해 엄청나게 많은 이유는 대법원이 5만 원짜리 벌금형과 같은 사건을 취급하고 있기 때문이고, 그 지경이 되도록 하급심에 대한 관리나 감독기능이 없었기 때문이다.

우리나라 판사 중의 대부분이 대법원의 인사에 불만을 품고 있다. 인사 기준이 무엇이냐 말이다. 신영철 대법관처럼 사건을 특정 재판부에 배정하고 입맛에 맞는 판결을 주문하며 그에 응하는지의 여부가 인사기준이 되었기 때문에 그렇게 된 것이다. 엉터리 판결을 내리는 판사를 문책하고 올바른 판결을 내리는 판사를 승진시켰다면 오늘날과 같은 불만도 없었을 것이고, 상고 건수가 그렇게 늘어나는 일도 없었을 것이다.

나아가 대법원에서 전관예우 사건을 감시하는 시범적 시도만 있었어도 전관예우가 그렇게 판치는 오욕의 사법역사를 쓰지는 않았을 것이다. 하급심에서 전관이 대리한 사건을 감시하고, 특히 1심의 판결을 뒤집은 판결을 감시하여 전관예우로 인한 잘못된 판결에 대하여 해당 판사를 같은 방법으로 문책하였다면 전관예우가 그렇게 득세하지는 않았을 것이다. 이렇게 되면 상고 건수는 또 대폭 줄어들 수 있다. 천문학적인 상고 건수에 대한 1차 책임은 상고를 남발하는 국민에 있는 것이 아니라 대법원의 사법 시스템에 있다는 것을 알아야 한다.

두 번째는 법률 해석의 문제다. 입법부는 법을 만들고 행정부는 법을 집행하며 사법부는 법을 해석한다. 그런데 사법부의 법률해석은 별로 신통치 못하다. 법률해석이 신통치 못하니까 항소를 남발한다. 1심에서 당사자들이 충분히 납득할 수 있을 만큼 법률해석이 명확하다면 2심으로의 항소가 남발되지 않고, 2심에서 법률해석이 명확하다면 3심으로의 상고가 남발되지 않을 것이다. 우리나라가 상고를 비롯하여 엄청난 소송건수로 시달리는 것은 1심부터 3심까지 법률해석이 신통치 않기 때문이다. 법률해석이 명쾌해서 논리 정연한 판결이 나온다면 상식을 가진 국민들이 왜 항소를 남발하겠는가.

번호판 사건과 관련된 자동차관리법 제10조 제5항의 내용은 '누구든지 자동차 등록번호판을 가려서는 안 된다' 는 것이다. 이 규정은 공공의 도로에 적용되어야 하는 규정이다. 운행 중의 뺑소니와 같은 범죄, 사고, 공공장소에서의 불법주차 등을 막기 위한 것이다.

호텔 주차장은 사유지다. 사유지에 주차된 차는 번호판을 가리든 번호판을 떼어 금고에 보관하든 간섭할 필요가 없다. 범죄나 사고, 불법주차 등과는 관계가 없기 때문이다. 안방에서 발가벗고 춤을 춘다고 해도 경범죄에 걸리지 않는다. 이것이 이 사건의 논리이고 정확한 법률해석이다. 이런 논리는 법률가가 아니라도 상식을 가진 사람이면 누구나 쉽게 이해할 수 있다. 물론 1심에서는 이러한 논리로 판단하였지만 2심은 그 상식적인 논리를 뒤집었다.

이 사건은 검사가 기소단계에서 올바른 법률해석을 내릴 수 있어야 했다. 그랬더라면 이런 일을 가지고 기소하지는 않았을 것이다. 1970년대 같으면 영월지청이나 삼척지청으로 보냈어야 할 검사다. 설사 이런 일이 기소되었더라도 2심에서 납득할만한 논리로 판결을 내렸다면 대법원까지 가지는 않았을 것이다.

법을 해석하는 사법부는 법을 집행하는 행정부와는 엄연히 다르다. 예를 들어 도로교통법 시행령에서 신호위반을 한 자는 7만 원의 범칙금을 납부하도록 규정하면, 경찰은 누구에게나 이를 적용하여 범칙금을 부과한다. 위반자에게는 어떤 변명의 여지가 없다. 그러나 자동차관리법에서 번호판을 가리는 자에게 100만 원 이하의 벌금을 부과할 수 있다는 규정에 의거하여 소송이 제기되면 법원은 그 법을 해석하여야 한다. 번호판을 가리지 말라고 규정한 법의 취지와 목적이 무엇인지, 어디서 어떻게 왜 번호판을 가렸는지, 번호판을 가린 자의 행위가 그런 법의 취지와 목적에 어긋나는 것이었는지 등을 판단하여 행위의 위법 여부를 결정해야 한다. 이것이 행정부와 사법부의 차이점이다. 사유지에서의 주차상황을 고려하지 않고 번호판을 가렸다는 이유만으로 법을 위반하였다고 한 기소는 경찰서 수준의 법 집행밖에 되지 못한다.

우리나라 법원은 법률해석기관으로서 아직 갈 길이 멀다. 그래서 인구(人口)에 회자될 명판결이 좀처럼 나오지 않는다.

오죽하면 1994년 서울시가 정도 600년 기념사업의 일환으로 타임캡슐에 들어갈 판결문을 골라달라고 대법원에 요청했을 때, 토지거래허가제에 대한 대법원 전원합의체 판결문이 선택되었을까? 당시 대법원은 1971년 국가배상법 판결과 1980년 김재규 내란음모사건 판결 등 7건을 골라 심사한 끝에 시대상을 잘 반영한다는 이유로 이 건을 골랐다고 밝혔지만, 400년 후 이 땅에 살고 있을 후손들에게 조상들이 어떤 가치관을 지키기 위해 노력했는지 보여주기에는 초라한 느낌이 든다. 그만큼 우리 대법원 재판에서 헌법적 가치에 대한 치열한 고민을 찾아보기가 어렵다는 것이다.[84]

우리에게도 많이 알려졌던 미국의 성조기 훼손 사건을 보자. 이 사건이 미국 연방대법원에서 어떻게 논의되어 어떤 과정을 거쳐서 어떤 결론에 이르고 있는지 이춘재, 김남일 기자의 글을 보자.

미국 사회에서 큰 이슈가 된 대법원 판결은 어김없이 세간의 이목을 끈 유명한 논쟁으로 이어졌다. 1989년 미연방대법원이 성조기 훼손을 처벌하도록 한 텍사스 주 법령을 '표현의 자유를 침해한다'는 이유로 위헌이라고 판결한 것도 이와 같은 사례이다. 1984년 텍사스주 댈러스에 열린 공화당 전당대회를 반대하는 가두시위에서 그레고리 존슨은 '미국에 침을 뱉는다'는 구호를 외치며 라이터로 성조기에 불을 붙였다. 미국의 제국주의적 외교정책을 반대하는 일종의 퍼포먼스였다. 텍사스 주 경찰은 존슨을 국가 상징물에 대한 모독 행위를 금지하고 있는 주법에 따라 기소했고, 주법원은 존슨에게 유죄를 선고했다. 그러자 존슨은 즉각 항소했으며, 항소법원은 '국기를 불태운 행위 역시 수정헌법 제1조의 표현의 자유에 의해서 보호된다'며 하급심의 판결을 뒤집었다. 이에 반발한 텍사스 주 당국이 상고하면서, 이 사건은 발생 5년 만인 1989년 연방대법원에 올라갔고, 연방대법원은 5대 4로 존슨의 손을 들어줬다.
연방대법원의 다수의견에 맞서 윌리엄 랜퀴스트 대법원장은 제2차 세계대전 때 일본군에 맞서 성조기를 지키려고 싸웠던 전몰군인들을 상기시키며, '미국 국민이 성조기에 대해 느끼는 깊은 경외와 존경심은 국가가 의도적으로 국민들에게 심어준 것이 아니라, 이 나라 200년의 역사가 만든 것이다'라며 '성조기 소각은 미국의 역사와 정신을 훼손한 것이며, 국기에

(84) 이춘재, 김남일, 앞의 책, 55쪽

대한 살인'이라고 반박했다. 그는 '국기소각에 대해 무비판적으로 헌법의 보호막을 제공하는 것은 국가가 세워진 목적 자체를 위협하는 일'이라고 반대 의견을 냈다.

그러나 5명의 대법관들은 성조기 소각 행위도 표현의 자유에 해당한다고 판결했다. 이들을 대표해 다수의견을 작성한 윌리엄 브레넌(William Brennan) 대법관은 '단지 사회적으로 어떤 사상이 불쾌하거나 무례하다고 판단된다는 이유로 국가가 그런 사상의 표현을 금지할 수 없다는 것이 수정헌법 제1조가 규정하고 있는 기본 정신'이라며 '국기와 관련된 경우라고 해서 예외로 인정해서는 안 된다'라고 반박했다. 그는 '국가 상징물이라고 성조기 훼손을 금지한다면, 대통령 도장이 찍힌 서류나 헌법 사본의 경우는 어떨까?'라고 반문한 뒤, '특정집단이 그들의 정치적 기호에 따라 상징물을 선택한 후 그 결정 사항을 시민들에게 강요한다면 이런 행위야말로 수정헌법 제1조가 금지하는 행위'라고 역설했다. 그가 판결문을 마무리하며 쓴 마지막 문장은 지금도 손꼽히는 명문으로 회자되고 있다.

'성조기 모독 행위를 처벌하는 것은 그 소중한 성조기가 상징하는 자유를 침해하는 행동이다.'

이 판결은 미국 사회에 큰 파장을 일으켰다. 미 의회는 연방대법원의 판결에 발끈해 상하 양원 모두 판결에 대한 비난 결의안을 채택했고, 1990년 성조기 훼손을 처벌하는 성조기 보호법을 만들어 만장일치로 통과시켰다. 하지만 연밥대법원은 이 법률에도 똑같은 논리로 위헌 판결을 내려 어떤 외압에도 굴하지 않고 헌법의 가치를 수호하겠다는 의지를 과시했다.[85]

이처럼 사회에 큰 파장을 일으키는 법리 논쟁이 벌어지는 것은 미연방대법원에서는 매우 익숙한 장면이다. 하지만 우리 대법원은 전혀 달랐다. 논쟁이라고 부를 만한 게 없었다고 해도 과언이 아니다. 민사소송이나 행정소송에서 법리적 논란을 단순히 정리하는 수준의 토론은

---

(85) 이춘재, 김남일, 앞의 책, 53~54쪽

있었지만, 국가권력에 의한 인권 침해에 맞서거나 노동권 보장, 소수자 권익 보호, 사상과 양심의 자유 등 헌법이 정한 기본권을 지키기 위해 치열하게 싸운 논쟁다운 논쟁은 매우 드물었다.[86]

이제 우리나라 1심 및 2심 법원도 충실한 법률해석을 통하여 당사자가 납득할 수 있는 판결을 내리고, 그럼으로써 항소 사건수를 대폭 줄이며 대법원으로 하여금 5만 원짜리 벌금형 사건을 심리하는 수모를 겪지 않도록 해야 한다. 대법원도 5만 원짜리 벌금형 사건을 심리하는 초라한 대법원으로 남지 말고 국민의 권리와 인권을 보장하는 의미 있는 명판결을 내리는 대법원이 되어야 한다.

---

(86) 이춘재, 김남일, 앞의 책, 55쪽

전지전능한 대법원

당신 사타구니 좀 봅시다. 얼마나 도도한가 봅시다. …… 그는 날쌔게 내 볼에 입을 맞추고 내 얼굴을 온통 핥습니다. 서방님 내 마음에 이 오진 것, 이 뚝보, 이 곰새끼 하면서 그는 미친 듯이 나를 쓰러뜨립니다. 자신의 옷도 벗고 내 옷도 익숙하게 벗깁니다. 서로의 나체만이 남습니다.

1975년 염재만의 소설 『반노』에 묘사된 것으로 외설시비를 불러일으켰던 부분이다. 『반노』는 외설적 표현으로 기소되어 1심에서 유죄판결을 받았으나 2심과 3심에서는 무죄로 인정되었다.[87]

『반노』 사건은 어문저작물(literary work)에 대한 음란성 시비를 다룬 최초의 사건으로 생각된다. 그런데 그 후 십 수 년이 지난 1992년에 연세대 마광수 교수의 소설 『즐거운 사라』를 서울지검에서 기소했다. 작품의 음란성을 들어 현직 대학교수를 긴급 구속한 것도 황당한 일이었

---

(87) http://ko.wikipedia.org

다. 1995년에는 소설가 장정일 씨가 『내게 거짓말을 해 봐』로 인해 법정 구속되었고, 이를 원작으로 한 장선우 감독의 영화 〈거짓말〉이 문제되기도 했다.[88]

『즐거운 사라』나 『내게 거짓말을 해 봐』를 음란물로 판단하여 형사처벌한 것은 『반노』 사건과 정면으로 배치된다. 『즐거운 사라』와 『내게 거짓말을 해 봐』를 기소한 검찰은 최소한 반노 사건에서 행해진 대법원의 판결을 번복할 만한 이론을 정립하지 못한 이상, 함부로 형사처벌을 주장해서는 안 되었다.[89]

문제는 계속 이어진다. 1990년대 중반 대법원은 소설가 조동수의 『꿈꾸는 열쇠』를 음란소설이라는 이유로 작가에게 유죄를 선고한 원심을 확정하면서, 음란성 여부는 일반인 정서를 기준으로 법관이 판단하면 되지 해당 표현물이 성욕을 자극하는지의 여부에 대해 일일이 물어볼 필요는 없다고 밝혔다.[90]

음란성의 여부는 공연히 성욕을 흥분 또는 자극시키고 또한 보통인의 정상적인 성적 수치심을 해하고, 선량한 성적 도의관념에 반하는가의 여부로써 판단해야 한다는 것이 대법원의 입장이다. 지극히 주관적이고 추상적인 개념에 대한 판단을 대법원은 능히 해낼 수 있다는 것이다. 그야말로 전지전능한 대법원이라 하지 않을 수 없다.

음란물에 대한 이러한 본질적 논의가 이제까지 형법에 의존하고 있는 것은 저작권에 대한 이해가 부족했기 때문이다. 저작권에 대한 이해가 부족하여 성욕이 흥분되는지 성적 수치심이 일어나는지 등을 대법

(88) 김두식, 앞의 책, 82쪽
(89) 최덕규, 「한 변리사의 음란물 제한방법론」, 월간 〈말〉 (1995년 7월호)
(90) 최덕규, 앞의 책, 월간 〈말〉 (1995년 7월호)

원에서 판단하게 된 것이다. 소설과 같은 어문저작물에 대한 음란성의 문제는 미풍양속을 해하는 죄를 논하는 형법의 문제가 아니라 헌법에서 규정하는 표현의 자유와 저작권법에 의한 저작권에 관한 문제다.

저작권에 대한 기본개념을 이해한다면 음란물에 대한 대법원의 판단 논리가 얼마나 허구였는지를 알게 될 것이다.

『즐거운 사라』 사건 이후 1990년대 중반 우리 사회에는 또 다른 음란물에 관한 사건들이 있었다. 〈미란다〉 사건과 〈펜트하우스〉 사건이 그것인데, 〈미란다〉 사건은 알몸연기를 함으로써 음란성 문제를 야기했던 연극 공연에 관한 사건으로, 이 사건에서는 연출자가 불구속 기소되고 주연배우 등이 기소유예 결정을 받았다. 〈펜트하우스〉 사건은 한국 〈펜트하우스〉를 발행함으로써 음란성 시비가 사회문제화 되고, 검찰은 그 발행인에 대해서도 기소유예결정을 내렸다. 〈미란다〉 사건은 그 대상이 연극 공연물로서 저작물의 분류상 어문저작물이 아니고 시청각저작물이라는 점에 있어서, 그리고 〈펜트하우스〉 사건은 그 대상이 사진저작물로서 시각저작물이라는 점에 있어서, 『반노』 사건이나 『즐거운 사라』 사건과는 그 대상을 달리한다.

저작권의 대상이 되는 저작물은 통상 어문저작물(literary work), 청각저작물(audio work), 시각저작물(visual work), 시청각저작물(audiovisual work)로 구분한다. 어문저작물은 활자매체에 의하여 표현되는 소설과 같은 문학작품이 대표적이고, 청각저작물은 음반, CD, 녹음테이프 등이며, 시각저작물은 회화, 조각 등이 있고, 시청각저작물은 영화, 연극, TV 프로그램 등이 있다. 이들 저작물에 대한 음란성의 판단은 동일하지 않다.

어문저작물은 활자매체 즉 문자를 통하여 일반대중에게 그 저작물의 의미가 전달되기 때문에 청각, 시각 또는 시청각 저작물에 비하여 음란성이 인정되기 어렵다. 음란성과 관련하여, 시각저작물이나 시청각 저작물은 직접적이고 직감적으로 인식될 수 있는 반면, 어문저작물은 활자매체를 통하여 간접적으로 인식된다. 따라서 어문저작물에 대한 제한은 어떤 방식으로도 허용될 수 없다.

먼 옛날 외국에서도 『차탈리 부인의 사랑』과 같은 소설이 음란성을 이유로 판매금지 되었다고 하지만 근대에 이르러 어문저작물을 음란성을 이유로 제한한 나라는 없다. 하물며 형사처벌은 있을 수 없는 일이다. 문학적 가치를 갖는 작품인지 외설적 표현의 3류 소설인지는 독자가 판단할 일이다.

음반, 녹음테이프, CD와 같은 청각저작물은 다른 저작물에 비해 외설시비가 많지는 않다. 그러나 우리는 음란성은 아니지만 제한이 가해졌던 금지곡에 대한 슬픈 사연을 갖고 있다. 일제치하에서 우리가 부를 수 없었던 〈봉선화〉나 〈반달〉은 아마 금지곡의 효시에 가까운 것들이고, 함부로 부를 수 없었던 〈카츄샤〉, 〈아침이슬〉, 〈늙은 군인의 노래〉와 같은 것은 머나먼 과거에 대한 얘기가 아니다. 5·18 민주항쟁 기념식에서 아직도 〈임을 위한 행진곡〉이 시비의 대상이 되고 있다는 것은 실로 어처구니없는 일이다. 음반 등의 청각저작물을 음란성이나 정치적 이유를 들어 제한하였던 사전심의제는 가수 정태춘 씨의 헌법소원으로 위헌판정을 받은 바 있다.

시각저작물은 저작물의 의미가 시각을 통하여 전달되고 인식된다. 시각저작물의 대표적인 예로는 회화, 조각, 공예품 등이 있으며, 음란성과 관련하여 누드작품, 누드사진집, 춘화도와 같은 포르노잡지 등이 있다. 시각저작물은 음란성 문제가 어문저작물이나 청각저작물보다는 더 심각하다. 시각저작물은 저작물의 의미가 시각을 통하여 직접적으로 그리고 직감적으로 전달되기 때문이다.

연극, 영화, 비디오, TV 프로그램과 같은 시청각저작물은 다른 저작물에 비해 그 의미가 직접적이며 직감적으로 전달된다. 시청각저작물은 법률적으로 제한을 받고 있는데 영화법이나 공연법 등에서 규정하는 공연윤리위원회나 방송심의위원회에 의한 규제가 바로 그것이다.

이는 매체에 따라 규제기준도 다르다. 연극이나 영화는 공연되는 장소가 한정되어 있는 반면, TV 프로그램은 TV 수신기가 있는 곳이면 거의 무방비 상태로 전달되기 때문이다. 아들손자 며느리가 다모여서 선택할 여지없이 시청할 수 있기 때문이다.

음란물에 대하여 법적 제재가 가해지는 이유는 미성년자 특히 청소년층을 보호하기 위한 것이다. 우리사회가 성인만으로 구성되어 있다면 음란물에 대한 문제는 거론할 필요가 없다. 성인들은 때때로 여러 가지 이유를 들어 음란물을 접하기도 한다. 그러나 성인들에게는 미성년자를 음란물로 인한 폐해로부터 보호할 사회적 또는 법률적 의무가 부여된다.

음란성 시각저작물이나 시청각저작물의 제한은 판매, 상영 또는 공연과정에서 법률로 가해져야 한다. 19금만으로 부족하다면 29금, 39금을 만드는 한이 있더라도 말이다. 창작물에 대해서 함부로 가위질을 해서도 안 된다. 하물며 창작자를 처벌하는 것은 있을 수 없다. 헌법에서 보장하는 표현의 자유와 저작권에 대한 권리를 침해하기 때문이다. 이것이 창작자를 처벌할 수 없는 이유다.

소설과 같은 어문저작물에 대해 이제 더 이상의 시비가 있어서는 안 된다. 그것이 공연히 성욕을 흥분 또는 자극시키고 보통인의 정상적인 성적 수치심을 해하는지에 대한 판단은 더이상 할 필요없다. 법은 주관적인 것도 아니고 추상적인 것도 아니다. 법은 객관적인 것이며 구체적인 것이다.

개발된 기술을 보호하는 특허에는 발명특허와 실용신안이 있다. 법도 특허법과 실용신안법이 각각 존재한다. 이들의 차이점을 쉽게 설명하면, 특허는 고도의 개발품을 보호하는 것이고, 실용신안은 낮은 수준의('저도한') 개발품을 보호하는 것이다. 그런데 기술 수준이 고도한지 저도한지는 지극히 주관적인 문제다. 그러한 판단은 하느님이나 할 수 있는 것인지 모른다. 그래서 미국을 중심으로 한 영미법계에서는 실용신안법 자체가 존재하지 않는다. 하느님이나 판단할 수 있는 그런 주관적이고 모호한 법을 만들 필요가 없다는 이유에서다. 실용신안법이 폐지되어야 하는 이유다. 물론 일본이나 독일을 중심으로 한 대륙법계에서는 실용신안법이 특허법과 함께 공존한다. 실용신안제도는 독일이 처음 만들었고 일본이 따라했으며, 우리는 일본을 따라한 결과다. 독일의 실용신안제도는 유명무실한 법이 된지 오래다.

있으나 마나 한 3심제

민주주의 국가의 재판에서 한 사건에 대하여 세 번의 재판을 받을 수 있는 3심제는 누구나 아는 사법제도다. 혹시 재판이 잘못됨으로써 억울한 자가 나오는 것을 방지하기 위함이다. 만의 하나 잘못된 경우를 위하여 두고 있는 3심제가 우리나라에서는 만의 하나가 아니라 수많은 경우에 이용하는 제도가 되었다. 더욱더 한심한 것은 대법원까지 가서 삼세번의 판단을 받았는데도 많은 사람들이 만족스러워 하지 못한다는 점이다.

독일 3,192건, 일본 6,912건, 대한민국 1만 3,780건. 2009년 대법원에 접수된 민사 사건 수다. 당시 우리나라 인구가 4,900만 명인데 독일은 8200만 명, 일본은 1억 2,700만 명이었다. 경제규모까지 더해서 비교해 보면 우리나라 대법원에 접수되는 사건이 경쟁국에 비해 지나치게 많다는 것을 금방 알 수 있다.[91]

우리나라에서 대법원 상고 건수가 폭주하는 것은 1심과 2심 재판이 부실하기 때문이다. 1심 또는 2심에서 올바른 판결을 내린다면 당사자들은 판결을 존중하여 판결에 승복할 것이다. 민사소송이라면 잘못한 자가 상응하는 책임을 지게 될 것이고 그럼으로써 향후 그런 잘못된 행위를 하지 않게 될 것이며, 형사소송이라면 죄에 대한 응당한 벌을 받게 될 것이고 참회와 속죄의 과정을 거쳐 그런 잘못된 행위를 하지 않게 될 것이다.

그렇지만 판결은 아직도 많은 수가 그렇지 못하다. 전관예우가 기승을 부리고 청탁문화가 만연한 사회에서 그것을 누리지 못하는 약자들은 항상 억울하다고 생각할 수밖에 없다. 그래서 우리는 1심이나 2심 판결을 존중하거나 승복하지 못하고 갈 데까지 가보자는 심산이다. 그 결과 대법원 사건은 폭주하고 거기에 전관예우와 청탁문화가 더해져 수많은 사법피해자가 양산되는 악순환이 계속된다.

서울중앙지법 부장판사를 역임한 문홍수의 변호사의 얘기를 들어보자.

> 현재 우리나라는 거의 모든 큰 사건, 작지만 실질적으로 다툼이 있는 사건들이 대부분 대법원까지 가고 있다. 그 결과 대법원 외에는 법원이 없다는 말까지 회자되고 있다. 1, 2심은 한 번 지나가는 것이요, 대법원에서 거의 모든 사건을 실질적으로 처리하고 있다. 그 결과 대법원에 사건이 폭주하고 대법관들의 실질적 합의를 물리적으로 불가능하게 만들고 있다. (중략) 저자의 개인적 경험으로도 2심에서 심사숙고해서 내린 판결이 힘없이 대법원에서 파기되는 것을 보면서 파기재판만이라도 실질적으로 합의를 해야 하는 것이 아닌가 심각하게 생각하였던 적이 한두 번이 아니다."[92]

(91) 강일원, 「매경춘추」, 매일경제, 20012. 4. 14, A29면
(92) 문홍수, 『그들만의 천국』, 유로출판(2010), 230~231쪽

사법피해자의 한 사람이었던 석궁 사건의 김명호 교수의 얘기도 들어보자.

> 1심, 2심의 판단 및 결정들을 보면 논리는커녕 뚱딴지같은 소리가 많다. 그 뚱딴지같은 판단을 반박하고 나면, 3심에서 다툴만한 논리가 나와도 더 이상 반박할 기회가 없다. 결과적으로, 대한민국의 판사들은 괴발개발 결정을 하고 무조건 상급심으로 넘기기 때문에 말이 좋아 3심제이지, 실상은 단심제 내지 무심제라는 것이다.(93)

> 한국처럼 판결에 대한 불복하는 사례가 많은 나라도 별로 없다. 어지간해야 승복할 여지라도 있는데, 그런 구석이 하나도 없기에 원심 법원이 실수한 것이라고 착각(?)하고 상소하는 것이다. 그런데, 항소, 상고심에서도 '1심 판결 이유를 원용한다', '이유 없다'는 이유로 기각당하고 나면, 뼈저리게 깨닫는다. 판사들은 사회적 약자의 등골을 빼먹는 '공공의 적'이라는 사실을.(94)

우리나라에서 3심제가 있으나 마나 한 제도가 된 이유는 1심과 2심이 부실하기 때문이다. 지방법원의 1심 재판부는 3인 판사의 합의부와 1인 판사의 단독재판부가 있다. 합의부는 사안이 중대한 사건, 즉 민사나 가사 재판은 소송물의 가액이 5천만 원 이상인 사건, 형사재판은 법정형이 단기 1년 이상의 중형에 처하게 되어 있는 사건, 그리고 모든 행정사건을 처리하고, 단독재판부는 비교적 사안이 가벼운 사건을 처리한다. 단독재판부가 한 1심은 지방법원 합의부에서 처리하고, 지방법원

(93) 김명호 『판사 니들이 뭔데』, 석궁김명호출판사(2012), 378쪽

(94) 김명호, 위의 책, 112쪽

합의부가 한 1심은 고등법원 합의부에서 처리한다. 지방법원 합의부 또는 고등법원에서 한 2심은 대법원에서 3심을 처리한다.

1심의 단독판사나 합의부 부장판사는 상당한 판사 경력을 갖고 있다. 고등법원 부장판사는 차관급 대우를 받는다. 이러한 경력과 지위 그리고 자타가 공인하는 엘리트 그룹 중의 엘리트라고 하는 판사들이 왜 부실한 판결을 내릴까? 능력부족이라고 한다면 논리의 허구다. 엘리트 중의 엘리트가 부실한 판결을 내린다면 누가 과연 충실한 판결을 내릴 수 있단 말인가? 1심이나 2심에서 부실한 판결을 내리는 진짜 이유는 판사의 능력이 부족해서가 아니라 전관예우나 청탁에 의한 판결을 하기 때문이다.

사실에 기초하여 올바로 판단한다면 판결하기도 쉽고 올바른 판결을 내리기도 쉽다. 당사자는 당연히 판결에 승복하게 되고, 그 결과 항소 건수도 감소하게 된다. 그런데 사실에 기초하여 판단하는 것이 아니라 전관예우나 청탁에 따라 결론을 끼워 맞추다 보니 판결문 쓰기도 어렵고 논리를 구성하기도 어렵다. 그래서 판결문은 보통 사람이 이해하지 못할 정도로 꼬인다. 논리 정연한 이유는 온데간데없고 잔뜩 꼬인 문장이 이어지다가 한쪽으로 기울어진 결론을 내놓는다.

있으나 마나 한 3심제의 악순환의 고리를 끊기 위해서는 부실한 1심이나 2심을 걸러낼 수 있는 제도적 장치가 필요하다. 제도적 장치란 그리 거창한 것이 아니다. 2심에서는 부실한 1심을 감독할 수 있어야 하고, 3심에서는 부실한 2심을 감독할 수 있어야 한다. 2심으로 올라온 사건이 전관예우나 청탁문화에 의한 것이라 판단되면 2심은 1심 판사를 문책할 수 있어야 한다. 3심으로 올라온 사건이 전관예우나 청탁문화에 의한 것이라 판단되면 3심은 2심 판사를 문책할 수 있어야 한다.

2심 법원이 1심 법원을 감독하고 3심 법원이 2심 법원을 감독하는 것을 법관의 독립성에 대한 훼손이라고 착각해서는 안 된다. 잘못된 판결을 내린 법관을 묵인하거나 방치하는 것이 법관의 독립은 아니다.

이런 시스템이 가동되었다면 전관예우나 청탁문화는 벌써 사라졌을 것이다. 사법부가 판결내용을 가지고 인사정책을 폈더라면 오늘날과 같은 수모를 당하지는 않았을 것이다.

그런데 우리나라는 이러한 감독기능이 제대로 작동하지 않는다. 그 이유는 두 가지다. 하나는 감독자의 위치에 있는 자들이 먼저 전관예우를 할 준비가 되어있고 청탁에 앞장서기 때문이다. 다른 하나는 감독자와 피감독자가 학연, 지연, 대학동기 선후배, 연수원 동기 선후배 등등의 끈으로 연결되어 있기 때문이다. 이러한 감독기능이 제대로 작동되기 위해서는 감독기능을 사법부 내부가 아니라 사법부 외부에 두어야 하는데 이 또한 쉬운 문제가 아니다.

대법원만이라도 2심에 대한 감독기능을 충실히 하였다면, 대법원은 권리구제형 사건을 다루는 그것도 5만 원짜리 벌금형 사건을 다루는 초라한 법원이 아니라, 법률해석의 통일이라든가 판례변경이 필요한 경우 등에 한하여 운용하는 정책판단형 사건을 다루는 대법원으로 우뚝 섰을 것이다. 국가보안법 문제를 비롯하여 호주제, 낙태 문제, 안락사 문제, 간통죄, 통상임금 문제, 교사의 체벌허용 여부, 양심적 병역거부, 전면적 무상급식 등과 같은 정책판단형 사건을 보다 심도 있게 논의하여 국민의 권익증진에 이바지했을 것이다.

못난 송아지 엉덩이에 뿔이 난다고, 3심제를 이토록 비참하게 만들어 놓은 대법원이 2014년 상고법원 신설을 들고 나왔다. 폭주하는 상고 사건의 이유가 부실한 1,2심과 대법관 출신 변호사에 의한 전관예우에 있는데에도 불구하고, 그러한 근본적인 병폐를 해결하려 하지 아니하고 또 다른 최고법원 신설을 들고 나온 것이다. 폭주하는 상고 건수를 제시하면서 상고법원을 신설하자고 한다면 십수 개의 상고법원을 신설해도 부족할 것이다. 12명의 대법관만이라도 종신제로 운영한다면 그래서 대법원에서의 전관예우가 사라진다면 상고 건수는 급감할 수 있다. 상고법원의 신설은 진정 국민을 위한 것이 아니라, 고위급 법관과 고위급 전관변호사만을 양성하는 그들만의 잔치가 될 것이다.

무기력한 합의부

한 사람의 머리보다 두 사람의 머리가 낫고, 두 사람의 머리보다 세 사람의 머리가 더 낫다는 이유에서 합의부가 도입된다. 1심과 2심 합의부는 3인의 판사로 이루어지지만 대법원은 4인의 합의부 또는 전원합의부로 구성되기도 한다. 외국에서는 5인이나 7인으로 구성되기도 한다. 사건을 그만큼 신중하게 판단하기 위함이다.

그런데 우리나라 법원은 합의재판이 명목상으로만 3인 합의재판이지 실질적으로는 합의재판이라고 하기 어렵다. 우리나라 법원 합의부의 현실이 실질적인 합의를 하지 못할 가능성 내지 위험성이 너무나 큰 구조로 되어 있기 때문이다.

고등법원의 경우, 차관급 재판장과 배석판사의 경력의 차이가 10년 내지는 20년까지 나고 있다. 그리고 배석판사에 대한 근무성적평가를 실질적으로 재판장이 하는 것으로 알려져 있다. 수십 명 배석판사를 법원장이 일일이 평가한다는 것이 물리적으로 불가능하기 때문이다. 평가자와 피평가자가 대등하게 머리를 맞대고 실질적으로 합의를 하는 것이 대단히 어렵다는 것은 누구도 부인할 수 없다.[95]

지방법원 합의부의 경우도 그 구성이 고등법원 합의부와 같이 부장과 배석의 경력 차이가 너무나 크다는 점에서 같은 문제가 내포되어 있다. 고등법원이든 지방법원이든 대게 재판장이 주심 배석판사와 합의하여 결론을 내리고, 다른 배석판사는 관여하지 않는 것이 관례로 되어 있다. 따라서 주심판사가 아닌 배석판사가 자기 주심 사건이 아닌 사건에 대하여는 관심을 갖지 못하게 되는 이유도 여기에 있다.[96]

이처럼 우리나라 합의부 재판은 거의 형해화되어 있다. 재판장과 배석판사들의 경력차이가 너무나 크다 보니 도제식 교육차원에서 합의제가 운용되고 있으며, 법관에 대한 주관적 근무평정시 재판장의 평정을 참고하기 때문에 배석판사들이 재판장의 잘못된 의견을 바로잡기 어려울 가능성이 큰 것이 현실이다.[97]

김명호 교수가 소송을 직접 겪으면서 바라본 합의부 재판은 다음과 같다.

> 재판장이 좌우 배석 판사들에 대한 승진 심사 및 인사고과 권한이 있고, 공사 구별도 못하는 위계질서 정서가 공고한 한국의 풍토에서 합의부는 아무 쓸모없는 제도이다. 재판정에서 재판장 옆에 있는 판사가 질문하거나 재판에 관여하는 것을 본 사람이 있는가? 거의 없을 것이다. 재판장은 소송지휘만 하고 옆에 있는 좌배석 또는 우배석 판사가 판결문을 쓰는데도, 질문은 하지 않고 그저 재판장이 하는 것을 지켜만 본다. 판결문을 작성하

---

(95) 문홍수, 앞의 책, 152쪽
(96) 문홍수, 앞의 책, 153쪽
(97) 문홍수, 앞의 책, 18쪽

지 않는 나머지 판사는 심지어 재판 내내 졸기도 한다. 결국 합의부란 재판장이 좌우 배석 판사들 데리고 재판테러의 노하우를 전수시키는 시스템에 불과한 것이다.[98]

대법원의 경우 대법관 4인이 대법원의 재판부를 구성하고 있다. 4인의 대법관이 서너 시간 동안 100건 정도를 합의하는 것으로 알려져 있는데, 아무리 뛰어난 두뇌의 소유자라고 하더라도, 서너 시간 동안에 100건을 이해하고 합의한다는 것은 불가능한 일이다.[99]

우리나라 대법원은 연간 3만여 건을 12명의 대법관들이 처리하고 있다. 원칙적으로 4명의 대법관들이 3개의 합의부를 이루어 재판하고 있으므로 재판부당 연간 처리건수는 1만여 건이고, 월간 1천 건에 육박하며, 이는 주당 250여 건에 달한다고 할 수 있다. 합의의 원칙은 합의에 관여하는 법관 전부가 재판내용에 대하여 잘 알고 있으면서 서로 숙의하여 결론을 내리는 것이다. 대법원에 올라가는 사건들 대부분이 복잡다단하기 이를 데 없다. 그러한 사건 250건을 매주 합의하여 결론을 내린다는 것은 삼척동자가 보더라도 불가능한 일이다. 그럼에도 불구하고 우리나라 대법관들은 합의를 하는 양 시늉을 하고 있으니 가식적으로 일하면서 진실인양 호도하는 일국의 최고 법관들의 모습이 참으로 가련하기 짝이 없다.[100]

무기력한 우리나라 합의부 재판에 대하여 문흥수 변호사는 한 가지 제안을 내놓는다. 대법원이 새겨들어야 할 제안이다.

---

(98) 김명호, 앞의 책, 85쪽
(99) 김명호, 앞의 책, 152쪽
(100) 김명호, 앞의 책, 24~25쪽

이러한 위험성을 막기 위해서 형사 및 행정재판의 1심 합의부는 10년 이상의 경력법관으로 구성하되 합의부 구성원 사이의 경력이 5년 이상 차이가 나지 않도록 하고, 재판장은 주심 사건 별로 구성원이 돌아가면서 맡도록 하여야 할 것이다. 형사, 행정 사건 2심 합의부는 15년 이상의 대등한 법관으로 구성하도록 하여야 할 것이다. 2심의 경우 법관 5인으로 구성되는 합의제도 필요하다고 본다.

우리 대법원 합의부는 이상한 점이 하나 있다. 대법원 합의부가 3명도 아니요 5명도 아닌 4명의 대법관으로 구성된다는 점이다. 지방법원이나 고등법원 합의부는 3명의 법관으로 구성된다. 내가 전 세계 법원의 합의부에 대해 조사해 보지는 못했지만 합의부가 3명, 5명 또는 7명의 홀수로 구성되지 않고 짝수별로 이루어진 재판부는 우리나라 대법원이 유일하지 않나 싶다. 참으로 특이한 재판부 구성이다.

법관 4명의 의견이 모두 일치하여 4:0이 되는 경우에는 아무런 문제가 없다. 어느 한 명의 의견이 달라 3:1이 되는 경우에도 문제가 없다. 그러나 2:2가 되는 경우에는 어떻게 판단한단 말인가? 재판장의 의견에 따를까 아니면 주심의 의견에 따를까, 이것도 저것도 아니고 최고참 법관의 의견에 따를까? 하지만 나의 이런 걱정은 사실 기우(杞憂)에 불과하다. 우리 대법원 판결은 항상 '관여 대법관의 일치된 의견'이라 한다. 가뭄에 콩 나듯이, 소수의견이 나오지만, 대법원 판결은 99.99%가 '일치된 의견'이다. 5만원 벌금형 사건은 '일치된 의견'이 됨에 의문이 없지만, 99.99%가 '일치된 의견'이라는 것은 '합의가 없었다'는 것이나 다름없다. 이런 현실에서는 법이 발전할 수 없고 판례가 진보할 수 없다.

대법원 합의부가 이런 상황이니 고등법원이나 지방법원은 오죽하겠는가. 말만 합의부이지 합의제가 아니라는 얘기다. 문흥수 변호사 표현 대로 대법관들이 합의를 하는 양 시늉만 하고 있는 것이다. 빨리 3인이나 5인의 합의제로 바꾸고 내용적으로도 실질적인 합의에 따른 재판을 해야 할 것이다.

특허와 관련된 심판은 1차로 특허심판원에서 하고, 2심은 특허법원에서 한다. 특허심판원과 특허법원은 모두 3인 합의제다. 그런데 특허에서의 합의제도 일반 법원과 별반 다르지 않다. 심판장을 포함한 3인의 심판관 중에서 주심이 결정되면, 그 주심이 그 사건을 거의 단독으로 처리한다.

특허분야는 국제업무 성격 때문에 외국 변리사를 자주 만나게 되는데 한번은 대만 변리사를 만나 대만의 특허심판에 대하여 물어 보았다. 대만도 3인의 합의제를 채택하는데, 한 사건이 배정되면 두 배석심판관이 독립적으로 각자 의견을 심판장에게 보고한다고 한다. 두 배석의 결론이 같으면 심판장은 한 배석을 지정하여 주심을 맡기고, 두 배석의 결론이 서로 다르면 심판장이 직접 주심을 맡아 처리한다는 것이다. 판결 수준이 높아지지 않으려야 않을 수 없는 시스템이고 진정한 3인의 합의제인 것이다. 우리나라에서 두 배석한테 이렇게 하라고 하면 아마 서로 입 맞추기에 바쁠 것이다.

2014년 9월 대법원은 서울지법의 1,2심 판결을 뒤집는 판결을 내놓았다. 안전띠 미착용으로 인한 상해보험금 20% 감액을 규정한 보험약관(이하 '감액약관')이 무효라는 것이었다. 서울지법 단독부의 1심[101]과 합의부의 2심[102]에서는 감액약관이 상법의 규정에 부합하는 적법한 규정이라 하였다. 그러나 대법원[103]은 운전 중에 안전띠를 매지 않은 것은 고의성이 없기 때문에 보험금을 전액 지급해야 한다고 하여 감액약관이 무효라고 판단하였다.

안전띠를 착용한 경우 상해를 줄일 수 있다는 것은 삼척동자도 아는 정설이다. 안전띠를 매었더라면 운전자는 훨씬 작은 상해를 당했을 것이다. 안전띠를 매었더라면 매지 않은 경우보다 보험회사는 훨씬 적은 보험금을 지급할 수도 있다. 그래서 보험회사는 마땅히 운전 중 안전띠 착용을 요구할 수 있고, 미착용 시 상해보험금의 20%를 감액하겠다는 것이다. 이 얼마나 보험회사와 피보험자 쌍방에게 공정한 약속인가? 쌍방 간에 이보다 합리적인 약속은 없다.

1심의 서울지법 단독부에서는 '……보험계약에 이 사건 감액약관을 두는 것이 자기신체사고 보험의 성질에 반드시 반한다고 할 수 없다. 나아가 이 사건 감액약관의 취지는 ……안전띠 미착용이라는 피보험자 측의 사정이 부가됨에 따라 본래의 보험사고에 상당하는 상해 이상으로 그 정도가 증가한 경우 보험사고 외의 원인에 의하여 생긴 부분을 감액하려는 것이고, 자동차사고에서 안전띠 미착용의 경우 손해가 확대되는 것이 일반적이므로 보험자(보험회사)가 약관을 통하여 안전띠 미착용으로 인한 위험을 인수하지 않겠다는 의사를 명확히 한 경우에 해당하여 그 약관은 유효하다고 할 것이다' 라 판단하였다. 또한 2심의 합의부에서는 '이 사건 감액약관의 내용은 안전띠를 매지 않고 운전함으로써 손해확대의 고의를 가지고 있는 운전자에게 보험금을 지급하지 않겠다는 것이 아니라, 보험금은 지급하되 일정비율(20%)을 감액하여 지급한다는 것에 불과하여 위 보험수익자 보호의 취지를 완전히 무시

---

101) 2012가단5003190 (판사 김경수)

102) 2012나26441 (재판장 김대성 판사 김룡 백지예)

103) 2012다204808 (재판장 박보영 주심 민일영 대법관 이인복 김신)

하는 것도 아니고, 그 감액비율도 적정해 보이는 점 등을 종합하면, 이 사건 감액약관은 유효하다고 봄이 상당하다'라 판단하였다.

이처럼 1,2심의 판결이유는 매우 타당하고 논리적이다. 그런데 이 논리적인 판단을 대법원은 뒤집었다. 대법원은 '원고가 안전띠를 착용하지 않은 것이 보험사고의 발생원인으로서 고의에 의한 것이라고 할 수 없으므로 이 사건 감액약관은 상법 규정들에 반하여 무효라고 할 것이다'라 하였다. 대법원은 1,2심의 판결이유가 왜 잘못된 것인지에 대하여 아무런 설명이 없다. 다만 대법원은 안전띠 미착용이 고의가 아니라는 이유만으로 1,2심의 논리를 뒤집었다. 이는 사법부의 보루로서 최종의 올바른 법리해석을 내려야 할 대법원이 엉뚱한 이유로 원심을 뒤집은 것이다. 또 하나의 판결폭력이 아닐 수 없다.

대법원이 이처럼 엉뚱한 이유로 원심을 파기한 것은 대법원에서의 논점이 잘못되었기 때문이다. 본 사건의 논점은 안전띠 미착용이 고의인지의 여부가 아니라, 안전띠 미착용으로 인한 상해보험금을 20% 감액한다는 규정이 타당한지의 여부이다. 그런데 논점을 잘못 설정함으로써 원심판결을 뒤집어도 되는 것처럼 현혹시키고 있다. 대법원은 본 사건의 논점조차도 제대로 인식하지 못한 채, 마치 안전띠 미착용이 고의인지의 여부에 초점을 두고, 고의가 아니기 때문에 보험금을 지급해야 한다는 엉뚱한 논리를 펴게 된 것이다. 보라는 달은 보지 아니하고 손가락만 바라보는 견지망월(見指忘月)과 다를 바 없다. 논점이 이러한데도 관여 대법관은 '일치된 의견으로' 판결하였다. 4명의 대법관이 한 구절의 반대의견 없이 합의 판결한 것이다.

대법원 판결이 있기 전에 두 번씩이나 판단하였다. 단독판사가 한 번 판단하였고, 합의부에서 3명의 판사가 또 한 번 판단하였다. 그리고 그들은 앞에서 보듯이 매우 논리적인 이유를 설시하였다. 그런데 4명의 대법관은 엉뚱한 이유로 한 사람의 소수의견도 없이 일사불란하게 판단하였다. 세상에 이런 일이 대한민국 대법원에서 일어나고 있다.

우리 사법부의 가장 큰 문제점의 하나는 대법원이 원심의 판단을 정당한 논리로써가 아닌 폭력 같은 판결로써 뒤집고 있다는 점이다. 그리고 그러한 판결들은 안전띠 사건에 국한되지 않고 수두룩하게 많다는 점이다. 더 큰 문제점은 그러한 폭력판결에 대하여 어느 누구도 비평이나 비판을 하지 않는다는 점이다. 언론도 관심이 없고 대학교수도 침묵으로 일관한다. 대법관들은 항상 '일치된 의견으로' 판단하고, 무수리들은 항상 '일치된 의견으로' 침묵하고 있다.

판결은 정녕 어려운 것인가

수재 중의 수재라는 법관이 그것도 한 사람이 아니라 셋이서 판단하고 한 번이 아니라 세 번이나 판단을 하는데도 여전히 판결에 대한 불만이 높다. 합의제도 실패하고 3심제도 실패한 결과다. 그러고는 판결이 어렵다고 말한다.

28년간 법관생활을 하고 서울행정법원장을 지낸 이재홍 변호사의 얘기를 들어보자.

회색 아스팔트의 색깔을 놓고 '흑색이냐 백색이냐'는 논쟁이 붙는다면 어떨까? 사람들은 '그건 백색도 흑색도 아닌 회색'이라고 답할 것이다. 그러나 재판에서는 흑백 중 어느 하나로 답해야 한다. 재판의 상당 부분은 '옳다, 그르다', '그렇다, 아니다'를 어느 한쪽으로 가려야 하기 때문이다. 그러나 우리네 삶은 아스팔트의 색깔처럼 거의가 회색이지, 순수한 백색이나 흑색은 없다. 그렇기에 판결에서는 '짙은 회색은 검은색으로, 옅은 회색은 흰색으로' 진단하는 것이 불가피할 경우가 있다. 그러니 패한 쪽에서는 승복하기 어렵다. 조그만 차이로 흑백이 갈렸기 때문이다. 동서고금을 막론하고 재판에 대한 불만이 사라지지 않는 근본적인 이유 중의 하나다.[104]

이런 예는 얼핏 보면 논리가 그럴듯하게 맞는 것처럼 보인다. 그래서 일반인들은 자칫 잘못하면 판결이 진짜 어려운 것처럼 보인다. 물론 판결을 내리기가 그리 쉬운 것은 아니다. 그렇다고 판결의 어려움을 이런 논리로 설명해서는 안 된다. 여기에도 논리의 허구가 있다. 우리는 회색을 흑색이나 백색이라고 판단해달라고 한 적이 없다. 백색은 백색이라고 판단해야 하고, 흑색은 흑색이라고 판단해야 한다. 회색 역시 회색이라고 판단하면 된다. 회색을 백색이라고 하거나 흑색이라고 하기 때문에 문제가 발생하는 것이다.

수학자 김명호 교수는 법원 소송 사건을 다음과 같이 2가지 유형으로 나눌 수 있다고 설명한다. 수학자다운 명쾌한 설명이다.

(1) 4와 9 어느 숫자가 더 좋은가?

(2) 4와 9 어느 숫자가 큰 숫자인가?

첫 번째는 '선택의 문제'로서 새만금 사건, 안락사 사건, 낙태 사건 등이 해당되고 이러한 사건에서는 '주장', '손을 들어 주었다'는 표현이 적절하다 할 수 있다. 하지만 두 번째는 답이 9이다. 유일한 답이 정해져 있다. 법원에 오는 대부분의 사건이(최소한 95% 이상) 이 두 번째 유형에 해당된다. 그럼에도 판사들은 '답이 있는 사건'을 '선택의 문제'인 것처럼 사기치고 로비와 돈 받아 처먹은 대로 횡설수설의 판결문을 갈겨쓴다는 것이다.[105]

(104) 이재홍, 매경시평 「곡선 사회가 만드는 판결 불만족」, 매일경제 2011. 1. 17, A38면
(105) 김명호, 앞의 책, 341쪽

첫 번째의 '선택의 문제'는 안락사 사건, 낙태 사건, 호주제, 교사의 체벌허용문제 등과 같은 소위 정책판단형 사건이다. 찬반양론이 대립될 수 있고 시대에 따라 상황이 바뀔 수 있다. 지금 2000년대이니까 호주제가 폐지되었지 2, 30년 전만 하더라도 어림없는 얘기다. 답이 정해져 있는 두 번째 경우는 권리구제형 사건에 해당한다. 서로 잘했다고 주장하지만 거기에는 분명히 잘못한 자가 있다는 것이다. 그런데 잘못한 자를 가려내지 못하고 있다. 법관이 능력이 없어서 가려내지 못하는 것이 아니라, 전관예우나 청탁에 의하여 잘못한 자를 가리고 오히려 죄없는 자에게 죄를 뒤집어씌우기 때문이다.

법관도 때로는 오판할 수 있다. 의사도 오진할 수 있다. 법관이나 의사뿐만 아니라 인간은 누구나 잘못된 판단을 할 수 있다. 그러나 법관의 오판은 의사의 오판(오진)이나 다른 이들의 오판과는 사뭇 다르다.

때때로 판사의 오판과 의사의 오진을 동일시하려는 경우가 있지만, 그것은 그렇지 않다. 거기에는 논리의 허구가 있음을 알아야 한다. 의사를 비롯한 다른 이들의 오판은 인간의 한계 아니면 그 사람의 능력의 한계 때문에 발생한다. 여기에는 고의성이 없다. 환자가 괘씸하다고 해서 배 속에 수술가위를 넣은 채 배를 꿰매는 의사는 없다. 그러나 법관의 오판은 그들 능력의 한계 때문에 일어나는 것이 아니라, 전관예우, 청탁, 괘씸죄 등에 의하여 고의적으로 일어난다는 점이다. 그런 의미에서 법관의 오판은 단순한 오판이 아니라 고의적으로 잘못된 판단이다. 단순한 실수나 한계에 의한 오판이라면 아무리 3심제가 허술하다 하더라도 상급심에서 바로잡을 수 있다.

의사의 오판은 법관의 잘못된 판결만큼 당사자에 한을 맺히게 하지 않는다. 의료사고나 의료분쟁이 없는 것은 아니지만, 고의성이 없기 때문이다. 그래서 의사에게 '공공의 적'이라 한다든가 하는 일은 거의 없다. 그러나 전관예우, 청탁, 괘씸죄 등으로 인한 잘못된 판결은 그렇지 않다. 죽어도 잊지 못할 정도로 한을 맺히게 한다. 그래서 그토록 분노하는 것이다.

판결은 항상 완벽할(perfect) 수는 없다. 그러나 판결은 항상 쌍방에게 공정하고 공평해야(fair) 한다. 이것이 판결의 기본원칙이다. 선입견을 가지고 사건을 대하거나 괘씸죄와 같은 감정을 가지고 사건을 대하는 것은 금물 중의 금물이다.

우리나라는 쌍방에게 책임이 있다는 판결이 자주 나온다. 예를 들어, 원고에게 60%의 책임이 있고, 피고도 40%의 책임이 있다는 것이다. 이런 판결은 흰색을 회색이라 판단하거나 흑색을 회색이라 판단하는 것과 같다. 이런 판결은 사실관계가 충분히 심리되지 않고 대충대충 감에 의하여 판단한 것이다. 특히 교통사고 사건에서 이런 판결이 많이 나오는데, 사실관계를 올바로 파악하면 반드시 잘못한 자를 규명할 수 있을 것이다.

60%의 책임이 맞는다면 61%의 책임도 맞아야 하고, 61%의 책임이 맞는다면 62%의 책임도 맞아야 한다. 이런 식으로 가면 99%의 책임이나 100%의 책임도 맞는다는 얘기다. 결론적으로 이런 판결은 잘못됐다는 얘기다.

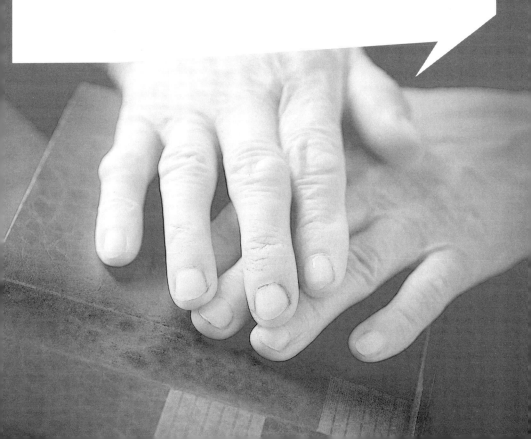

3권 분립과 헌법재판소

　3권 분립은 국가가 국민을 통치하기 위한 조직이다. 고대 군주나 특
정의 통치자에게 집중되었던 권력의 폐해를 방지하기 위하여 권력을 3
개의 조직에 나누어 분산시키고 각각은 서로 '견제와 균형(checks and
balances)'을 이루도록 한 것이다. 법을 제정하는 입법부, 법을 집행하는
행정부, 법을 해석하는 사법부로 나뉜다. 3권 분립은 고대 희랍 아리스
토텔레스에 의하여 처음으로 주창되어 고대 희랍과 로마제국에서 채택
되었다.

　오늘날과 같은 3권 분립을 주창한 이는 18세기 프랑스의 정치철학자
몽테스키외였다. 그는 통치권력을 분산시킬 수 있는 기구로 입법부
(legislature), 행정부(executive), 사법부(judiciary)를 설명하였다. 놀라운
것은 그가 '사법부의 독립은 단순히 명목상에 그쳐서는 안 되고, 실제
적인 것이어야 한다' (106)라고 하면서, '사법부는 가장 중요한 권력기관
으로 독립적이며 견제 받지 않는 기관으로 보임과 동시에 위험한 기관

으로 생각된다'[107]고 말하였다는 점이다. 오늘날 우리 현실의 사법부를 두고 예견한 것 같아서 현자다운 통찰력에 그저 감탄할 뿐이다.

권력의 집중으로 인한 남용과 전횡을 방지하기 위한 3권 분립은 입법, 행정, 사법부에 권력을 고르게 부여하여 3부 간에 균형을 이루고, 동시에 부여받은 권력을 남용하지 않도록 견제하기 위한 것이다.

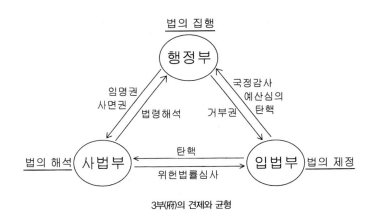

3부(府)의 견제와 균형

입법부는 국민의 직접 또는 간접 선거에 의하여 구성되며 국민을 위하여 법을 제정하는 입법권을 갖는다. 국민을 위한 법을 만들지 않고 엉뚱한 짓을 하면 국민에 의하여 심판받는다. 임기제로 되어있기 때문이다. 입법부는 행정부가 국민을 잘 통치하도록 법을 만든다. 만일 행

---

(106) http://en.wikipedia.org/wiki/Separation_of_powers, 'The independence of the judiciary has to be real, and not apparent merely.'

(107) http://en.wikipedia.org/wiki/Separation_of_powers, 'The judiciary was generally seen as the most important of powers, independent and unchecked, and also was considered dangerous.'

정부가 엉뚱한 짓을 하려하면 법을 만들어 그렇게 하지 못하도록 할 수 있다. 또 행정부가 법집행을 잘하는지 감시하기 위하여 국정감사를 하고, 예산을 얼마나 어떻게 잘 쓰는지를 감시하기 위하여 예산을 심의하고 의결한다. 입법부는 대통령이나 고위 공무원이 잘못하는 경우 탄핵할 수 있는 권한도 갖는다. 입법부는 사법부도 감시한다. 사법부가 법을 제대로 해석하여 올바른 판결을 내리는지를 감시한다. 만일 그러지 못하면 법관을 불러다 탄핵할 권한을 갖는다.

행정부는 입법부에서 만들어준 법을 가지고 국민을 상대로 직접 집행한다. 행정부는 입법부인 국회를 감시한다. 국민에게 유익한 법을 만들지 않고 특정 정파에게 유리한 법을 만들면 행정부 수반인 대통령은 그 법을 인정하지 않는 거부권을 갖는다. 대통령에게 거부권을 무한정 인정하면 대통령의 독주 즉 행정부의 독주로 이어질 수 있다. 그래서 거부된 법률은 다시 국회로 돌아와 더 많은 수의 찬성을 받도록 한다. 애초 법률의 의결정족수가 과반 이상이었다면 거부된 법률에 대해서는 2/3 이상의 찬성을 받도록 규정한다. 이렇게 통과되면 대통령도 힘을 못 쓴다. 반드시 공포해야 하기 때문이다. 행정부는 사법부도 감시한다. 대법원 판사를 임명하는 권한을 갖는 것이다. 물론 국회의 동의를 받아야 하지만 말이다. (우리나라 제도와 완전히 일치하는 것은 아니다)

사법부는 개별 사안에 대하여 어떤 법률을 적용하여 어떻게 해석할지를 고민한다. 국민의 인권과 재산을 보호할 수 있도록 법을 해석하고 법과 정의에 따라 심판하여 추호도 억울한 자가 발생하지 않도록 한다. 사법부는 국회를 감시한다. 국회에서 만든 법률이 국민의 자유를 침해한다고 판단되면 그 법을 무효화시킬 수 있는 권한이다. 사법부는 행정부도 감시한다. 행정부가 법을 집행하는 과정에서 법의 취지나 목적에 부합되지 않게 잘못 집행하면 사법부는 그 집행이 잘못되었다고 판결하고, 행정부는 그 판결에 따라야 한다. 행정부도 법률은 아니지만 대통령령, 각 부령, 고시 등의 규정을 만들 권한이 있는데, 사법부는 이러한 규정들이 국회에서 만든 법률에 위반되는지 아니면 헌법에 위반되는지를 판단하여 역시 행정부를 감시한다.

우리나라는 입법, 행정, 사법부 외에 헌법재판소가 있다. 고대 아리스토텔레스로부터 그 개념이 도입되고 18세기 몽테스키외에 의하여 정립되어 오늘날 거의 모든 국가가 채택하고 있는 3권 분립 구조에 더하여 헌법재판소가 자리 잡고 있다. 헌법에 기초하여 존재하기 때문에 헌법기관이라고도 하며, 때로는 행정부나 입법부를 간섭하기도 하며 사법부 특히 대법원과는 주도권을 잡고자 삐걱거리기도 한다.

헌법재판소는 1987년 민주화운동의 결과물이다. '87년 체제'를 열어놓은 제9차 개정헌법은 헌법재판소 설치를 명문화했고 이듬해인 1988년 서울 재동에 문을 열었다. 헌법재판소에서는 일반 민사·형사 사건 등은 처리하지 않는다. 차츰 설명하겠지만, 헌법재판소의 가장 중요한 기능은 위헌법률심판이다. 헌정사에 유독 굴절이 심했던 우리나라는 제3공화국 때처럼 대법원에 위헌법률심사권을 부여한 적도 있었다. 그러나 유신정권시대에 인권을 유린하는 긴급조치와 같은 법령이 만들어져 인권유린 사태가 저질러지는데도 사법부가 그 역할을 제대로 하지 못하였다. 그래서 1987년 민주화를 이룩했지만 혹시 잘못된 정권에 의하여 자행되는 인권유린 사태를 방지하고 그 빌미가 되는 법률들을 무효화할 목적으로 현재의 헌법재판소가 만들어졌다. 오늘날 우리의 헌법재판소는 과거에 대법원이 제 역할을 다하지 못한데서 비롯된 업보라고도 할 수 있다.

헌법재판소가 없는 나라들도 있다. 미국이나 일본에서는 최고법원인 연방대법원과 최고재판소가 위헌법률심사권을 갖고 있다. 이에 비해 2차 대전 이후 헌법재판제도를 도입한 나라들은 대부분 헌법재판소를 사법부와 별도로 설치해 위헌심사권을 행사하기도 한다.

헌법재판소를 둔 나라들도 제도 내용과 운영 방식이 나라마다 상이하다. 독일은 연방법원이 민·형사, 재정, 노동 등 분야별로 각기 상고심 기능을 담당하지만 연방법원의 상위에 설치된 헌법재판소가 최고사법기관으로서 각급 법원의 법률해석을 통일시키는 사법체계를 가지고 있다. 이 때문에 독일은 연방헌법재판소가 법원에 대해 법률해석 지침을 내리는 것과 같은 한정위헌결정을 할 수 있고 재판에 대한 헌법소원도 허용된다. 이와는 대조적으로 오스트리아 헌법은 민형사최고법원, 행정법원, 헌법재판소 등 각자 관장사항을 명백하게 규정하고, 자기 관할 범위 내에서 최고법원 기능을 담당하도록 하고 있다.[108]

---

(108) 윤남근, 「헌법재판소의 진정한 존재의미」, 매일경제 2013. 4. 5, A38면

국회와 행정부 위의 헌법재판소

 인권변호사 출신의 노무현 대통령은 대통령 탄핵이라는 역사상 유례 없는 사건을 비롯하여 신행정수도를 건설하려던 계획이 헌법재판소로부터 위헌이라는 결정을 받은 사건 그리고 헌법재판소장을 임명하는 과정에서 법의 기초적인 규정마저 알지 못했던 사건 등등 헌재와의 굴곡진 역사를 만들었다.

 지역균형발전을 통해 국가경쟁력을 강화시키겠다는 명분으로 2002년 대선 당시 노무현 대통령은 신행정수도계획(新行政首都計劃)을 공약으로 내세웠고, 대통령에 당선되자 정부의 명운과 진퇴를 걸고 추진하기 시작하였다. 정부는 2003년 10월 21일 법률안을 국회에 제출했고, 12월 8일 전체회의에서 법안을 통과시켰다. 본회의에서는 찬성 167인, 반대 13인, 기권 14인이라는 압도적인 다수로 통과되었다. 법률 제7062호로 〈신행정수도의 건설을 위한 특별조치법〉('신행정수도법')이 제정된 것이다.[109]

순탄하게 진행될 것 같던 노무현 정부의 신행정수도계획은 수도이 전에 대한 근원적 의문부터 시작하여 수도이전에 따른 천문학적 재원의 조달방안 등에 대하여 우려의 목소리가 커지기 시작했고, 급기야 뜻하지 않은 복병을 만나게 된다. 서울시 소속 공무원과 서울시의회 의원들이 신행정수도법에 대한 헌법소원을 제기하였고, 헌법재판소는 2004년 10월 21일 이 법이 위헌이라고 결정한 것이다.

수도를 천도하려던 노무현 대통령의 꿈은 일거에 수포로 돌아갔다. 대통령은 위헌결정 직후 '수도 문제를 관습헌법에 연결시키는 논리는 처음 듣는다'고 했고, 나흘 뒤인 10월 25일 국회 시정연설을 통해서는 위헌결정과 관련해 '어느 누구도 그 결론의 법적 효력에 대해서는 부정하지 않을 것입니다'라며 알듯 모를 듯한 언급을 하다가, 바로 다음날 '국회의 헌법상 권능이 손상됐고 정치지도자와 정치권 전체가 타격을 입었다'고 불만을 토해내었다. 더 나아가 '앞으로 국회의 입법권이 헌법재판소에 의해 무력화되는 일이 반복되면 헌정질서의 혼란을 우려하지 않을 수 없다'며 미래를 향한 경고까지 했다. 여당 정치인들의 입에서 헌법재판소를 무력화시키려는 의도가 깔린 위협적인 발언이 이어지기도 했다.[110]

헌재가 내린 위헌결정의 이유를 살펴보면, 헌법상 수도의 개념, 이 법률이 수도이전에 관한 의사결정을 포함하는지 여부, 수도가 서울인 점이 우리나라 관습헌법(慣習憲法)인지 여부, 수도이전을 내용으로 한 이 법률의 헌법적합성 여부, 국민투표권의 침해 여부 등이 논점으로 거론

---

(109) 박우동, 『법의 세상』, (주)지식산업사(2013), 70쪽
(110) 박우동, 위의 책, 74쪽

되었는데, 이중에서 가장 중요한 부분은 바로 이 법률이 관습헌법에 위배되는지에 관한 것이었다.

수도가 서울로 정하여진 것은 비록 헌법상 명문의 조항에 의하여 밝혀져 있지는 아니하나, 조선왕조 창건 이후부터 〈경국대전〉에 수록되어 장구한 기간 동안 국가의 기본 법규범으로 법적 효력을 가져왔던 것이고, 헌법 제정 이전부터 오랜 역사와 관습에 의하여 국민들에게 법적 확신이 형성되어 있는 사항으로서, 제헌헌법 이래 우리 헌법의 체계에서 자명하고 전제된 가장 기본적인 규범의 일부를 이루어 왔기 때문에 불문의 헌법규범화된 것이라고 보아야 한다.

이를 더 구체적으로 앞서 본 관습헌법의 요건의 기준에 비추어보면, 서울이 우리나라의 수도인 것은 서울이라는 명칭의 의미에서도 알 수 있듯이 조선시대 이래 600여 년간 우리나라의 국가생활에 관한 당연한 규범적 사실이 되어 왔으므로 우리나라의 국가생활에서 전통적으로 형성되어 있는 계속적 관행이라고 평가할 수 있고(계속성), 이러한 관행은 변함없이 오랜 기간 실효적으로 지속되어 중간에 깨어진 일이 없으며(항상성), 서울이 수도라는 사실은 우리나라의 국민이라면 개인적 견해 차이를 보일 수 없는 명확한 내용을 가진 것이며(명료성), 나아가 이러한 관행은 오랜 세월 굳어져 와서 국민들의 승인과 폭넓은 국민적 합의를 얻어 국민이 실효성과 강제력을 가진다고 믿고 있는 국가생활의 기본 사항이라고 할 것이다.

따라서 서울이 수도라는 점은 우리의 제정헌법이 있기 전부터 전통적으로 존재하여온 헌법적 관습이며 우리 헌법 조항에서 명문으로 밝힌 것은 아니지만 자명하고 헌법에 전제된 규범으로서, 관습헌법으로 성립된 불문헌법에 해당한다고 할 것이다.

바꾸어 말하면 위와 같은 제 요건을 갖추고 있는 서울이 수도인 사실은 단순한 사실명제가 아니고 헌법적 효력을 가지는 불문의 헌법규범으로 승화된 것이며, 사실명제로부터 당위명제를 도출해 낸 것이 아니라 그 규범력에 대한 다툼이 없이 이어져 오면서 그 규범성이 사실명제의 뒤에 잠재되어 왔을 뿐이다.

그리하여 '우리나라의 수도가 서울이라는 점에 대한 관습헌법을 폐지하기 위해서는 헌법이 정한 절차에 따른 헌법개정이 이루어져야만 한다'고 하고, 결론적으로 이 법률은, '우리나라의 수도는 서울이라는 불문의 관습헌법에 배치될 뿐만 아니라, 헌법개정에 의해서만 변경될 수 있는 중요한 헌법 사항을 이러한 헌법적 절차를 이행하지 아니한 채 단순법률의 형태로 변경한 것으로서 헌법에 위반된다'는 것이다.[111]

헌재에 의하여 위헌으로 결정이 나자 다수의 여론은 일단 안도하는 모습이었지만, 여권에서는 헌법수호기관을 폄하하면서 불복을 부추기는 듯한 언행까지 서슴없이 쏟아냈다. 일부에서 헌법재판관의 자질과 능력을 검증하기 위해 그 전원에 대한 국회의 인사청문회가 있어야 한다는 주장도 나왔다. 한술 더 떠 재판관 물갈이론까지 흘리는가 하면, 어떤 국회의원은 의정단상에서 헌법재판소의 결정에 대해 국민과 국회의 자유와 권리를 유린한 사법 쿠데타라고 매도하는 발언까지 했다. 헌법의 위기라는 말이 나오고 따라서 최고규범인 헌법의 제자리 찾기라는 움직임까지 꿈틀거리게 되었다.[112]

신행정수도법에 관한 헌재의 위헌결정에 대하여 헌법학자 한상범 교수는 헌법에도 명시되지 않은 '관습헌법'을 이유로 위헌이라 판단한 것은 입법권을 침탈하는 폭거이고, 이러한 헌재의 결정은 헌법재판관과 헌법연구관의 구조적 결함에서 비롯된 것이라고 피력한다.

2004년 10월 21일 행정수도 법률에 대한 위헌 결정은 그 얼마 전 국가보안법을 옹호한 결정(2004. 8. 26. 및 2004. 9. 2.)과 맥을 같이 하는, 수

(111) 박우동, 『법의 세상』, (주)지식산업사(2013), 71~73쪽
(112) 박우동, 위의 책, 73쪽

구 기득권 이해를 반영한 것이다. 임명된 사법관료 몇 사람이 국민이 선거한 대의기관인 국회와 국가원수이고 행정 수반인 대통령이 결정·인정한 법안을 헌법 명문 근거도 없는 이른바 '관습헌법'이란 엉뚱한 근거로 뒤집어엎은 것은 그야말로 법치주의의 기본인 예측가능성을 유린하고 국민대표기관의 입법권을 침탈하는 폭거로서, 그 이론적 문제점을 자세하게 들 것도 없이 아주 잘못된 것이다.

헌법재판소 결정의 문제점은 헌법재판관이 헌법 자체에 소양이 없는데다가 주로 사법관료 출신으로 헌법 결정의 법리 구성을 헌법연구관에게 의존하는 데서부터 비롯된다. 특히 내가 가장 걱정스러워하는 것은 헌법재판관 중에 한 사람도 헌법 전문가가 없다는 것이다. 그야말로 헌법과는 인연이 없던 민·형사의 실무가로 구성되어 있다. 그리고 결정문은 재판관을 지원하는 연구관에게 맡겨서 외국 이론의 선례로 수식하여 작품을 만들어낸다.[113]

신행정수도법이 헌법을 위반하였다면 마땅히 위헌법률심사권을 갖는 헌재가 그 여부를 판단할 권한을 갖는다. 그렇다면 문제는 신행정수도법이 헌법의 어느 규정에 위반되는가 하는 점이다. 헌법에는 수도를 서울에 두어야 한다는 규정도 없고, 수도를 이전하기 위해서는 국민투표를 실시해야 한다는 규정도 없다. 결국 헌재는 위헌이유를 헌법에서 찾지 못하고 〈경국대전〉까지 거론하여 관습헌법이라고 하였다.

만일 헌재의 위헌결정이, 한상범 교수가 지적하는 바와 같이, 수구 기득권 세력의 이해에 따른 것이라면, 분명 잘못된 것이다. 신행정수도법은 헌법에 위배된 것이 아니기 때문에, 헌재의 위헌결정은 국회의 입법권을 침해한 것이고 행정부의 정책을 무효화시켜버린 것이다.

---

(113) 한상범, 『살아 있는 우리 헌법 이야기』, (주)도서출판삼인(2012), 380~381쪽

입법부, 행정부, 사법부는 권력을 분할하고 서로 견제할 수 있도록 헌법에서 규정하는데, 입법부와 행정부의 권한을 헌재가 침범하고 있는 것이다. 이렇게 되면 3권 분립의 통치구조는 무너져 기형적인 4권 분립 또는 입법부와 행정부 위에 헌재가 군림하는 구조가 된다.

4대강 사업이나 신행정수도와 같은 정부의 대형국책사업은 행정부의 정책수립과정이나 입법부의 입법과정에서 수많은 연구와 토론을 거쳐 심도 있게 결정되지만, 그 성공여부는 사실상 아무도 모른다. 성공할 수도 있고 실패할 수도 있다. 그렇기 때문에 다른 나라의 사례도 연구하고, 반대 측 의견도 중요하게 채택하고, 전체를 시행하기 전에 부분적으로 시행하여 결과를 살피기도 한다. 이런 행정부의 정책수립과정이나 입법부의 입법과정을 사법부가 관여할 것은 아니다. 어떤 정책이 성공한다면, 모든 국민이 좋아하겠지만, 설사 실패한다 하더라도 그 책임은 전적으로 그런 정책을 채택한 행정부와 법률을 제정한 입법부에 있는 것이다.

신행정수도법에 대한 헌법소원은 서울시 소속 공무원과 서울시의회 의원들이 청구하였다. 헌법소원은 공권력의 행사 또는 불행사(不行使)로 인하여 헌법상 보장된 기본권을 침해받은 자가 헌법재판소에 청구할 수 있는 심판이다(헌법재판소법 제68조). 헌법소원을 청구한 서울시 공무원과 시의원들은 과연 어떤 기본권을 침해받았다는 것인지 알 수 없다. 헌법소원심판의 내용을 살펴보면 헌법에서 보장하는 평등권을 침해받았다는 것인데, 그들이 어떻게 평등권을 침해받았다는 것인지 알 수 없다. 그들이 평등권을 침해받아서 일부가 사망했다든지 아니면 재산상의 손실을 입었다든지 등에 대한 설명이 없다. 분명히 법에서는 '기본권을 침해받을 우려가 있는 자'도 아니고 '기본권을 침해받은 자'라 규정하고 있는데, 신행정수도법은 법률만 제정되었지 시행도 하지 않은 상태인데 어떻게 기본권을 침해받았다는 것인지 알 수 없다. 이처럼 신행정수도법에 대한 헌법소원은 청구인의 적격도 갖추지 못한 심판청구에 대하여 이조시대 〈경국대전〉까지 거론하며 본안을 논의한 사건이었다.

헌재의 결정이유에서는, '우리나라 수도가 서울이라는 점에 대한 관습헌법을 폐지하기 위해서는 헌법개정이 이루어져야 한다'고 하였다. 얼핏 보아도 이런 결정이유는 뜬구름 잡는 얘기에 불과하다. 수도가 서울이라는 것이 과연 관습헌법이라 할 수 있을까? 관습헌법은 헌법개정을 통하여 개정될 수 있는 것일까? 헌법개정을 한다면 무엇을 어떻게 고쳐야 하는 걸까? 신행정수도법이 위헌이라는 헌재의 결정은 헌재가 국회는 물론 행정부 위에 군림하고 있음을 여실히 보여준다. 헌재가 이런 결정을 반복한다면 3권 분립 체제는 무너지고 헌재가 상왕(上王)의 역할을 하는 전 세계 유래가 없는 상왕 3부(府) 체제가 될 것이다.

대법원과 헌법재판소의 갈등

법원은 국회에서 만든 법률을 해석하는 기관이다. 특정 사건에 대하여 어떤 법률을 적용할 것인지를 결정하고, 적용할 법조항의 명문규정에 대하여 입법취지, 목적 등을 고려하여 그 의미를 해석한다. 대법원은 사법부의 최고기관으로 1심 및 2심 법원에 이어 최종적으로 법률을 해석할 권한을 갖는다.

반면 헌재는 업무영역이 헌법과 헌법재판소법에서 규정하듯이 아주 명확하다. 헌법 제111조에서 규정하고 있는 헌법재판소의 권한은 ① 법원의 제청에 의한 법률의 위헌여부 심판, ② 탄핵의 심판, ③ 정당의 해산 심판, ④ 국가기관 상호간, 국가기관과 지방자치단체 상호간, 및 지방자치단체들 상호간의 권한쟁의에 관한 심판, 그리고 ⑤ 법률이 정하는 헌법소원에 관한 심판에 한정한다.

어떤 법률이 헌법에 위반되는지 여부가 재판의 전제가 된 경우에는 법원은 헌법재판소에 제청하여 그 심판에 의하여 재판한다(헌법 제107조

1항). 이것이 법원이 갖는 법률의 위헌심사제청권이고, 법원의 제청에 의한 심판이 바로 위헌법률심판이다. 법원만이 할 수 있기 때문에 위헌법률심판에 대해서는 대법원과 헌재가 갈등을 일으킬 소지가 없다. 1987년 헌재가 개원한 이래 17년 동안 탄핵심판은 노무현 대통령 탄핵심판 1건, 정당해산심판은 2013년 통합진보당에 대한 심판 1건, 권한쟁의심판은 1998년 성남시가 경기도를 상대로 도시계획과 관련한 권한을 놓고 다툰 사건 등과 같이 손으로 꼽을 정도이다. 대법원이 탄핵심판이나 정당해산심판 또는 권한쟁의심판을 할 권한도 없지만 하자고 나서지도 않기 때문에 이들에 대해서도 갈등은 없다.

문제는 헌법소원심판이다. 이를 두고 헌재와 대법원은 그토록 갈등하고 있다. 법률이나 법령의 위헌여부에 대해서도 헌법은 헌재와 대법원의 관장업무를 분명하게 명시한다. 명령, 규칙 또는 처분이 헌법이나 법률에 위반되는지 여부가 재판의 전제가 된 경우에 대법원은 이를 최종적으로 심사할 권한을 가진다(제107조 2항). 법원은 법률의 위헌 여부를 재판의 전제로 할 때에는 심사할 수 없지만, 법률이 아닌 법령에 대해서는 법률 또는 헌법의 위반여부를 판단할 권한을 갖는다. 여기서 법률이란 국회가 제정한 법을 의미하고, 법령이란 그 하위법인 대통령령(시행령), 국무총리령, 행정부령(시행규칙), 행정부의 고시 등을 의미한다. 법령은 국회가 만든 법과 행정부가 만든 규범을 통칭하기도 한다.

법에는 권위(authority)가 있다. 한 국가를 형성하는 기초가 되는 헌법이 가장 높은 권위를 갖는다. 그래서 헌법은 한번 만들면 개정하기도 쉽지 않다. 함부로 개정해서는 안 되기 때문이다. 헌법 다음의 권위를 갖는 법이 국회에서 제정한 법률이다. 국회만이 법률을 제정할 권한이 있으며, 그러한 권한 하에 국회는 국민을 위한 법을 만들고 있다. 대통령도 법을 만들 수 있는데 바로 대통령령이다. 대통령이 대통령령을 만들 수 있는 권한은 헌법으로부터 나온다. 대통령은 법률에서 구체적으로 범위를 정하여 위임받은 사항과 법률을 집행하기 위하여 필요한 사항에 관하여 대통령령을 발할 수 있다(헌법 제75조). 국무총리는 국무총리령을 만들 수 있다. 행정 각부는 부령(시행규칙)을 만들 수 있다. 이 권한도 헌법으로부터 나온다. 국무총리 또는 행정각부의 장은 소관사무에 관하여 법률이나 대통령령의 위임 또는 직권으로 총리령 또는 부령을 발할 수 있다(헌법 제95조).

우리 사회에서 대통령령으로 가장 긍정적인 효험을 본 것은 김영삼 정부시절의 금융실명제가 아닌가 싶다. 온갖 부정부패 부조리의 온상이었던 차명 또는 가명으로 거래하던 것을 하루아침에 실명으로 하도록 당시 김영삼 대통령이 1993년 8월 12일 '금융실명거래 및 비밀보장에 관한 긴급명령'이라는 대통령령을 발동하였다. 1982년 12월 금융실명거래에 관한 법률이 제정되었으나 전두환 정부나 노태우 정부에서는 시행되지 않고 있다가, 김영삼 정부 때 대통령령에 의하여 시행된 것이다.

우리에게 가장 참혹한 역사를 안겨주었던 대통령령은 뭐니 뭐니 해도 박정희 유신정권시절의 긴급조치다. 오늘날 헌재가 존재하는 가장 직접적인 원인이 되었던 것도 바로 유신정권의 긴급조치 때문이었다. 한 독재자의 초헌법적인 법령으로 인권을 유린하고 무고한 생명을 형장의 이슬로 사라지게 했던 무시무시한 법령이었다. 다시는 이런 법이 만들어져서는 안 되었기 때문에 민주화의 쟁취와 함께 헌재가 만들어진 것이다. 이 긴급조치는 국회에서 만든 법률이 아니고 박정희 대통령이 만든 대통령령이다. 그렇다면 긴급조치의 위헌여부는 헌재가 아니라 대법원이라는 것이 분명하다. 그런데도 헌재와 대법원은 이를 두고 서로 싸우고 있다.

긴급조치 9조에 대해 헌재는 '법률'인 만큼 위헌여부는 헌재가 판단한다는 입장이다. 반면 대법원은 긴급조치는 법률이 아니라 '명령·규칙'에 해당해 위헌여부에 대한 심사권이 법원에 속한다는 입장을 재확인했다. 최근 한정위헌을 둘러싸고 갈등을 빚은 대법원과 헌재가 다시 긴급조치 위헌심사권을 놓고 충돌하면서 두 기관 간의 갈등이 확대되는 양상이다. 관할권을 둘러싼 힘겨루기다.

(2013년 4월) 18일 대법원과 헌재에 따르면 긴급조치에 대한 위헌판단 권한을 놓고 양 기구 간 다툼의 발단은 2010년으로 거슬러 올라간다. 대법원은 2010년 12월 전원합의체 판결에서 '긴급조치 1호는 국회의 의결을 거친 법률이 아니어서 위헌여부에 대한 심사권이 헌재가 아닌 대법원에 속한다'고 전제한 뒤 '긴급조치 1호는 국민의 기본권을 침해해 유신헌법은 물론 현행 헌법상으로도 위헌'이라고 밝혔다.

하지만 지난달 헌재는 긴급조치 1·2·9호에 대한 헌법소원 사건에서 재판관 전원일치 의견으로 위헌 결정하면서 '긴급조치 1·2·9호는 표현의 자유 등 기본권을 제한하고 처벌하는 규정을 둔 점에 비춰 최소한 법률과 동일한 효력을 가지는 것으로 봐야 하기 때문에 위헌심사 권한은 헌재에 있다'고 못 박았다.

그러나 대법원은 이날 긴급조치 피해자 유족이 청구한 형사보상 사건에서 긴급조치 9호를 위헌 선언하면서 대법원이 긴급조치 위헌 심사권을 갖는다는 기존 입장을 재확인했다. 대법원 전원합의체(주심 이상훈 대법관)는 이날 긴급조치 9호 위반으로 유죄판결을 받은 홍모 씨의 부인 조모 씨가 낸 형사보상 청구 소송을 인용하면서 '국가는 모두 6,066만 원을 보상하라'고 결정했다.[114]

---

(114) 매일경제 2013. 4. 19, 33면

대법원과 헌재가 겪는 갈등의 대부분은 헌법소원심판에 있다. 헌법재판소법에는 헌법소원을 공권력의 행사 또는 불행사(不行使)로 인하여 헌법상 보장된 기본권을 침해받은 자가 헌법재판소에 청구할 수 있는 심판이라고 명시하고 있는데, 헌재가 법원의 판결도 헌법소원심판의 대상에 포함시켜 심판을 하게 된 것이다. 물론 대법원을 비롯한 각급법원이 이를 달가워할 리 없다. 이 문제는 헌재의 설립초기부터 거론되었다.

> 나(양삼승 변호사)는 1988년 1월 15일 법무부 주최로 사법연수원에서 열린 헌법재판소법 세미나를 참관했다. 바쁜 중에도 불구하고, 일부러 참관하기로 한 것은 두말할 것도 없이 이 법의 가장 중요한 쟁점인 새로운 헌법에 따라 신설되게 된 헌법소원에 법원의 판결도 그 대상이 되느냐에 관하여 이 법의 제안자가 될 법무부 측의 견해를 들어보기 위해서였다. 이 점이 법원에 몸담고 있는 사람에게 중요한 의미를 가지는 까닭은, 만약 이를 긍정하게 된다면, 대법원이 최고법원의 지위를 상실하게 될 뿐만 아니라 법원의 판결에 대하여 외부의 다른 기관이 다시 심사하게 됨으로써 재판권의 독립에 중대한 침해가 생기게 되고, 만약 이를 악용하게 된다면 정치권력에 의한 법원의 통제와 견제의 수단으로 사용될 수도 있기 때문이다.(115)

우려는 현실로 나타났다. 1997년 양도소득세 산정기준을 놓고 대법원은 실거래가에 의한 세금부과가 정당하다고 판단한 반면, 헌재는 기준시가 과세를 해야 한다면서 한정위헌이라고 판단하였다. 2001년에는 사망한 군인의 국가배상 문제를 놓고 대법원은 국가배상책임이 없다고 판단한 반면, 헌재는 민간인 개입 땐 국가배상이 책임이 있다고 역시

---

(115) 양삼승, 『법과 정의를 향한 여정』, 까치글방(2012), 27~28쪽

한정위헌 판결을 하였다. 2012년에는 공무담당 뇌물죄 적용을 놓고 대법원은 뇌물죄 적용이 가능하다고 판단한 반면, 헌재는 정부 위촉위원에게 뇌물죄 적용은 할 수 없다고 한정위헌 결정을 내렸다. 그러자 참다못한 판사들이 나섰다. 법원의 판결에 대해선 헌법소원이 안된다고 하면서 대법원 판결을 뒤집은 헌재의 결정을 공개적으로 비판하고 나섰다.

대법원 헌법연구회(회장: 유남석 서울북부지법원장)와 형사법연구회(회장: 노태악 서울중앙지법 형사수석부장)는 2013년 1월 24일 대법원 중회의실에서 법관 60여 명이 참석한 가운데 공동 세미나를 열고 '헌재가 대법원에서 유죄가 확정된 A 교수가 제기한 헌법소원 사건에 대해 한정위헌 결정을 내린 것은 위험한 발상'이라고 강하게 반발했다.

제주도 재해영향평가 심의위원으로 재직하면서 뇌물을 받은 혐의로 기소됐던 A 교수는 2011년 9월 대법원에서 유죄확정 판결을 받자 헌법소원심판을 청구했다. 헌재는 2012년 12월 '대법원이 준공무원인 정부외부기관 위촉위원이 공무원에 포함된다고 해석한 것은 헌법에 어긋난다'며 A 교수의 손을 들어줬다. 그러자 판사들은 헌재가 공무원 뇌물에 대해 법원과 다른 판단을 내린 것 자체도 문제지만, '헌법적 쟁점이 있다면 법원의 법률해석도 헌재의 판단대상이 된다'며 법원판결에 대한 헌재의 재판소원에 문제를 제기했다. 현행법이 법률의 최종 해석권을 대법원에 부여하고 이를 바탕으로 3심제로 재판을 운영하고 있는 현실에서, 헌재가 대법원의 판결에 대해 위헌성을 판단한다면 사실상 4심제로 법체제가 파행 운영될 수밖에 없다는 것이다. 판사들은 법률적으로도 '기본권을 침해받은 자는 법원의 재판을 제외하고 헌법소원심판을 청구할 수 있다'는 헌법재판소법 제68조 1항이 존재하는 이상 재판소

원은 있을 수 없다고 지적했다.[116]

2012년 7월 김능환 대법관은 퇴임식에서 최근 헌법재판소가 대법원의 판결에 위헌결정을 내린 일을 거론하면서 '헌재는 이상한 논리로 끊임없이 법원의 재판을 헌법소원의 대상으로 삼아 재판이 헌법에 위반된다고 하려 한다'고 비판하기도 했다.[117]

대법관을 역임한 김황식 국무총리가 2012년 어느날 대법원과 헌법재판소의 통합을 위한 개헌을 언급하기도 하였다. 그러자 이강국 헌법재판소장은 2012년 11월 5일 '헌법재판소가 대법원과 통합될 경우 헌법재판은 형식적인 것으로 무력화, 형해화 될 것'이라고 밝혔다. 헌법재판소를 대법원과 통합하는 것이 효율적이라는 대법원과 일부 법조계의 주장을 헌재 소장이 직접 반박한 것이다. 이 소장은 이날 오전 연세대에서 법학전문대학원 학생을 대상으로 '대한민국 헌법의 어제와 내일'을 주제로 강연하면서 '헌재가 대법원에 합치되는 경우 대법원의 구상은 대법원에 헌법부를 만들자는 것일 텐데 그렇게 되면 (헌재가) 창설되기 이전의 상황으로 돌아가게 될 것'이라고 비판했다. 이 소장은 이어 '이 경우 헌법재판은 관심 밖으로 벗어나게 되고, (헌재가 대법원에서) 독립하는 나라가 많아지는 세계적인 추세도 거스르는 것'이라고 지적했다. 법조계는 이 소장의 이날 발언이 헌재와 대법원의 갈등을 반영한 것이라고 해석하고 있다.[118]

우리나라 헌법 제101조 제1항과 제2항은 사법권은 법관으로 구성된 법원에 속하고, 법원은 최고법원인 대법원과 각급 법원으로 조직된다

---

(116) 한국일보 2013. 1. 28, 8면
(117) 한국일보 2012. 7. 11, 7면
(118) 한국일보 2012. 11. 6, 12면

고 규정하고 있다. 법률해석권은 사법권의 본질에 해당하는 것이므로 그 최종 해석권이 헌법상 대법원에 있음은 너무나 당연하다. 따라서 최고법원인 대법원이 법률해석을 통해 문제가 된 법률조항에 대한 의미를 확정하면 이를 바탕으로 헌재는 그 법률조항에 대한 위헌여부를 심사하면 된다. 이것이 바로 현행 헌법이 예정하고 있는 우리나라 헌법재판제도의 핵심이다. 그럼에도 불구하고 헌재가 우리나라와는 제도가 상이한 독일 실무사례를 그대로 수용하여 헌법재판소법에 근거가 없는 한정위헌결정 형식을 빌려 대법원의 법률해석권을 제약하려는 것은 어느 모로 보나 바람직하지 않다. 더욱이 이는 대법원을 최고법원으로 선언하고 있는 현행 헌법체계 하에서 법원과는 별개 지위에 있는 헌법재판소를 사실상 최고법원으로 하는 4심제를 허용하는 결과를 가져오는 것이다.(119)

---

(119) 윤남근, 「헌법재판소의 진정한 의미」, 매일경제 2013. 4. 5, A38면

헌법재판소의 일탈

헌재가 설립되고 나서 헌법소원이 많이 제기되고 있다. 헌법소원은 공권력의 행사 또는 불행사로 인하여 헌법상 보장된 기본권을 침해받은 자가 헌재에 청구할 수 있는 심판이다. 공권력이라 함은 정부 즉 입법부, 행정부, 사법부가 갖는 것인데, 이들이 권력을 부당하게 행사함으로써 기본권이 침해되거나 또는 행사되어야 할 공권력이 행사되지 않음으로써 기본권이 침해되었다면 헌법소원을 청구할 수 있는 것이다.

그러나 이는 헌법소원에 대한 법률적 규정에 대한 해석에 불과하고, 현실적으로는 어떤 법률이 헌법에서 규정하는 인간의 기본권을 침해한다고 생각되는 경우에 헌법소원이 제기된다. 민주주의를 쟁취한지 4반세기가 지난 나라에서 그렇게 많이 제기되는 헌법소원이 과연 기본권을 침해하고 있는 것인지 살펴볼 필요가 있다.

인간의 기본권이란 과연 어떤 것들인가? 인간의 기본권은 한마디로 자유와 평등이다. 국가가 국민을 자유롭게 하고 법 앞에 평등하게만 대해주면 국민은 스스로 노력하여 능력에 맞게 살아가게 되어 있다. 자유를 제한하고 법 앞에서 평등한 대우를 받지 못하니까 불만이 따르고 행복하지 못한 것이다.

자유는 헌법에서 아주 구체적으로 규정한다. 신체의 자유, 거주 이전의 자유, 직업선택의 자유, 주거의 자유, 사생활의 비밀과 자유, 통신의 비밀, 사상의 자유(양심의 자유), 종교의 자유, 표현의 자유(언론·출판의 자유와 집회·결사의 자유), 학문과 예술의 자유가 그것이다.

평등은 자유와 다르다. 인간은 본래 평등한 것이 하나도 없다. 평등한 것이 단지 하나 있는데 법 앞에 섰을 때다. 법에 의하여 균등한 기회가 제공되어야 하고, 돈이나 권력에 의하여 남들과 다른 대우를 받아서는 안 된다.

우리 헌법 제10조에서 규정하는 행복추구권은 사실 인간의 기본권이 아니다. 행복추구권은 인간으로서 행복을 추구할 수 있는 권리를 말하는데, 과거에는 헌법적 보장과는 관계없이 자연권적 성격으로 존재해 왔다. 헌법에서 규정하지 않더라도 인간은 누구나 행복을 추구하고 있다.

행복보장권도 아니고 행복추구권 같은 것을 헌법에 백번 규정해 놓아도 국민의 행복과는 관계가 없다. 국가가 헌법을 제정할 때 '당신에게 종교의 자유나 표현의 자유를 부여한다'라고 한다면 반가워하지 않을 사람이 없다. 그러나 '당신에게 행복추구권을 부여한다'라고 한다면 순간적으로 기분 좋은 말처럼 들릴지 모르지만 더 생각해보면 시큰둥할 것이다.

우리나라 헌법에 행복추구권이 최초로 명시된 것은 아이러니하게도 1980년 신군부 독재정권인 제5공화국 헌법이었다. 행복추구권은 제6

공화국때 개정된 현행 헌법에도 그대로 잔류하여 제10조에 명시되어 있다. 행복추구권이란 자연권 상태로 존재하기 때문에 프랑스 인권선 언이나 미국헌법이나 수정헌법 등 선진국 헌법에는 행복추구권을 명문화 한 나라가 거의 없다. 굳이 헌법에 명문화시키지 않아도 국민의 다른 기본권을 충실히 보장하면 개인은 자신의 행복을 추구한다고 보기 때문이다.

기본권도 아닌 행복추구권이 전두환 정권시절 헌법에 명시된 것은 당시 신군부가 국민을 호도하기 위한 것이었다. 쿠데타 정국을 전환하고 입맛에 맞게 헌법을 개정해야겠는데 특별한 이슈가 없었던 것이다.

그래서 생각해낸 것이 행복추구권이었다. 신군부는 이를 대대적으로 선전하였고 우매한 백성으로 하여금 필요도 없는 권리가 대단한 행복을 가져다주는 권리인양 착각하게 하여 독재국가로서의 면모를 갖춘 헌법을 무난히 개정할 수 있었던 것이다. 그때 그것을 알고 있던 지식인들은 그 장단에 맞춰 춤을 추었다.

2001년 7월 헌재는 백화점에서 운행하고 있는 셔틀버스가 위헌이라고 판단한 바 있다. 정부의 셔틀버스 금지정책에 대해 청구된 헌법소원에서 헌재는 '무분별한 셔틀버스 운행은 공공성을 띤 여객운송사업체의 경영에 타격을 줌으로써 여객운송질서 확립에 장애를 초래한다' 며 기각결정했다. 헌재의 요지는 셔틀버스를 금지시켜도 백화점은 영업의 자유나 평등권을 침해받지 않는다는 것이었다. 헌재의 위헌결정에 따라 백화점 셔틀버스는 운행을 중지하였다. 헌재의 이러한 결정이 내려지자 백화점 업자들은 울상이었다. 그렇지만 시내버스를 비롯한 운수업자들과 소형 슈퍼마켓업자들은 헌재의 결정을 환영하였다. 셔틀버스를 탈 사람들이 대중교통수단을 이용해야 하기 때문에 운수업자들의 수입이 그만큼 늘어나고, 백화점으로 갈 고객들이 소형 슈퍼마켓을 이용하여 역시 수입이 늘어날 수 있다는 생각 때문이었다.

헌재는 영업의 자유와 평등권 같은 것을 거론하면서 셔틀버스 운행 금지가 헌법에 위배되지 않는다고 하였지만, 결론부터 말해서 셔틀버스 운행문제는 헌법상의 기본권 문제가 아니다. 인간의 기본권이란 한마디로 천부인권(天賦人權)이라 할 수 있는데, 이는 인간이 하늘로부터 부여받은 권리라는 의미다. 사람이 태어나면서부터 침해받아서는 아니 되고 반드시 보호되어야 하는 신성한 권리라는 의미다. 사람이라면 누구나 부귀빈천이나 지위고하를 떠나 하늘로부터 부여받은 권리인 것이다. 따라서 어떤 권리가 인간의 기본권인지 아닌지의 여부를 판단하는 것은 바로 그 권리가 하늘로부터 부여받은 것인지의 여부를 판단하는 것이나 다름없다. 더 쉽게 설명하면 태양과 같이 누구에게나 비추어질 수 있는 권리가 바로 인간의 기본권이다. 태양은 누구에게나 똑같은 빛을 비추고 있다. 부자라고 해서 빛을 많이 보내는 것도 아니고, 가난한 자라고 해서 빛을 적게 보내는 것도 아니다. 지위가 높다고 해서 많이 비추는 것도 아니며, 지위가 낮다고 해서 적게 비추는 것도 아니다.

헌재의 판단과 같이 셔틀버스 운행이 위헌에 해당한다면 태양의 햇빛은 운수업자나 소형 슈퍼마켓업자에게 비추어진 셈이다. 만일 헌재가 셔틀버스 운행이 위헌이 아니라고 판단하였다면 햇빛은 백화점 업자에게 비추어졌을 것이다. 태양은 그렇게 빛을 비추지 않는다고 하였다. 그렇다면 셔틀버스 운행에 관한 문제는 인간의 기본권에 관한 문제가 아님을 명백히 알 수 있다. 이보다 더 명확한 판단은 없다.

어떤 정책이나 법률이 한 부류의 사람들에게는 이익이 되고, 다른 부류의 사람들에게는 불이익이 된다면, 그것은 헌법의 기본권 문제가 아니라 법률의 문제이고, 법률은 헌재 소관이 아니라 전적으로 국회 소관이다.

기본권이 보장되면 만인이 즐거워한다. 기본권이 보장되는데 한 부류의 사람들은 좋아하고 다른 부류의 사람들은 싫어한다면 그것은 기본권의 문제가 아니라, 두 부류의 이익을 어떻게 조정할 것이냐의 문제가 되고, 이는 곧 국회에서 결정할 일이다.

헌재는 기본권에 관한 사항이 아닌 사건을 기본권에 관한 사건인양 판단함으로써 국회에 대하여 스스로 월권행위를 한 것이다. 백화점 셔틀버스 운행에 관한 헌법소원은 헌법소원의 대상에 해당되지 않기 때문에 마땅히 각하되었어야 할 사건이었다.

백화점 셔틀버스의 운행문제가 법률로 정할 사안이라면 법률제정 권한을 갖는 국회가 결정할 사안이고, 국회의 법률이 아닌 대통령령이나 행정부령으로 정할 사안이라면 그 제정권한을 갖는 행정부가 결정할 사안이다. 만일 백화점 셔틀버스의 운행문제가 국회에서 법률로 정할 사안이라면 국회는 백화점 업자와 운수업자의 이익을 고려하고 그것을 이용하는 시민의 편의를 고려하여 가장 최선의 방향으로 법률을 제정하면 된다.

법은 인류사회의 반영(reflection)이라 하였다. 사회의 변천과 함께 백화점 셔틀버스가 운행되어도 모두 좋을 수 있는 경우가 있을 것이고, 여러 가지 요인에 따라 금지시켜야 할 경우도 있는 것이다. 그래서 국회는 필요에 따라 법률을 제정하기도 하고, 개정하기도 하며, 폐지하기도 하는 것이다. 그러한 권한은 국회만이 갖는 고유권한이다. 인간의 기본권은 어느 시점에는 존재했다가 또 어느 시점에는 없어지는 그런 권리가 아니다.

헌재는 2002년 2월 '아버지를 중심으로 일가(一家)를 편제한 호주제는 가족생활에서 개인의 존엄과 남녀평등을 규정한 헌법에 위반된다'며 서울서부지법이 낸 위헌법률심판 제청 사건에 대해 '호주제는 위헌'이라며 헌법불합치 결정을 내렸다. 호주제 사건도 헌법소원 결정이유나 결과를 차치하고 과연 그것이 헌법소원의 적법한 대상이었는지 살펴보자.

호주제 폐지가 위헌인지의 여부를 판단하기 위해서 누가 호주제 폐지를 주장하며 누가 반대하고 있는가를 살펴보면 된다. 호주제 폐지를 주장하는 사람들은 모든 여성은 아니지만 대체로 여성들이라고 말할 수 있다. 반면 반대하는 사람들은 유림을 비롯한 대체로 남성들이라고 말할 수 있다. 호주제가 위헌이라는 판단은 그것을 주장했던 여성들의 머리 위에는 햇빛이 비춰지고, 그것을 반대했던 유림을 비롯한 남성들의 머리 위에는 햇빛이 비춰지지 않게 되는 결과를 가져온다. 따라서 호주제에 관한 문제는 인간의 기본권에 관한 문제가 아니라는 것을 쉽게 알 수 있다. 호주제가 우리 국민의 기본권을 억압해왔던 제도라면 그 폐지야말로 남녀노소를 불문하고 환영해야 할 일이다.

호주제는 헌법에서 규정하는 기본권의 문제가 아니라 법률로 정할 사안이다. 법률로 정할 사안이라면 역시 국회의 고유권한이다. 우리의 전통, 역사, 관습 등을 고려하여 호주제를 유지하겠다고 판단되면 유지될 것이고, 사회의 변화, 여권(女權)의 신장, 가족개념의 변화 등을 고려하여 호주제를 폐지해야 한다고 판단되면 폐지될 것이다.

시각장애인에게만 안마사자격을 허용하는 것이 헌법에 보장된 국민의 직업선택의 자유와 평등권을 침해한다는 위헌소송은 지난 2003년부터 꾸준히 제기돼 왔다. 2003년 당시에는 이 같은 내용을 담은 안마사에 관한 규칙이 합헌이라고 판결났지만, 2006년에는 비시각장애인들의 직업선택권을 침해하고 비시각장애인의 기본권을 제한해서는 안 된다는 이유로 위헌판결이 내려졌다.

당시 위헌판결에 시각장애인 안마사들은 생존권을 요구하며 한강에 투신하는 등 거세게 반발했다. 이에 국회는 2006년 8월 의료법을 개정해 시행규칙에 머물렀던 안마사 자격취득 조건을 법률에 명시했다. 이 같은 법률 명시에 비장애인 마사지사들은 즉각 헌법소원을 제기했고, 헌재는 2008년 10월 시각장애인들의 손을 들어줬다. 이에 한국수기마사지사협회 등 14개 단체는 또 한 번 위헌소송을 냈고, 헌재는 2010년 7월 시각장애인에게만 안마를 허용하는 것이 헌법에 위배되지 않는다며 합헌판결을 내렸다. 시각장애인 안마사 독점이 시각장애인에게 가해진 유무형의 사회적 차별을 보상해주고 실질적인 평등을 이룰 수 있는 수단으로 비시각장애인의 직업선택 자유를 과도하게 침해한다고 보기 어렵다는 이유에서다.

2011년 10월 서울중앙지방법원은 시각장애인의 안마사제도를 규정한 의료법 제82조가 헌법을 위배한 소지가 있다고 판단 헌법재판소에 위헌법률심판을 제청했다. 위헌심판제청 이유는 크게 세 가지로 생계가 어려운 일반국민 차별, 안마사 선택권부재로 인한 소비자의 행복추구권 침해, 대학의 마사지학과 졸업생의 직업선택 제한을 들고 있다.

대한안마사협회는 '헌법재판소에 위헌신청을 제기한 것은 이 나라 시각장애인의 복지현실에 대한 사법부의 무감각하고 무책임한 현실인식에서 나온 결과'라고 지적했다. 특히 '헌재가 합헌을 내린지 불과 1년 시점에서 시각장애인의 참담한 복지현실에 대한 국가중심주체로서의 책임이 있는 막중한 사법부가 자기부정적인 위헌신청을 제기해 또

다시 시각장애인들에게 불안과 고통을 안겨준 것에 개탄하지 않을 수 없다'고 덧붙였다.[120]

시각장애인 안마사와 비시각장애인 안마사가 서로 다투고 있는 것은 일반국민의 차별, 소비자의 행복추구권 침해, 직업선택 제한의 문제가 아니다. 사회적 약자와 일반 안마사의 권리를 어떻게 조정할 것이냐의 문제로서 전적으로 국회 소관이다. 양자의 권익을 고려한 최선책을 찾을 수밖에 없는 것이다.

다시 신행정수도법에 대한 위헌 사건을 보자. 행정수도 이전에 관한 법률이 위헌이라는 헌재의 심결이 나오자 행정수도를 이전하고자 했던 당시 노무현 행정부는 물론 대다수의 충청도 사람들이 불만을 토로하였다. 그러나 서울을 중심으로 한 수도권 사람들은 대체로 환영하였다. 헌재의 결정에 따르면 햇빛은 서울을 중심으로 한 수도권 지역에만 비춰지고 충청도에는 햇빛이 비춰지지 않은 셈이다. 행정수도 이전에 관한 문제도 인간의 기본권에 관한 문제가 아니고, 따라서 헌법소원의 대상이 아님을 아주 쉽게 이해할 수 있다.

신행정수도법에 관한 사건이 인간의 기본권에 관한 것이었다면, 헌재의 위헌결정에 반대하는 사람이 나와서는 안 된다. 모든 사람이 환영해야 한다. 국민의 기본권을 보장해주겠다는데 반대할 사람이 있을 수 없기 때문이다. 만일 반대하는 사람들이 있다면 그들은 국민의 기본권을 유린하고자 하는 독재정치나 전제정치를 지향하는 소수의 위정자들뿐이다. 수도권 사람들은 찬성하고 충청도 사람들은 반대한다면 이 역시 인간의 기본권에 관한 문제가 아니다. 이러한 문제는 행정부나 국회

---

(120) 에이블뉴스, http://www.ablenews.co.kr, 2011. 10. 21

에서 판단할 정책적인 문제 내지 입법적인 문제이지 헌재에서 판단할 헌법에 관한 문제가 아니다. 헌재의 관습헌법 논리가 얼마나 허구였는가를 알 수 있을 것이다.

2013년 12월에는 대형마트와 기업형 슈퍼마켓(SSM)의 영업일수와 영업시간을 규제한 유통산업발전법의 관련조항에 대한 헌법소원 심판청구에 대해 각하 결정이 내려졌다. 헌법소원에 대하여 기각이 아니라 각하결정이 내려진 것은 매우 드문 일이다. 보도된 것만으로 보면 2005년 동의대 사태 관련 헌법소원과 2008년 당시 이명박 대통령 당선자 관련 특검법에 대한 헌법소원 정도다.

유통산업발전법을 둘러싸고 대형마트와 전통시장 상인이 대립하고 있는 것은 어제오늘의 얘기가 아니다. 대형마트도 수많은 납품업자들이 관련되어 있다. 그러면 이 두 그룹의 권익을 어떻게 조정하여 입법을 할 것인지의 문제는 전적으로 국회의 권한이다. 이 문제를 평등권과 직업의 자유를 거론하여 마치 기본권의 문제인 것처럼 헌재에서 다루고 있는 것은 기본권이 무엇인지 조차도 모르기 때문이다. 우리나라에 대형마트가 들어온 것은 어림잡아 1990년대쯤이다. 그전에는 이런 갈등이 없었다. 인간의 기본권은 어느 시점에는 없었다가 어느 시점에 이르러 나타나는 것이 아니다. 인간의 기본권은 태양과 같이 존재하는 것이다. 그러나 법률은 사회 현상에 따라 새로 만들어지기도 하고 만들어진 것을 개정하기도 하고 폐지하기도 하는 것이다. 이 문제에 대하여 헌재가 각하 결정을 내렸다면 이러한 이유로 각하결정을 해야 했다.

그런데 헌재는 엉뚱하게도 '이 법률조항이 헌법소원 대상이 되려면 해당 조항에 의해 직접 기본권 침해가 발생해야 하는데, 옛 유통산업발전법의 경우 구체적인 시행을 자치단체장이 명할 수 있도록 하고 있어

법 조항 자체로는 직접적인 기본권 침해가 발생하지 않는다'는 이유를 달았다. 이는 자치단체장이 시행을 명한 후에는 기본권 침해가 발생하므로 그때 가서 다시 헌법소원을 청구할 수 있다는 의미다. 참으로 한심한 각하 결정이다.

툭 하면 헌법소원이 제기되고 있지만, 헌법소원을 제기하기 전에 헌법소원의 적법한 대상인지를 먼저 살펴보아야 한다. 기본권에 관한 사안이 아니라면 헌재는 국회의 권한을 침범하는 것으로 이는 3권 분립을 위협하는 매우 중대한 일이다. 더구나 입법권을 부여받은 국회는 더 이상 바라보고만 있지 말아야 할 것이다.

정신 나간 헌법소원들

　내년(2013년) 1월 4일 치러지는 제2회 변호사시험을 앞두고 지방 소재 법학전문대학원(로스쿨)생들이 '서울에서만 변호사시험이 실시되는 것은 위헌'이라며 헌법소원을 제기하기로 했다. 이번 헌법소원은 지방 로스쿨생 3명이 1회 변호사시험에 대해 같은 취지의 헌법소원을 낸 데 이어 두 번째로 제기되는 것이다.

　(2012년 12월) 25일 전국 법학전문대학원 학생협의회(법학협)에 따르면 전남대 로스쿨생 김모 씨 등 5명은 26일 '지방에서 변호사시험을 치르지 않는 것은 평등권 및 직업선택 자유권을 침해한다'며 법무부장관을 상대로 '2013년도 제2회 변호사시험 시험장 선정 행위 등 위헌청구 헌법소원'을 헌법재판소에 제기할 예정이다.

　법학협 간부와 지방 로스쿨 대표 등 30여 명은 지난 8월 고려대, 연세대, 중앙대, 한양대 등 서울 일부 대학에서만 변호사시험이 실시되는 것에 반대하며 법무부를 항의 방문했으나 이후 법무부가 별다른 해결책을 내놓지 않자 2차 헌법소원을 내기로 했다.

　김성주 법학협 회장은 '2차 변호사시험 전까지 헌재의 결정이 나오기 어렵겠지만 향후 있을 3, 4차 시험 전에라도 좋은 결과가 나오기를 바라는

뜻에서 헌법소원을 제기하는 것'이라고 말했다.[121]

이 헌법소원에 대하여 헌재는 청구인들의 평등권을 침해하지 않는다는 이유로 청구를 기각하였다. 헌재는 다른 결정문들과 같이 장문(長文)의 결정문을 내놓았다.

변호사시험을 서울에서만 실시한다는 내용은 '변호사시험 일시·장소 및 응시자 준수사항 공고'에 있는 것으로, 이는 법무부공고 제2011-194호 및 제2012-259호였다. 즉 이 헌법소원의 대상은 법률도 아니고 대통령령도 아니고 법무부령도 아니고 고시(告示)에 해당하는 법무부공고이다. 그런데 헌법 제107조 2항에는 '명령·규칙 또는 처분이 헌법이나 법률에 위반되는지 여부가 재판의 전제가 된 경우에 대법원은 이를 최종적으로 심사할 권한을 가진다'라고 규정한다. 그렇다면 변호사시험 장소를 규정한 법무부공고는 마땅히 대법원에서 판단해야 한다. 이것이 어떻게 헌법소원의 대상이 된단 말이며, 헌재는 또 그것을 그리도 장황하게 판단했단 말인가? 헌재는 대법원의 권한을 침범한 것이다.

로스쿨생들이 제기한 헌법소원이 타당하다면, 서울에서 실시하는 변호사시험도 위헌이다. 서울에서 실시하더라도 응시자에게 평등하려면 시험장소가 모든 응시자의 집으로부터 같은 등거리(等距離)에 있어야 한다. 거리가 멀면 이동시간이 길어지고, 이동시간이 길면 거리가 가까운 사람보다 공부할 시간이 적게 되어 시험에 낙방할 수도 있는데, 그 낙방은 바로 시험장소까지의 거리가 평등하지 못한 결과로서 결국 헌법에서 규정하는 평등권을 침해한 것이기 때문이다. 참으로 장한 로스쿨

---

(121) 한국일보, 2012. 12. 26, 10면

생들이다.

평등권이 무엇인지도 모르는 로스쿨생들의 현실이 안타깝다. 학생들의 이런 헌법소원을 교수들은 몰랐을까? 법을 가르치고 법을 공부하는 데에서 학생들이 헌법소원이라는 중요한 청구를 제기하는데 교수가 몰랐다면 한마디로 소통이 꽝이라는 얘기다. 교수들이 알았다면, 그것은 헌법소원의 대상이 아니고 평등권은 그런 것도 아니니 헌법소원청구를 적극 말렸어야 했다. 그것은 법무부에 건의 정도 해볼 일이지 헌법소원 대상이 아니기 때문이다. 교수들이 말리지 않았다면 그런 로스쿨 다닐 필요 없다. 거기서는 더 이상 배울 것이 없다. 빨리 책가방 싸는 편이 더 현명한 일이다.

새누리당 정우택(충북 청주 상당) 최고위원은 14일 국회의원 의석수의 위헌여부를 가려달라는 헌법소원 심판을 헌법재판소에 청구했다. 새누리당 충청 의원 28명 대표로 정 최고위원이 청구한 헌법소원의 취지는 올해 충청 인구(526만 명)가 호남(525만 명)을 앞섰음에도 국회의원 의석수에서 충청(25석)이 호남(30석)보다 5석이 적은 것은 헌법의 평등권과 참정권을 제한하고 있는 만큼 이를 바로 잡아야 한다는 것이다.

정 최고위원은 앞서 12일 충청권 의원들과 기자회견을 통해 '충청권 표가 홀대받고 있어 선거구 조정이 필요하다'고 강조한 바 있다. 다만 호남의 반발을 고려해 '표의 등가성과 형평성 부분을 짚다 보니, 호남 인구를 예로 들었는데 이는 호남 의석수를 줄이자는 것은 아니다'고 단서를 달았다.

헌법소원이 청구되자마자 민주당 호남 의원을 중심으로 우려와 반발의 목소리가 나왔다. 강기정(광주 북갑) 의원은 이날 보도자료를 내고 '국회의원 선거구 조정은 인구수만으로 결정할 문제가 아니다'며 '행정구역의 편제나 지리적 특수성, 역사성 등을 종합 고려한 사회적 합의에 기초해 국회 정개특위에서 조정하면 될 문제'라고 지적했다.

그는 '충청권의 새누리당 의원들이 호남 의석을 줄이는 대신 충청 의석을 늘려야 한다는 식의 논리를 펼치고 있다'며 '이는 새누리당의 패권적 발상이고 호남의 정치력을 재차 약화시키려는 의도가 숨어 있다'고 주장했다.(122)

국회의 권한이 무엇인지, 선거구를 누가 어떻게 구획하는지도 모르고 국회의원이기를 포기한 행위라고 밖에는 더 이상 할 말이 없다.

3권 분립의 한 축을 이루는 우리나라 국회는 실로 심각하다. 입법권을 부여받았음에도 불과하고 그 권한을 제대로 행사하지 못하고 있다. 무엇이 국민의 기본권인지도 이해하지 못하고 있으며, 헌재가 국회의 입법소관인 사건을 다루며 월권행위를 하고 있는데도 그러한 사실조차도 인식하지 못하고 있다.

2014년 10월 드디어 헌법재판소가 선거구 인구편차를 3:1로 허용한 선거법이 위헌이라고 결정하였다. 헌법에서 규정한 평등권을 위배했다는 이유다. 그래서 인구편차가 2:1 이하가 되도록 선거법을 개정하라고 하였다. 2:1 이하가 되면 평등권을 위배하지 않다는 의미다. 과연 그럴까?

헌재는 1995년에 인구편차가 4:1 이상을 허용한 선거법이 위헌이라고 판단하였고, 2001년에는 3:1 이상을 허용한 것이 다시 위헌이라고 하였다. 헌재는 1995년에 내린 결정을 2001년에 파기한 셈이고, 2001년에 내린 결정을 2014년에 다시 파기한 셈이다. 2014년에 한 위헌결정은 세월이 지나면 1.5:1이나 1.3:1 쯤으로 다시 파기될 수도 있을 것이다. 헌재는 계속하여 자기부정을 하고 있는 셈이다. 헌재가 이렇게

---

(122) 한국일보, 2013. 11. 15, 5면

자기부정을 이어가고 있는 것은 평등권에 대한 근본적인 이해가 잘못되었기 때문이다. 선거구 인구편차를 2:1로 하든 3:1로 하든 선거구 획정문제는 헌법에서 규정한 평등권의 문제가 아니다. 평등권의 문제가 아닌 사안을 평등권의 문제로 해석하려 하니 모순이 발생하는 것이다.

만일 부자나 재판관 같은 유능한 사람에게는 두 장의 투표권을 주고, 가난한 자나 보통 사람에게는 한 장의 투표권을 준다면, 이는 명백히 헌법에서 규정하는 평등권을 위배한 것이다. 이러한 평등권은 세월이 흐른다고 해서 변할 수 있는 것이 아니다.

어느 시대에는 4:1이 합헌이고, 세월이 지나면 그게 아니라 3:1이 합헌이고, 또 세월이 지나면 2:1이 합헌이라면, 그것은 평등권의 문제가 아니다. 선거구 인구편차가 정확히 1:1이 되지 않는 이상 선거구 획정문제는 헌법에서 규정하는 평등권을 충족할 수 없다. 인구편차를 1:1로 하는 것은 하느님도 해낼 수 없는 불가능한 일이다.

선거구 획정에 관한 문제는 헌법에서의 평등권의 문제가 아니라 입법부인 국회에서 결정해야 할 입법권의 문제다. 선거구 획정은 행정구역을 기초로 하여 인구수에 따라 합리적으로 결정되어야 할 사안으로 국회에서의 입법에 관한 문제이지 헌재에서의 헌법에 관한 문제가 아니다.

인구편차를 기초로 하여 선거구를 획정하도록 헌재가 위헌여부를 판단하는 것은 국회의 입법권을 침범하는 월권행위다. 이는 민주주의의 근간인 3권분립을 위협하는 매우 위험한 행위다. 그리고 입법권의 문제임을 인식하지 못하고, 국회가 선거구 획정 사안을 헌재로 가져가는 것은 국회만이 갖는 입법권을 스스로 포기하는 행위다.

법은 인류사회의 반영이라 하였다. 산업발달, 지역개발 등으로 인구

이동에 변화가 생기면 선거구를 합리적으로 재조정하는 것은 지극히 당연한 일이며, 그 재조정을 위한 법률개정은 전적으로 입법부 소관이다. 당리당략 때문에 국회 스스로는 선거구도 조정하지 못한 채, 헌재의 결정에 의존하여 법개정을 추진하고자 하였다면, 남의 손을 빌어 코를 풀게 되었는지 모르지만, 국회의 본분을 망각한 위험한 발상이라 하지 않을 수 없다.

국회가 입법기관으로서의 임무를 충실히 하여 국민의 권익을 위한 법률을 올바로 만들어왔다면 오늘날과 같은 일그러진 사법부를 만들어놓지 않았을 것이고 권한을 침범당하는 헌재의 판결들도 없었을 것이다. 우리 국회는 법을 제정하는 과정부터 엉망이다. 그에 관한 내용은 류여해 박사의 저서 『당신을 위한 법은 없다』에 상세하게 설명되어 있다. 국회의 입법과정을 살펴본 그는 '아무도 만들지 않은 법이 존재한다'고 말한다.

폭력국회를 막아보자고 만든 국회선진화법이 나라를 망친다고 하면서 새누리당은 그 법을 헌법재판소로 가져갈 모양이다. 공식적으로는 아직 최종 결론이 나지 않았다는 입장이지만, 당직자들이 공공연하게 헌법소원의 필요성을 얘기하고 있다. 헌법재판소에서 위헌 결정을 받고 이를 토대로 국회법을 다시 개정하겠다는 것이다.[123] 더 두고 볼 일이다.

1987년 헌법재판소가 부활된 이래 지난 25년간 많은 헌법소원이 제기되어 심판이 행해졌지만 진정한 의미의 헌법소원은 별로 많지 않다. 헌재 25년 역사 가운데 가장 중요한 결정은 '친일재산 몰수 규정 합헌'

---

(123) 한국일보, 2013. 11. 15, 5면

이라는 설문조사 결과가 나왔다. '긴급조치 위헌'과 '국회의 노무현 대통령 탄핵 기각'이 뒤를 이었다. '국회 법률안 날치기 통과 위헌', '본인 확인 인터넷 실명제 위헌', '공무원시험 나이제한 헌법불합치', '정부의 위안부 피해 외교적 방치 위헌', '호주제 헌법불합치', '표현의 자유를 제한한 통신금지조항 위헌', '5·18 주모자 처벌 법률 합헌'등이 그 다음 중요한 결정으로 꼽혔다.[124]

내가 보기에는 '표현의 자유를 제한한 통신금지조항 위헌'이 헌법소원다운 헌법소원 같다. 탄핵심판은 헌법소원과는 본질이 다른 것이고, 헌재에서 판단한 헌법소원 중에서 '표현의 자유'만이 헌법에서 규정하는 국민의 기본권이기 때문이다.

헌법에서 규정하는 인간의 기본권을 명확히 이해한다면 우리의 헌법소원은 결코 남용되지 않을 것이다. 나아가 헌법소원은 심판청구가 현저하게 줄어들 것이다. 빨간색의 장엄한 법복을 입은 헌법재판관들도 전보다 훨씬 한가해질 것이다. 헌재는 개점휴업 상태가 될지도 모른다. 거기다 3억 2천만 원의 특정업무경비를 유용한 혐의를 받는 이동흡 헌재 소장 후보자 같은 재판관이 또 나온다면 헌재는 돈 먹는 하마쯤으로 보일 것이다. 그때가 되면 헌재의 미래도 보일 것이다.

---

(124) 한국일보, 2013. 9. 2, 13면

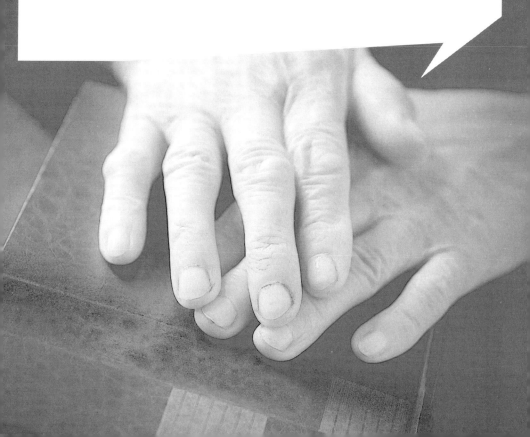

제5장

전관예우
– 대법관들이 망쳐 놓은 나라

법조계의 중병, 전관예우
대형로펌들의 원죄
대법관들이 망쳐 놓은 나라
모두가 불행한 법조계

법조계의 중병, 전관예우

법원과 검찰청이 항상 붙어있는 청사 주변에는 변호사 사무소가 밀집해 있다. 법원이나 검찰청에서 일하던 판사와 검사들이 다른 곳으로 가지 못하고 대개 그 주변에 둥지를 튼다. 전관예우 때문이다. 이제 만성이 되어 무감각할 정도로 들려오는 소리가 전관예우다. 우리나라에만 있는 독특한 병으로 치유할 약도 없다. 이 병은 판검사를 지냈던 전관(前官)에게 바이러스가 생성되어 그 바이러스가 현직의 판검사 현관(現官)에게 옮겨지고 전관과 현관 사이에서 대물림을 계속해가는 아주 유전성이 높은 질병이다. 이것이 일반 질병과 다른 점이 하나 있는데, 이 병에 걸리면 병 걸린 놈은 죽지 않고 오히려 더 부를 축적하며 엉뚱한 놈에게 질병효과가 나타나서 「애절양」의 통곡소리를 내게 하는 아주 고약한 병이다.

참여연대가 2000년에서 2004년 8월 사이에 퇴직한 판검사 573명을 대상으로 조사한 결과를 보면, 퇴직 판사의 90%, 퇴직 검사의 75%가

최종 근무지에서 변호사 사무실을 연 것으로 나타났다. 이는 판검사들이 과거의 상관이나 전임자를 배려해 직간접적인 '특혜'를 베푸는 전관예우의 결과였다.

2005년 7월 4일, 헌법재판관 후보자 조대현의 인사청문회에서 몇몇 의원은 2004년 2월 서울고등법원 부장판사를 끝으로 퇴직한 조대현이 변호사 생활 11개월여 만에 10억 원을 번 것과 관련해 그가 여당 유력 정치인 사건과 재벌 총수와 전·현직 고위 관료들의 변론을 자주 맡은 점을 지적하면서 전관예우 의혹을 제기했다.

2005년 10월 6일, 대법원에 대한 국정감사에서 전관예우 관행이 집중 거론됐다. 2005년 상반기 서울지역 동서남북 4개 지방법원의 구속 사건을 개업한지 3년이 안 된 판검사 출신 변호사들이 싹쓸이한 것으로 드러났는데, 서울 북부지방법원의 경우 상위 랭킹 열 명 중 일곱 명이 전관으로 집계되는 등 전관예우 관행이 갈수록 심각해지는 것으로 드러났다.[125]

2005년 9월 8일 국회에서 열린 이용훈 대법원장 후보자에 대한 인사청문회에서 이용훈은 '100%라고는 할 수 없지만 99%는 전관예우가 없다고 생각한다'며 '요즘은 전관예우가 아니라 전관박대'라고 주장했다. 이에 민주노동당 의원 노회찬 의원은 다음 날 배포한 질의자료에서 서울중앙지방법원의 구속사건 수임 건수에서 상위권 대부분을 서울중앙지방법원 출신 변호사가 싹쓸이하는 등 전관예우가 여전하며, 법원 내 사조직인 '법구회' 소속 변호사가 수임 건수 수위를 차지한 것으로 나타났다고 밝혔다. 〈서울신문〉은 '대법관 퇴임 후 5년 동안 대법원

(125) 강준만, 『갑과 을의 나라』, 인물과사상사(2013), 61~63쪽

사건을 주로 수임하면서 60억 원의 수임료 수입을 올리고도 전관예우가 아닌 전관박대를 받았다고 주장한 이 후보자의 인식은 문제가 있다고 본다. 60억 원의 수입이 박대라면 얼마를 벌어야 예우라고 본다는 말인가' 라고 개탄했다. 한 변호사는 '부장판사 하다 나오면 월 5억 원까지도 벌 수 있다고 들었다' 며 '사건을 맡은 재판장이 자기가 가르치던 판사라면 손해배상 소송이든, 구속 사건이든 좀 더 유리한 판결이 나오지 않겠느냐' 고 말했다.[126]

1993년 대구지법 판사로 근무하던 중 사법부 개혁을 요구하는 글을 썼다가 법관 재임용에서 탈락한 경북대 신평 교수는 사법 부정 혹은 사법 부패가 결코 일과성 현상이 아니라고 한다. 사법 부정은 한국의 사법부나 법조(검찰과 변호사 포함)에 내재된 구조적 결함에서 비롯된다고 한다. 의식하든 그렇지 않든, 또 바깥으로 터져 나오든 그렇지 않든 그 안에서는 이런 일이 끊이지 않는다고 한다.[127]

전관예우는 변종 바이러스와 같이 시대와 환경에 따라 진화하거나 돌연변이가 되기도 한다. 박근혜 정부를 이끌 부처 장관들이 '신(新)전관예우' 에 휘말려 있다. '신전관예우' 란 공직에서 물러난 고위 공직자가 유관 기관에 몸담아 엄청난 연봉으로 부를 쌓은 뒤 다시 공직으로 돌아오는 전관예우의 변종이다. 변종은 원종보다 더 강력한 항생제를 필요로 하지만 원종을 치료할 항생제도 개발되지 않은 상태다. 국민들은 '해도 너무 한다' 고 비판한다.

대표적인 인물이 김병관 국방장관 후보자다. 그는 군 전역 후 무기중

---

(126) 강준만, 앞의 책, 62쪽

(127) 신평, 「'로비 안 통하는 법정' 꿈꾸는 전직 판사의 참회록」, 신동아 2006. 9. 1, 통권 564호

개업체 고문으로 1년 10개월간 있으면서 2억 1,500만 원을 받았다. 현오석 기획재정부장관 후보자도 공직에서 물러나 우리금융 사외이사로 3년간 활동하며 2억 원의 연봉을 챙겼다. 황교안 법무장관 후보자 역시 검사 퇴임 후 로펌에서 17개월간 근무하며 16억 원의 보수를 받았고, 정홍원 총리도 2년간 로펌에 근무하며 6억 7,000만 원을 받았다.(128)

전관예우는 우리나라의 망국병인 청탁문화에서 비롯된다. 청탁문화는 우리나라 도처에 만연되어 있다. 2011년 8월 국민권익위원회 조사에 따르면 일반 국민의 84.9%가 공직사회의 알선·청탁이 심각하다고 인식하고 있다.(129) 청탁이 있는 곳에는 승패가 뒤바뀌어 피해자가 가해자로 둔갑하고 감옥에 가야할 사람이 유유히 돌아다니며 손해배상을 받아야 할 사람이 거꾸로 배상을 해주어야 한다.

검사시절 김두식 교수가 목격하였던 청탁 현장의 얘기다.

> 어느 선배 검사의 방에 놀러갔다가 목격한 일입니다. 편안한 분위기에서 몇 명의 검사들이 함께 이야기를 나누던 중, 전화벨이 울렸습니다. 상석에 있던 고참 선배가 여유 있게 전화를 받더니 곧 굳은 표정으로 '예, 검사장님. 예. 예.' 하며 응답하기 시작했습니다. 하지만 전화가 계속되는 동안 그의 표정에서는 서서히 여유가 흐렸고, 마지막으로는 '걱정하지 마십시오.'라는 말로 통화를 끝냈습니다. 옆에 있던 신참 검사들은 모두 속으로 '어느 검사장이 직접 전화를 건 모양이구나. 역시 선배 검사는 다르다'고 생각했습니다. 누구냐고 묻지 못하고 주저주저 하던 후배들에게 선배 검사는 'ㅇㅇㅇ 변호사야. 내 방에 사건이 있다네.' 하며 자청하여 통화 상대방을 밝혔습니다. 검사장 출신의 변호사가 사건을 부탁하기 위해서 건 전화였습

(128) 한국일보 2013. 2. 27, 28면
(129) 한국일보 2013. 2. 27, 28면

니다. 아마도 그 선배 검사가 예전에 모셨던 분인 모양이었습니다.(130)

2012년 초 현직 부장판사가 경찰에 소환되는 전례 없는 일이 생겼다. 이른바 기소청탁 의혹 사건이다. 나경원 전 새누리당 의원의 남편인 김재호 부장판사가 2006년 서울서부지법 판사로 있을 당시 서울서부지검에 재직하던 박은정 검사에게 나 전 의원을 비방한 네티즌을 기소해 달라고 청탁했고, 박 검사는 이 청탁을 후임 검사에게도 인계했다는 것이 의혹의 골자다. 나 전 의원은 기자회견까지 열고 남편 김 판사의 기소청탁은 없었다고 해명했지만, 박 검사가 경찰에 제출한 진술서 내용을 보면 이 말은 믿을 수 없게 됐다. 박 검사는 진술서에서 김재호 판사님으로부터 전화를 받았고, 전화 내용은 '나경원 의원이 고소한 사건이 있는데, 노사모 회원인 것 같다. 말도 안 되는 허위사실로 인터넷에 글을 올려서 도저히 참을 수가 없다. 사건을 빨리 기소해 달라. 기소만 해주면 내가 여기서……' 라는 내용이었다고 한 것으로 알려졌다. 김 판사와 박 검사는 선후배다. 사법시험이라는 같은 관문을 통과해 사법연수원에서 법조인의 길을 같이 배운 이들이다. 선배 김 판사는 후배 박 검사에게 사건을 빨리 기소해 달라며 그 다음은 자신이 알아서 하겠다고 했고, 출산휴가를 앞두고 있던 박 검사는 김 판사의 이런 청탁 내용을 후임 검사에게 전달했고, 그 전달 사실까지 다시 김 판사에게 전화로 알렸다는 것이 드러난 의혹의 윤곽이다.(131)
김두식 교수는 법조계의 청탁풍토와 법조인들의 의식세계를 '불멸의

---

(130) 김두식,『헌법의 풍경』, 교양인(2013), 179쪽
(131) 한국일보 2012. 3. 10, 35면

신성가족'이라 표현했고, 법원·검찰도 우리사회가 작동하는 방식대로 움직이고 있을 뿐 우리 사회 전체가 '만인의 만인에 대한 청탁사회'라 하였다.

청탁받은 자는 정 때문에 마음 약해서 우리 사회의 구조적 인간관계 때문에 이성적으로 생각할 수 있는 수준을 넘어 결국 호의를 베풀게 된다. 그리고 그것은 그들이 할 수 있는 권한이고 출세한 대가이며 강자의 논리로 변신한 정의라고 생각한다. 자신의 행동이 국가와 사회에 어떤 영향을 미칠 수 있는가에 대한 생각이나 당장 선의의 피해자가 겪어야 하는 고통은 아랑곳하시 않는다.

이런 도착된 현실에서 많은 사법피해자가 생겨난다. 전관예우를 고질병이라 비난하는 것은 그들이 돈을 많이 벌어서가 아니다. 전관예우는 법 앞에 평등하다는 인간의 평등권을 돈과 권력으로 유린하고 정의로운 사회를 부패하고 타락한 사회로 만들어 억울한 자를 양산하고 있기 때문이다.

우리나라에만 번져있는 이 중병의 원인을 살펴보자. 법관 경력의 문홍수가 변호사가 보는 원인이다.

국민들이 믿지 않더라도 법관들 자신만 깨끗하면 문제가 되지 않는다는 일부 법관들의 사고는 문제(전관예우) 해결에 아무런 도움이 되지 않는다. 사법부에 대한 신뢰는 법관들 자신을 위하여 필요한 것이 아니라, 국민들의 준법정신 고취 및 법치주의 확립을 위하여 필수적인 것이기 때문이다. 특히 우리나라 사법부처럼 전관변호사가 매해 양산되는 나라는 없다. 저자가 법조계에 들어온 이래 의아하게 느낀 점은 왜 정년까지 근무하는 법관들이 0.1%밖에 되지 않느냐는 것이다. 해방 이후 현재까지 법관들의 평균 재직기간과 평균퇴직연령을 계산해보면, 우리 법원은 전관(前官)변호사 양성소처럼 되어 있다.(132)

김두식 교수도 판검사가 평생 판검사로 일할 수 있다면 전관예우가 생기지 않을 것이라 한다. 질병의 바이러스를 전관이 현관한테 옮기기 때문에 중간 숙주에 해당하는 전관을 아예 만들지 말고 그래서 전관을 모두 없애버리면 바이러스가 옮겨가지 않기 때문에 질병이 없어진다는 아주 근본적인 처방을 제시한다.

판검사들이 용돈을 받거나 청탁을 받으며 전관 변호사의 영향을 받아온 우리 법조의 잘못된 현실은 결국 한 가지 원인으로 귀착됩니다. 정종은 검사가 말했듯이, 모든 판검사가 결국은 변호사를 하게 되어 있는 우리 법조계의 구조 말입니다.

고등법원 부장판사가 되지 못한 지방법원 판사들은 모두 옷을 벗고 나가고, 그 이전에도 어차피 승진이 어렵다고 판단한 판사들은 알아서 변호사 개업을 준비합니다. 검사들도 검사장이 못되면 옷을 벗고, 10년차가 되면 변호사 개업을 가늠하기 시작합니다. 고위직으로 진출하는 소수 판검사들을 제외하고는 대부분 15~20년 사이에 변호사 개업을 합니다.

그리고 연줄 있는 판검사들에게 전화를 거는 '전관'들이 됩니다. 후배 판검사들에게 용돈도 주고, 청탁도 하며, 골프도 치고, 술집도 함께 갑니다. 어떤 판검사들은 이런 선배 변호사들에게 90도로 인사를 하고, 이런 변호사들 사이에 형성된 판검사에 대한 평판이 인사에 영향을 주기도 합니다.[133]

양승태 대법원장은 2013년 3월 13일 한국신문방송편집인협회 주최로 열린 초청 토론회에 참석해 박근혜 정부 고위공직자 인사검증 과정

(132) 문홍수, 『그들만의 천국』, 유로출판(2010), 148~149쪽
(133) 김두식, 『불멸의 신성가족』, 창비(2009) 170~171쪽

에서 불거진 전관예우 논란으로 법원에 대한 신뢰가 무너지고 특히, 대형로펌이 전관예우의 피난처로 전락하고 있다는 지적에 대한 답변으로 '전관예우는 법원 전체를 끊임없이 괴롭히는 원죄, 족쇄와 같은 문제로 전관 자체가 생기지 않도록 하는 게 근본적인 치유 방법이라며 평생법관제 풍토를 만들어야 한다'고 하였다.[134] 하지만 평생법관제나 평생검사제는 이상에 불과하다. 그것은 현실적으로 불가능하다. 앞으로 로스쿨제도가 확립되어 십 수 년간의 변호사 경력을 거치게 한 후 그중에서 법관을 임용시켜 종신 법관으로 하는 제도가 도입되지 않는 한 불가능하다. 물론 이 제도가 향후 도입된다 하더라도 전관예우와 같은 사법비리는 절대 없어지지 않을 것이다. 그때는 후관예우가 나타날 것이다. 로스쿨 동기, 변호사시험 동기를 중심으로 한 변호사 전관이 현직으로 간 후관에게 역시 바이러스를 옮길 수 있기 때문이다.

법관은 법과 양심에 따라 판결한다 하니까 양심에 호소해 볼 수도 있다. 하지만 전관예우 앞에 무너진 양심은 언제 돌아올지 기약할 수 없다.

엄중한 법을 만들어 제재해야 한다고도 주장한다. 채원호 가톨릭대 행정학과 교수는 퇴직 공직자의 취업을 아예 일정기간 제한하는 '부정청탁 및 이해충돌 방지법' 일명 '김영란법'을 조속히 만들어 시행해야 한다고 지적한다. 윤태범 한국방송통신대 행정학과 교수는 '중·하위 공직자에 초점을 맞춘 공직자윤리법을 손질해 영향력이 막강한 장·차관에 더욱 엄격한 잣대를 적용하는 게 시급하다'고 강조한다.[135] 하지만 법을 만드는 사람들도 유사한 바이러스에 감염돼 있기 때문에 그것

---

(134) 김두식,『불멸의 신성가족』, 창비(2009) 170~171쪽
(135) 한국일보 2013. 3. 14, 2면

이 쉽지 않다.

마지막으로 고려할 수 있는 좋은 방법으로 그들을 감시하는 방법이 있을 수 있다. 전관예우에 따라 피해자가 가해자로 둔갑하고 승패가 뒤바뀌는 판결을 감시하고 그러한 판결을 내린 판사를 감시할 수 있다면 전관예우는 사라지지 않을까? 이러한 감시기능은 법원 내에 둘 수도 있고 법원 밖에서 할 수도 있다. 그런데 법원 내의 감시기능은 기대할 것이 없다. 그러한 기능이 작동했다면 그런 고질병이 이제까지 그렇게 만연하지는 않았을 것이기 때문이다. 그렇다면 법원 밖에서 그들을 감시하는 방법밖에 없다. 전관예우를 확실하게 뿌리 뽑을 수 있다고 하는 그 방법은 7장에서 설명한다.

대형로펌들의 원죄

각급법원의 부장판사, 법원장, 대법관들의 상당수가 퇴임하고 나서 대형로펌으로 몰린다. 거기서 전관이 되어 예우를 받기 시작하면서 온갖 비리가 시작된다. 법이나 정의는 더 이상 안중에 없고 오로지 승소하여 거액의 성공사례금을 챙겨야 하기 때문이다. 비싼 몸값만큼이나 사건을 물어다 주고 또 사건을 해결해야 한다.

전관 출신 로펌 변호사의 급여 계약은 대개 철저히 비밀에 부쳐지지만, 지방법원 부장판사나 차장검사급은 월 5천만 원에서 1억 원, 고등법원 부장판사나 지검장급은 월 1억 원 이상을 받는다는 것이 업계 관계자들의 증언이다. 사건을 유치하면 지급되는 인센티브를 포함할 경우 실수령액은 더 늘어난다. 기타경비를 제외한 고법 부장판사의 현직 월급 680여만 원의 14배가 넘는 액수다. 조세 사건이나 특허사건, 기업 형사사건 등 소위 '돈이 되는' 분야에 특화된 전관들은 이 같은 평균을 훨씬 상회하는 보수를 제시받는다. 2013년 2월 법원 인사로 퇴임해 대형로펌으로 옮겨간 고법 부장판사들은 경우에 따라 월 2억 5천만 원, 지법 부장판사는 월 7천만~8천만 원을 받는 것으로 알려졌다.[136]

법무연수원장 출신 정홍원 국무총리가 2006~2008년 법무법인 로고스에서 2년 동안 6억 7천만 원을 받은 것은 '많은 것도 아니다'라는 말이 나온다. 부산고검장 출신의 황교안 법무부장관이 퇴직 후 1년 5개월 동안 법무법인 태평양 고문변호사로 한 달 평균 9천여만 원을 받은 것이 더 '현실적'이라는 반응이다. 전관들이 이 같은 대우를 받는 것은 수사, 재판 단계에서 그들이 가진 인맥과 영향력이 실제로 힘을 발휘하기 때문이다. 한 로펌 변호사는 '검찰이나 법원에 아는 사람이 있고 없고의 차이는 생각보다 크다'며 '전관들이 힘을 써주느냐 아니냐가 수사와 재판의 성패를 가르는 경우가 많다'고 말했다. 대형로펌일수록 이들의 영향력은 더 크다. 검사장 출신의 한 로펌 변호사는 '로펌 소속 변호사가 장관 등 고위공직자로 다시 간다면 로펌으로서도 좋은 일'이라며 '로펌들이 리턴 가능성이 있는 인사에게 주목할 수밖에 없는 이유'라고 말했다. 법조계 출신 전관이 로펌으로 가고, 다시 고위공직자로 기용되는 악순환의 고리를 끊기가 쉽지 않다는 말이다.[137]

법원의 판사나 검찰의 검사 다음으로 '경제 검찰'로 불리는 공정거래위원회의 고위직들도 대형로펌의 포획대상이다. 공정위의 민간기업 제재와 관련된 법률자문 시장의 액수인 2011년 과징금 1조 164억 원의 90%가 공정위 퇴직 관료를 대거 영입한 6개 대형로펌에 장악된 것으로 확인됐다. 공정위에 근무하며 기업규제의 논리와 틀을 만든 퇴직자들

---

(136) 한국일보 2013. 3. 5, 5면
(137) 한국일보 2013. 2. 21, 5면

이 180도 입장을 바꿔 공직 근무 때 얻은 전문지식과 정보로 공정위의 예봉을 무력화하고 있는 것이다. 한국일보가 공정위의 226개 기업에 대한 '2012년 심판사건 의결서'를 분석한 결과, 과징금이나 벌금 등 금전적 제재 여부가 다뤄진 사건 가운데 김앤장, 바른, 세종 등 6대 로펌이 변호인으로 나선 비율이 금액기준 87.6%(총 4,348억 원 중 3,907억 원)에 달했다.

2012년 6대 로펌에는 변호사 면허가 없는 공정위 퇴직자 20여 명이 고문이나 전문위원 직함을 갖고 활동 중인 것으로 파악됐다. 법인별로는 김앤장 6명, 태평양 3명, 광장 3명, 율촌 2명 등의 순이었다. 투기자본감시센터 등 시민단체는 '지난해부터 공정위 4급 이상 공무원의 퇴직 후 로펌 직행이 금지됐으나, 이미 전직한 고위 공직자는 이전 근무처에 대한 정보 수집이나 로비가 주요 업무'라며 '미국처럼 로비스트를 인정하되 그 활동을 투명하게 공개하도록 하는 법적 장치가 마련돼야 한다'고 강조했다.[138]

경제·금융관료에게도 로펌은 '제1의 안식처'다. 고문 등 직함을 달고 각종 송사나 민원에 '친정'과의 연결고리 역할을 하며 최소 수억 원대 연봉을 챙기는 것으로 알려져 있다. 지난해 국정감사에서는 김앤장 등 6대 로펌에서 활동 중인 공정위 퇴직자만 41명에 이른다는 사실이 밝혀지기도 했다.[139]

대형로펌이 판검사뿐만 아니라 고위 공무원을 싹쓸이 해가는 이유를 박에스더 기자는 이렇게 설명한다.

---

(138) 한국일보 2013. 2. 21, 5면
(139) 한국일보 2013. 2. 21, 5면

우리 사회에는 수많은 공식적, 비공식적 조직이 있다. 변호사들은 변호사 조직, 의사들은 의사 조직, 회계사들은 회계사 조직, 공무원들은 공무원 조직, 경기고 출신들은 경기고 조직, 음대교수들은 음대교수 조직, 미술인들은 미술인 조직……. 조직, 조직, 조직. 공식적인 조직은 물론이고 그 내부에는 비공식 라인들이 또 다른 조직을 형성한다. 그런 조직은 공식적으로뿐 아니라 비공식적으로 카르텔(기업연합, 혹은 담합)을 형성해 강력한 영향력을 행사한다. 평판과 소문이 그 조직을 통해 유통되고, 자리나 취직 등도 그 영향력 하에 있으니, 생존을 위해서는 조직에 들어가야 하고 '싸가지 없는' 배신자로 찍히지 않기 위해서는 알아서 기어야 한다. 그런 조직들에 속해 있는 한 그 조직의 윗분들, 즉 선배들의 비공식적 명령을(부탁의 형태로 이뤄지지만 사실은 '압력'이다) 조직의 하위자나 후배들은 거절하기 어렵다. 김앤장이 고위 공무원들을 쓸어가는 이유가 여기에 있다.[140]

고위직 행정 공무원은 대형로펌에 들어가 고문으로 일한다. 말이 좋아 고문이지 법조 브로커다. 사법 현실을 재조명하여 우리사회의 전체 모습을 분석하고자 연구하였던 김두식 교수는 『불멸의 신성가족 - 대한민국 사법패밀리가 사는 법』에서 브로커의 실상을 아래와 같이 파헤친다.

브로커와 관련하여 꼭 짚고 넘어가야 할 것이 있습니다. 바로 대형로펌에서 일하는 고문들의 문제입니다. 예컨대 '김앤장'에는 수많은 고위 관료들이 퇴직 후에 자리를 잡습니다. 이들에게는 퇴직전 정부에서의 직위에 따라서 고문, 전문위원, 실장 등의 직책이 주어집니다. 김앤장에 소속된 고문들이 몇인지, 무슨일을 하는지는 정확히 밝혀져 있지 않습니다. 김앤장에 있다가 다시 공직에 진출하기도 하며, 그랬다가 다시 고문으로 돌아오

---

(140) 박에스더, 『나는 다른 대한민국에서 살고 싶다』, (주)쌤앤파커스(2012), 57~58쪽

기도 합니다. 이헌재 전 재정경제부장관을 비롯한 경제부처 관료들, 서영택 국세청장을 비롯한 국세청 관료들 외에도 공정거래위원회, 산업자원부, 노동부, 청와대 등 거의 모든 힘 있는 부처의 전직 공무원들이 김앤장을 위해 일하고 있습니다. 『법률사무소 김앤장』을 쓴 임종인 전 의원, 장화식 투기자본감시쎈터 정책위원장은 변호사가 아닌 이들 고문들은 사무직원인데, 어디에도 사무직원으로 등록되어 있지 않다고 지적합니다.(중략)

중형로펌의 대표변호사로 법조경력이 20년이 넘은 김상구 씨는 '사건 물어오고, 정보 물어오고' 하는 것은 똑같은데, 왜 '다방에 앉아서 연결해주는 브로커'는 처벌하고, 대형로펌의 고문들은 그냥 놓아두는지 모르겠다고 말합니다.[141]

고액 연봉을 곧바로 전관예우와 연관 짓는 사회 분위기에 대해 억울하다는 목소리도 나온다. 전관들이 인맥을 동원해서 재판 결과를 바꾸려 하는 것은 당연히 부당하지만, 로펌이 공직에서 일했던 경험과 전문성을 높게 평가하여 그만한 경제적 가치를 갖는다는 것이다. 한 판사는 '전관예우는 원래 인맥을 동원해 부당한 영향력을 행사하는 것을 의미했는데, 최근에는 전관들이 월급을 많이 받는 것까지 싸잡아 전관예우라고 부른다'며 '급여만 놓고 보면 스톡옵션까지 챙겨 받는 대기업 임원들이 더 많이 받지 않느냐'고 항변하기도 한다.[142] 여기에도 논리의 허구가 있다.

전관 변호사들이 고액 연봉을 받는 것과 부당한 영향력 행사와는 별개라는 것이다. 그러나 우리나라에서는 고액 연봉과 부당한 영향력 행사는 절대적으로 밀접한 관계가 있다. 일반 연수원 출신 신임 변호사가

---

(141) 김두식, 『불멸의 신성가족』, 창비(2009), 209~212쪽
(142) 한국일보 2013. 3. 5, 5면

수임하였다면 분명히 패소했을 사건을 어떤 전관 변호사가 경험과 전문성을 바탕으로 법리를 개발해서 승소하였다면 그가 개발한 이론은 신문에 날 일이다. 그리고 개최되는 세미나마다 그런 훌륭한 법리가 소개되어야 하고 그 변호사의 명성은 회자되어야 한다. 그의 훌륭한 법리는 법률교과서에도 올라가야 한다. 그것이 변호사로서의 업적이고 명예다.

그런데 미안하지만 우리나라는 전관 변호사가 경험과 전문성을 바탕으로 개발한 훌륭한 법리가 보도된 적이 없다. 외국에서의 법률세미나가 주로 변호사들이 개발하여 승소하였던 사례를 중심으로 새로운 법리를 소개하는데 반하여, 우리나라는 그런 법률세미나가 전무하다. 우리나라 법률세미나 주제는 항상 법개정에 관한 것이다. 정부가 바뀌고 장관이 바뀌어 업적으로 남겨놓기 위한 법 개정이 시작되고, 법조계는 그것을 소개하는 정도에 지나지 않는 법률세미나를 개최한다. 법률이 발전할 수 없고 판례가 진보할 수 없는 형국이다. 따라서 경험과 전문성 때문에 고액 연봉을 받을 만한 경제적 가치가 있다는 것은 허구임에 틀림없다. 그런 주장이 성립하기 위해서는 변호사가 연구 개발하여 승소한 그런 법리가 먼저 나와야 한다. 그래야 그 변호사가 존경을 받게 되고 그에 상응하는 고액 연봉을 떳떳하게 받을 수 있는 것이다.

전관 변호사가 경험과 전문성을 바탕으로 새로운 법리를 개발하여 피해자를 구제하고 억울한 자의 한을 풀어줄 수 있다면 몇억 아니라 몇백억 연봉을 받는다 하더라도 그것은 비난의 대상의 아니다. 오히려 존경하고 부러워할 일이다. 그런 변호사가 많이 나와 억울한 자가 더 이상 나오지 않게 하고 정의사회를 구현할 수 있다면 그 이상의 대우도 받아야 한다. 그러나 우리의 전관 변호사는 그렇지 못하다. 법도 상식도 정의도 없이 부당한 영향력을 행사하여 수많은 사법피해자를 양산하고 있다. 전관 변호사를 대기업 임원에 비유하고 있는데, 대기업 임원은 기업을 위하여 열심히 일할뿐 억울한 자를 만들지 않는다. 전관 변호사보다 더 많은 연봉을 받는데도 전관 변호사처럼 비난받지 않는 이유가 여기에 있다.

대형로펌은 대한민국을 위협할 정도로 심각하다. 판검사는 물론 행정부의 장·차관, 경제관료, 공정위, 국세청 등의 고위직들이 퇴직 후 대형로펌으로 가고 있다. 블랙홀로 빨려들어가듯 가고 있다. 그들은 인맥을 통하여 우리나라 사법부나 행정부를 주무르고 있다. 대한민국의 대형로펌은 견제가 안 된다. 견제할 세력이 없다. 정의사회구현에 일조하기 위한 스스로의 변신을 기대할 수도 없다. 사법부와 행정부가 정신차리지 않으면 대한민국은 대형로펌에 잡아먹히게 될 것이다.

대법관들이 망쳐 놓은 나라

우리나라 대법관은 대법원장을 포함하여 13인이다. 미국보다 4명이나 더 많다. 임기는 모두 6년으로 대법원장은 중임할 수 없지만 대법관은 연임할 수 있다. 그러나 연임하는 대법관은 없다. 대법관 정년이 65세이기 때문에 연임하는 대법관이 없다고 하는데 믿을 것이 못된다. 40대 후반이나 50대 초반에 임명된 대법관도 있기 때문이다.

문흥수 변호사는 대법관들이 임기 6년 후 아무도 연임되지 않고 거대로펌으로 취업하는 현재의 상황은, 엘리트법관들이 너도나도 서로 돌아가면서 끌어주고 밀어주기 식으로 대법관을 하고 그만둔 후 돈방석에 앉는 참으로 천민자본주의적 행태라고 꼬집었다.[143]

임명날짜도 각자 다르지만 6년마다 13명의 대법관이 탄생한다고 보면 된다. 1년에 2명 정도가 탄생하니 그야말로 선택받은 훌륭한 분들이

---

(143) 예스로(http://www.yeslaw.com/lims/front/layout.html), 사법연대, 2010. 4. 19

다. 법대에 입학하기 어렵고 사법시험에 합격하기 어렵고 판사임용 되기가 어렵고 3천여 명의 판사 중에서 13명이라, 마치 인간으로 태어나기가 어렵고[人生難得] 인간으로 태어나 불법(佛法)을 만나기가 어렵고[佛法難得] 불법을 만나 올바른 스승 만나기가 어렵고[丈夫難得] 올바른 스승을 만나 득도하기가 어렵다는[正法難得] 불교의 4난득(四難得) 보다도 더 어렵다 하겠다. 이런 분들에게 어떤 일이 일어나고 있는지 살펴보자.

• 대법원이 2005년 9월 이용훈 대법원장의 인사청문회 때 제출한 자료에 따르면 이 대법원장은 대법관을 마치고 변호사로 활동한 2000년 9월부터 2005년 8월까지 수임료로 60억 원 이상을 벌었다. 이는 이른바 '특급 변호사'를 가르는 기준인 '연간 10억 원'을 가뿐히 넘긴 것이다. 더욱이 전관예우의 약발이 개업 1년이 지나면 급격하게 떨어지는 점을 감안하면, 이 대법원장의 수임료 실적은 가히 초특급이라 부를 만했다. 수임 건수도 많았다. 변협이 2006년 국회 국정감사 때 노회찬 당시 민주노동당 의원에게 제출한 자료에 따르면 이 대법원장은 5년간 400여 건으로 연간 80여 건을 수임했는데, 이는 서울지역 전체 변호사 평균의 2배에 달하는 수준이었다.[144]

• 대법원이 최종 판단하는 상고심 사건의 경우, 현직 대법관들의 관심을 받으려면 대법관 출신 변호사를 선임해야 한다는 것이 법조계에서는 기정사실로 받아들여졌습니다. 대법관 출신 변호사들은 직접 변론을 담당하지 않고 그저 이름만 빌려주고도 수천만 원의 수임료를 받는다는 소문도 들립니다. 이용훈 대법원장을 비판하고 나섰던 정영진 당시 서울중앙지방법원 부장판사는 '실제로는 소송업무를 하지 않았으면서 대법관 출신이라는

(144) 이춘재, 김남일, 『기울어진 저울』, 한겨레출판(주)(2013), 162~163쪽

명의만 내걸고 번 돈이라면 문제'라고 지적했습니다.[(145)]

　• 진보적인 판사로 일찍부터 이름을 날렸고, 그 결과 대법원에 진입했다는 평가를 받는 박시환 대법관도 변호사 생활 22개월 동안 19억여 원을 벌어들였습니다.[(146)]

　• 2006년 10월 16일 열린 서울 고등법원·지방법원 국정감사에서 국회 법사위 의원들이 공개한 자료를 보면 대법관 출신 변호사들의 대법원 사건 수임률은 60%를 웃돌고, 대형로펌에 스카우트된 대법관 출신 변호사의 연봉이 최고 27억여 원에 이르는 것으로 확인됐다. 또 부장판사급 이상 전관 변호사의 구속적부심 석방률이 수도권 법원 평균 석방률보다 10% 포인트 이상 높았다.[(147)]

　• 대법원장이나 대법관, 검찰총장이나 검사장들이 그 직을 마친 다음에 대형로펌에 팔려 가는 나라는 우리나라 밖에 없을 것입니다. 사법시스템에 있어서 이를테면 민간부분이라고 할 수 있는 변호사업계에는 공공부분인 현직 판, 검사들의 기라성 같은 거물선배들이 포진하고 있습니다.[(148)]

　• 사법개혁의 핵심을 '전관예우 퇴출', 이를 위해서는 무엇보다 '법관인사제도의 개혁'을 꼽은 문(문홍수) 변호사는 '법관인사가 법원의 고유 문제라면서 아전인수식으로 주장하며 사법시스템 개혁을 반대하고 오히려 고착화시키고 악화시켜온 대법원, 특히 민주화 이후의 역대 대법원장들은 입이 열 개라고 해도 변명의 여지가 없고 책임을 통감해야 한다'고 통렬히 비판했다. 그는 이어 '이러한 심각한 현실을 아는지 모르는지 대법원은

(145) 김두식, 『불멸의 신성가족』, 창비(2009), 139쪽
(146) 김두식, 위의 책, 140쪽
(147) 강준만, 『갑과 을의 나라』, 인물과사상사(2013), 64쪽
(148) 문홍수, 『그들만의 천국』, 유로출판(2010), 281쪽

1987년 민주화 이후 20년이 넘었음에도 불구하고 이를 개선하기 보다는 개악을 일삼아 왔다'며 '이것은 전적으로 법관인사권을 장악하고 있는 역대 대법원장들의 무책임하며 무감각한 인사운용으로 인한 것'이라며 윤관 전 대법원장, 최종영 전 대법원장, 이용훈 현 대법원장을 지목했다.(149)

• 대법관 재임시절 맡았던 사건의 변론을 수임해 논란을 빚은 고현철 변호사에 대해 서울변호사협회가 (2013년 12월) 30일 상급단체인 대한변호사협회에 징계개시를 신청했다. (중략) 문제가 된 소송은 LG전자 왕따 사건 피해자 정국정(50) 씨가 사측을 상대로 낸 해고무효 민사소송이다. 고 변호사는 대법관 시절 정씨가 LG전자의 해고를 정당하다고 판단한 중앙노동위원회를 상대로 낸 행정소송의 상고심을 맡아 원고패소 판결했고, 퇴임 후 법무법인 태평양으로 자리를 옮겨 사실상 내용이 같은 민사소송의 LG 측 변호를 맡아 논란이 됐다.(150)

• 2006년 12월 일본 최고재판소 판사(한국의 대법관에 해당)를 지낸 소노베 이쓰오(園部逸夫) 변호사는 일본의 판사, 검사, 변호사는 한국 법조인에 비해 사회적 지위가 낮지만 사회에서 요구받는 윤리 기준은 훨씬 엄격하다며 '한국 법조인에게서 전관예우라는 관행이 있다는 이야기를 듣고 깜짝 놀랐습니다. 일본에서는 상상조차 할 수 없는 일입니다.'라고 말했다.(151)

2012년 7월 퇴임한 안대희 대법관은 새누리당 대선 기구인 정치쇄신특위 위원장으로 갔다. 그의 청렴·강직성 여부와는 별개로 고도의 정치적 중립성이 요구되는 대법관에서 퇴임한 직후에 특정 정당에 참여해 유력 대선후보와 손을 잡은 것은 바람직하지 않은 처사라는 지적이 나

(149) 예스로, 사법연대, 2010. 4. 19
(150) 한국일보 2013. 12. 31, 10면
(151) 강준만, 위의 책, 66쪽

왔다. 노영희 대한변협 대변인도 통화에서 '대법관은 최고법관으로서 퇴임 후에도 사인(私人)과 달리 중립 의무 및 품위 유지가 필요한데 놀라운 일'이라고 말했다.[152] 안대희 대법관은 2014년 5월 국무총리 후보에 지명되었으나, 전관예우 논란으로 지명 6일 만에 총리후보직을 사임하였다. 대법관을 지낸 김용준 전 헌법재판소장에 이어 박근혜 정부의 두 번째 총리후보직 사퇴였다.

신영철 대법관은 2009년 대법관에 임명되었지만 2008년 서울중앙지방법원장으로 재직 시 촛불집회 관련 사건들을 판사 한사람에게 몰아주기 배당한 것에 일부 형사단독판사들이 반발하는 사건이 일어났다.

15대 양승태 대법원장까지 13명의 대법원장이 거쳐 갔지만 국민들이 이름을 기억하는 대법원장은 가인 김병로 정도에 그친다. 가인 이후 그와 같은 대법원장을 가져보지 못한 것이 우리 사법부의 한계라고 지적하는 이들이 많다.[153]

대법원이 사법부의 보루로서 그 역할을 해왔다면 대한민국의 역사는 달라졌을 것이다. 군부쿠데타에 맞서 정의를 사수하였다면 우리의 민주주의는 더 일찍 찾아왔을 것이다. 긴급조치가 위헌이라고 말할 수 있는 용기와 사명감이 있었다면 무고한 생명을 형장의 이슬로 사라지게 하지는 않았을 것이다. 권력과 재벌 앞에 굴복하지 않았다면 우리는 지금쯤 정의로운 사회에 살고 있을 것이다. 확고한 신념과 철학으로 사법부의 독립을 지키고자 하였다면 사법파동을 겪지 않았을 것이다. 하급심에서의 전관예우를 감시하고 부당한 압력을 행사하지 않았다면 오늘

---

(152) 한국일보 2012. 8. 28, 6면
(153) 이춘재, 김남일, 『기울어진 저울 대법원 개혁과 좌절의 역사』, 한겨레출판(주)(2013), 189쪽

날과 같은 사법피해자를 양산하지는 않았을 것이다.

민중의 힘으로 민주주의를 쟁취한 지금에 와서 긴급조치가 위헌이라고 판단하는 것은 과거사 정리 차원이기 때문에 용인되는 것이지 참으로 부끄러운 일이다. 사법부가 유신시대의 긴급조치를 대하는 것처럼 지금도 인권을 유린하고 정의롭지 못한 판결들이 나오고 있다는 것을 알아야 한다. 수십 년이 지나 그 시절 법령이나 판결들이 잘못되었다고 하지 말고 현재에 충실해야 한다.

대법관만이라도 하루빨리 종신제로 해야 한다. 대다수의 법관을 평생 법관으로 한다는 것은 불가능하지만 13명의 대법관을 종신제로 하는 것은 어려운 일이 아니다. 청문회를 몇주일씩 하는 한이 있더라도 훌륭하고 존경받는 대법관을 모시도록 해야 한다. 그래서 전관예우를 퇴치해야 한다. 대법관에 의한 전관예우가 사라지면 하급심에서의 전관예우도 사라지게 돼있다. 윗물이 맑으면 아랫물이 맑게 되는 것처럼.

모두가 불행한 법조계

2009년 23인의 각계인사 면담을 통해 법조계의 실상을 통하여 우리 사회를 조명하고자 하였던 김두식 교수는 우리 법조계가 적어도 외형적으로는 10년 전과 비교할 수 없을 정도로 깨끗해졌고, 관행적으로 존재하던 비리는 거의 사라졌다고 한다. 생각하기에 따라서는 눈부신 변화를 겪었다고 볼 수도 있다고 하였다. 그런데도 법조계 안팎의 깊은 불신은 사라지지 않고 있다고 한다.

우선 시민들은 법을 잘 지켜야 할 대상으로 인식할 뿐, 현실적으로 도움을 받을 수 있는 제도로 생각하지 못했습니다. 변호사의 도움을 받는 데 돈이 너무 많이 든다고 지레 겁을 먹고 아예 처음부터 법률문제는 '포기가 곧 지혜'라고 생각합니다. 실제로 법률문제에 시달려본 구술자 중에는 판검사들이 변호사를 통해 돈을 받는다고 믿고 변호사에게 거액을 건넨 사람도 있습니다.

법원에만 가면 '어린아이가 엄마한테 무슨 잘못을 저질러서 판결을 내려주기를 기다리는 것처럼' 가슴이 쿵쾅거리고 떨린다는 시민이 있을 정도로, 법원이나 검찰은 여전히 시민들에게 무서운 곳입니다. 인맥으로 칠 법조인이 한 명도 없는 85.8%의 시민들에게는 사법 자체가 미지의 세계인 것도 사실입니다.

약자가 권리 침해를 받고 있을 때는 침묵하던 법이, 견디다 못한 약자가 그걸 세상에 알리고 바로잡기 위해 몸을 일으키는 순간 뒤늦게 개입하여 약자만을 처벌한다는 절망적인 의견도 들었습니다. 그만큼 불신의 뿌리는 깊습니다.[154]

그렇다면 현직에 있는 판검사들은 어떠할까? 그들은 행복할까?

시민들이 이런 고통을 겪는 동안 법조인들이라고 그들만의 세상에서 행복한 삶을 살고 있는 것은 아닙니다. 실비, 휴가비, 전별금 등이 관행이었던 시절에도 판검사들은 그리 행복하지 못했습니다. 사법시험이라는 바늘구멍을 통과하여 신성가족의 일원이 된다 해도 가야 할 길은 멀기만 합니다. 평판이 인생을 좌우하는 좁은 법조계에서 전관 변호사들은 판검사들에게 신성가족의 아버지이자, 스승이자, 평판을 만들어내는 무서운 선배들이기도 합니다. 그런데 승진을 하려면 실력뿐만 아니라 원만하다는 좋은 평판도 얻어야 합니다. 평판이 두렵기 때문에 판검사들은 돈도 청탁도 쉽게 거절할 수 없습니다. 또라이로 찍히지 않으려면 최소한 '알아보겠다'고 립서비스라도 해야 합니다. 판검사들에게 전관 변호사들은 언제 무슨 청탁을 들고 올지 모르는 불편한 대상입니다.[155]

전관변호사들은 어떠할까? 대형로펌으로 갓 옮긴 고위 법조인들은

(154) 김두식, 『불멸의 신성가족』, 창비(2009), 303쪽
(155) 김두식, 위의 책, 303~304쪽

한 달에 수천만에서 수억 원의 보수를 받는다. 이 같은 보수에는 고위법조인 출신이라는 명예와 체면을 버려야 한다는 조건이 전제돼 있다. 법원, 검찰 내 인맥을 적극적으로 활용하기 위해선 이른바 '갑'에서 '을'의 자세로 바뀌는 게 반드시 필요하기 때문이다.

한 대형로펌의 경우 전관이 입사하면 가장 먼저 '현직 때처럼 판단하려 들지 말고 어떻게 하면 좋은 서비스를 제공할지 고민하라'는 취지의 실무교육을 실시한다. 교육이 끝나면 고위직 출신 변호사들은 후배들이 근무하는 법원이나 검찰청으로 향한다. 직접 방에 찾아가 안부를 묻는 방법으로 은연중에 자신을 홍보하기 위해서다. 피의자 구속 여부를 심사하는 영장전담 판사들은 전관들의 대표적인 표적이다.

검찰 고위직도 예외는 아니다. 검사장급 이상 간부 출신 변호사에게는 여간해선 해결하기 어려운 사건이 몰리게 마련이다. 이른바 '인공호흡기 단 사건'이라고 불리는 사건들이다. 전관들이 이런 사건에선 후배 검사들에게 무리한 부탁을 할 수밖에 없다. 무슨 수를 쓰더라도 사건을 해결해야 성공보수를 받을 수 있기 때문이다.(156) 시간이 지나면 전관 변호사들은 극소수를 제외하고 약빨이 떨어진 퇴물로 전락한다.

전관예우의 가장 큰 한계는 전관예우가 언제까지나 계속되는 것은 아니라는 점이다. 법조계의 경우 퇴직 후 약 1년 정도 예우 받는다는 것이 지배적인 의견이지만 갈수록 그 기간이 짧아지고 있다. 예우 받는 기간 동안 고위직 전관출신 변호사는 최소 20억~30억 원은 벌어야 바보소리를 면할 수 있다는 설도 있다. 그 큰돈을 벌기 위해서 자신의 전관 프리미엄을 극대화해야 하는데, 자기 혼자의 힘으로는 한계가 있기 때문에 퇴직한 고위

---

(156) 한국일보 2013. 3. 5, 5면

판·검사들은 대형로펌의 우산 밑으로 들어가거나 단독 개업 후 사건 브로커의 도움을 받는 경우가 대부분이다.(중략) '약발 떨어진 전관'의 뒷모습은 전관예우 기간 동안의 화려함과는 보기에도 민망할 정도로 딴판이다. 대형로펌 중 상당수는 전관 변호사를 영입할 때에는 경쟁적으로 모셔갔지만 효용이 다했다고 판단되는 전관은 매몰차게 내치는데, 내치는 방법도 가지가지이다. 전망 좋고 양지바른 넓은 방을 주었다가 갑자기 창도 없는 비좁은 방으로 옮겨달라고 하거나 기사달린 차량을 제공하다가 어느 날 중단해 버리는 것은 차라리 점잖은 편에 속한다. 월 수천만 원에서 억대까지 입금해주던 월급통장에 갑자기 달랑 만 원만 입금하는 식으로 나가달라는 말을 대신하기도 한다.[157]

시민들은 법조계를 여전히 불신하고, 현직의 판검사도 행복하지 못하고 전관 변호사들 역시 예우를 받아가며 단기간에 수십억을 벌었는지 모르지만 그들의 말로(末路)도 그리 편하지 못하다. 편하지 못한 말로는 그렇다 치고 그 돈이 전관예우를 받아가며 법과 상식을 무시하고 피해자를 가해자로 둔갑시켜 가면서 번 돈이라 생각하면 잠자리도 편하지 못할 것이다.

장진영 변호사는 전관예우로 득을 보는 쪽은 전관 본인들이 아니라 전관들을 속칭 '빨대'로 활용해 돈을 버는 로펌과 그 돈을 내고 유리한 판결을 받는 돈 많은 의뢰인들 정도일 거라 한다. 그리고 전관예우 관행이 전관인 당사자에게 함정이자 독이 되고 있고, 그래서 전관예우는 그 당사자를 위해서라도 없어져야 하는 악습이라 말한다.[158]

수십억이면 한 가정이 평생 동안 호의호식할 수 있다. 그것이 그들의

---

(157) 장진영, 「전관예우의 함정」, 한국일보 2013. 4. 10, 31면
(158) 장진영, 「전관예우의 함정」, 한국일보 2013. 4. 10, 31면

인생목표였다면 우리 법조계의 미래는 없다. 그저 암울할 뿐이다. 전광석화 아니면 단시간에 떨어져 흩어져버리는 폭포수와 같은 전관예우 인생에 목표를 둔다는 것은 개인은 물론 국가에도 도움이 되지 않는다. 굽이굽이 돌고 돌아 수백 리 물길을 유유히 흘러 저 멀리 대양으로 나아가는 물을 보지 않고서는 호의호식에 만족하는 우물 안 개구리 신세를 면치 못할 것이다.

특허사건은 국제특허를 비롯하여 보호받고자 하는 나라에서 특허심사절차를 각 나라마다 진행해야 하기 때문에 의뢰인이 외국인인 경우가 많다. 이들을 대리하여 특허심판이나 소송을 진행하다보면 설사 1심이나 2심에서 패소한다 하더라도 대리인을 바꾸지 않는다. 그들은 대리인이 누구냐 하는 것에 대해서는 관심이 없다. 어떠한 법리를 가지고 그 사건을 해결할 것인지가 더 중요하기 때문이다.

그런데 우리나라 의뢰인은 1심이나 2심에서 패하게 되면 대리인을 교체하는 경우가 왕왕 발생한다. 대리인이 전관이 아닌 경우 믿을 수 없다는 것이고, 그래서 전관을 찾아 떠나는 것이다. 이 역시 우리나라에만 있는 특이한 현상이다. 모두 전관예우 때문에 빚어지는 현상이다.

승마를 배울 때 주의하도록 가르치는 우스개가 있다. 말 바꾸지 말라는 것이다. 말이 싫어한다는 것이다. 소송 도중에 말을 갈아타면 좋아할 대리인 하나도 없다. 다음에 꼬리 잡지마라고 가르친다. 말 꼬리 잡는 놈 역시 말이 싫어한다고 한다. 말장난 하지 말라는 얘기다. 마지막으로 말 더듬지 말라 한다. 말 더듬는 놈도 마찬가지다. 엉큼한 짓 하지 말고 분명하게 말하라는 얘기다. 승마의 우스개는 우리 법조계가 타산지석으로 삼아야 할 훌륭한 교훈이다.

이제 외국인들도 우리 법조계의 전관예우 현상을 차츰 알아가고 있다. 그래서 패소하면 이따금씩 전관을 찾아 떠나가는 경우를 볼 수 있다. 어물전 망신은 꼴뚜기가 시키고 대한민국 법조계 망신은 전관들과 그들에게 놀아나는 현관들이 시키고 있다고 보면 된다.

2009년 로스쿨이 도입되고 바야흐로 2014년 9월에 이르러 등록변호사 수가 2만 명이 넘었다. 광고지를 돌리는 변호사도 생겨나고 고객 돈을 떼먹는 비리변호사도 증가하고 있다. 브로커를 통하여 편법으로 사건을 유치하고 로스쿨을 졸업한 무관(武官)변호사들이나 개인변호사들이 서바이벌 경쟁을 벌이는 시대가 되었다. 상전(桑田)이 벽해(碧海)되니 격세지감이 아닐 수 없다.

반면 대형로펌들은 돈을 쓸어 담고 있다. 대형로펌들은 판검사들은 물론 공정위, 국세청을 비롯한 경제계 고위 관료들, 외교관, 국정원 고위간부 심지어는 다른 로펌의 변호사까지 영입하면서 몸집을 불리고 있다. 대형로펌은 소형이나 중형로펌들이 수임해오던 기업사건까지 싹 쓸어가고 있다. 법률시장은 갈수록 양극화가 뚜렷해지고 빈익빈 부익부 현상이 가중되고 있다. 무관변호사들이나 로스쿨출신 변호사들은 갈수록 어려움을 겪고 있다.

갈수록 심각해지는 로펌들의 양극화는 개인변호사는 물론 중소형로펌들의 생존마저 위협하고 있다. 전관예우가 이제 부메랑이 되어 개인변호사나 중형로펌에게 돌아오고 있는 것이다. 이를 해결하기 위해서는 근본적인 문제인 전관예우를 퇴치해야 한다. 전관예우가 사라져 정의로운 판결이 내려진다면 개인변호사를 선임하지 않을 이유가 없다. 대기업은 그렇다 치더라도 중소기업이나 중견기업이 소형 또는 중형로펌을 선택하는 것은 지극히 자연스런 일이다. 모두가 전관만을 찾아 나서고 전관들은 법도 상식도 없이 사법부를 주무르는 현실에서 전관예우가 퇴치되지 않는다면 개인변호사나 중소형로펌들의 어려움은 더 심각해질 것이다. 무관의 개인변호사, 중소형로펌을 살리기 위해서라도 전관예우는 반드시 퇴치되어야 한다.(159)

---

(159) 문홍수, 『그들만의 천국』, 유로출판(2010), 190~191쪽

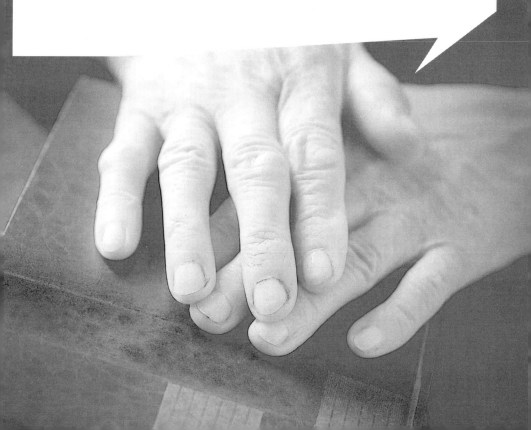

거짓말 공화국

　나경원 새누리당 전 의원의 남편인 김재호 서울동부지법 부장판사가 2005년, 박은정 인천지검 부천지청 검사(40)에게 '부인을 비난한 누리꾼을 기소해달라' 고 청탁했다는 의혹이 제기됐다. 2012년 3월, 박 검사가 서울중앙지검 공안 2부를 통해 서울지방경찰청 수사2계에 제출한 진술서에는 '(박 검사가) 검찰에서 누리꾼을 기소하면 그 다음은 법원에서 알아서 하겠다는 내용의 기소청탁 전화를 김 판사로부터 받은 사실이 있다' 는 취지의 내용이 담겨 있었다. 이와 관련하여 김 판사는 '통화는 했지만 청탁은 하지 않았다' 는 진술을 한 것으로 알려졌다. 박 검사와 김 판사의 진술은 상이하다. 진실게임이다. 둘 중 누군가는 틀림없이 거짓말을 하고 있다.(160)

　2012년 9월, 새누리당의 공보위원을 지냈던 정준길 변호사가 절친했

----

(160) 매일경제 2012. 3. 7, A26면

던 금태섭 변호사에게 '안철수 원장 대선 나오지 마라. 나오면 다 죽는다.' 라는 내용의 협박성 전화를 했다는 의혹이 불거졌다. 이에 대해 정 변호사는 협박성 전화가 아니라 친구사이의 안부전화였다고 하였고, 자기가 직접 운전하면서 전화하였다고 하였다. 그러자 한 택시기사가 나타나 정 변호사는 자신의 택시에 탔던 사람으로 협박조의 전화였다고 폭로하였다. 이때도 정 변호사는 자신의 페이스북에 '절대 택시를 탄 적이 없다' 고 했다. 추후 그는 착각을 했다고 말하고는 '의도된 거짓말' 은 아니라고 해명하였다.[161]

2012년 9월 1일, 조선일보는 멀쩡한 일반인 사진을 1면에 크게 실으며 성폭행범 고종석의 얼굴이라 보도한 바 있다. 거짓이었다. 3년 전 태풍 사진을 어제의 광경인양 1면에 실었다가 망신을 당한지 40일만이었다. 또 다른 거짓이 되었다.[162]

건설업자로부터 성접대를 받았다는 의혹이 불거진 김학의 법무부 차관이 2013년 3월 21일 결국 사표를 제출했다. 김 차관은 이날 오후 짤막한 입장 자료를 통해 '모든 것이 사실이 아니지만 저의 이름과 관직이 불미스럽게 거론된다는 사실 자체만으로도 저에게 부과된 막중한 소임을 수행할 수 없음을 통감하고, 더 이상 새 정부에 누가 되지 않았으면 하는 마음으로 직을 사임하는 것' 이라고 밝혔다. 이어 김 차관은 '저는 이제 자연인으로 돌아가 반드시 진실을 밝혀 엄중하게 책임을 묻고 명예를 회복할 것' 이라고 덧붙였다.[163]

그로부터 8개월이 지나 검찰은 김학의 전 법무차관의 성범죄 혐의에

---

(161) http://cafe.naver.com/hotengnet/528976

(162) 윤태진, 「거짓말쟁이들」, 한국일보 2012. 9. 14, 31면

(163) 매일경제 2013. 3. 22, A33면

대해 무혐의 결론을 내렸다. 피해 여성들의 진술에 일관성이 없는데다 진술 외에 다른 증거가 없다는 게 검찰의 설명이다. 관심이 집중된 동영상에 대해서는 '화질이 좋지 않아 누군지 확인할 수 없었다'고 밝혔다. 그러나 김 전 차관에 대해 기소 의견을 낸 경찰은 '납득하기 어렵다'며 반발하고 있다. 경찰은 지난 3월 김 전 차관이 건설업자로부터 성접대를 받았다는 의혹이 제기되자 수사에 착수해 동영상과 피해 여성의 진술을 확보했다. 당시 경찰은 '복수의 여성이 피해 사실에 대해 아주 강하고 일관되게 진술했으며 그 진술을 보충하는 다른 여성의 진술이 반복해서 나왔다'고 밝혔다. 또한 국립과학수사연구원 분석결과 등을 통해 동영상 속 인물의 모습과 목소리가 김 전 차관과 연관성이 있다는 결론을 내렸다. 검찰과 경찰이 정반대의 결론을 내놓아 사건의 정확한 실상을 알기는 어렵게 됐다.[164]

채동욱 전 검찰총장은 혼외아들 문제가 언론에 보도되자 '금시초문'이라 답하였다.

우리는 이제까지 비리에 연루된 정치인이나 고위 공직자가 자기의 말이나 비행에 대하여 인정하는 모습을 한 번도 보지 못했다. 거의 모두 감옥에 가면서도 그들은 하나같이 부정한 돈을 받지 않았으며 나쁜 짓을 저지르지 않았다고 말한다. 청문회장이라면 모르쇠로 일관하거나 의도된 것이 아니었다고 말한다.

거짓말을 하고 정직하지 못하게 살아가는 것은 비단 정치인이나 고위 공직자에 국한되지 않는다. 많은 사람들이 목전의 이익만을 위하여 거짓말을 하고 정직하지 못한 삶을 살아가는데 습관화 되어 있다. 거짓

---

(164) 동아일보 2011. 11. 15, 6면

된 행위라도 목적만 달성하면 그만이다. 모두가 거짓말을 해대는 거짓말 공화국에 살면서 모두 거짓말 불감증에 걸려 있다.

2010년 1월, 시차(時差)를 이용해 미국대학수학능력시험(SAT) 시험지를 미국 동부지역 고교생에게 전달해준 학원강사가 적발된 사건이 발생했다. 부정행위의 수혜자는 2400점 만점인 SAT 평소 성적이 2100점대였던 우수학생들이었다. 더 놀라운 것은 사건이 공개된 뒤 나타났다. 일부 학부모는 과외학원을 찾아가 '왜 비싼 학원비를 받고서 우리 애한테는 문제를 안 빼줘서 손해를 입히냐' 라고 따졌다고 한다.[165]

미국 버지니아 주 페어팩스 카운티 처칠로드 초등학교는 4학년 학생들에게 내준 심화형 수학문제풀이 쪽지 상단에 학생 이름과 함께 학생 사인을 하도록 하고 있다. 바로 아래엔 '이 사인은 다른 사람의 도움 없이 학생 자신의 생각으로 풀었다는 것을 증명하는 것' 이라고 적혀 있다. 초등학교 4학년에게 수학 과제물을 내주면서 '내 생각으로 푼 것'을 증명하는 사인을 하도록 요구하는 것이다.[166] 신용사회에서나 있을 수 있는 얘기다.

미국 노스캐롤라이나의 한 고교에서 역사를 가르치는 프랭크 케슬러 교사는 학생들의 과제물을 채점하면서 두 학생의 리포트가 아주 비슷한 사실을 발견했다. 케슬러 교사는 두 학생을 불러 어떻게 리포트가 이처럼 비슷한지 추궁했고, 인터넷에서 다른 사람의 논문을 인용하면서 공교롭게도 두 학생이 동시에 베낀 사실을 확인했다. 교사에게 불려간 두 학생 중 한 학생은 인터넷에서 베낀 사실을 인정했지만, 다른 학

(165) 동아일보 2011. 11. 15, 6면
(166) 동아일보 2011. 11. 15, 6면

생은 끝까지 자신의 독창적인 아이디어였다고 주장했다. 학교 측에선 잘못을 인정한 학생에겐 경고 조치를 내렸지만, 끝까지 표절행위를 인정하지 않은 학생에게는 퇴교 조치를 내렸다. 표절이 나쁘다는 것은 똑같았지만 거짓말을 한 데 대해선 용납하지 않는 미국 학교의 한 단면을 극명하게 보여준다.[167]

임기 도중 닉슨 대통령을 사임하게 한 워터게이트 사건은 상대 정당의 도청을 통한 선거방해로부터 시작되었으나 사임의 주된 이유는 도청 사실 그 자체보다도 백악관과의 관계를 부인하였던 대통령의 거짓말이었다.

우리 사회의 거짓말은 매우 특이한 양상을 띤다. 일단 사건에 연루되면 모든 이가 사실을 부인한다는 점이다. 지루한 진실게임이 시작된다. 그러고는 증거를 대 보라고 항변한다. 그 아이가 내 아이가 아닌 것이 확실하니 그 아이가 내 아이임을 입증해보라 한다. 이런 현상에 대해 이강영 건국대 교수는 우리 사회에서는 사실에 대한 합의가 이루어지지 않는다고 한다.

> 모든 사람이 글을 읽을 줄 알고, 무엇이든 문서로 기록되고 배포되며, 심지어 영상과 소리까지 직접 기록되어 방송과 인터넷을 통해 모든 사람에게 공개가 되고, 기록된 '사실'이 얼마든지 똑같이 대량으로 복제가 되는 21세기의 대한민국에서도, 아직 무엇이 사실인지에 대해서조차 합의가 이루어지지 않는 일이 종종 일어난다. 왜 우리는 아직도 사실을 찾기가 어려운 것일까?[168]

---

(167) 동아일보 2011. 11. 15, 6면
(168) 이강영, 「사실을 찾아서」, 한국일보 2012. 6. 4, 34면

영화 〈부러진 화살〉을 보면 김 교수가 석궁을 발사했는지, 부러진 화살은 어디로 갔는지, 와이셔츠에는 왜 혈흔이 묻어있지 않은지 등등 의문이 제기된다. 마지막 장면 자막은 이 영화가 사실에 기초하고 있다고 말한다. 감독은 영화내용 대부분이 사실이라고 말하고, 사법부는 대부분 영화적 상상력일 뿐이라고 주장한다. 이례적으로 대법원은 〈부러진 화살〉이 전체적으로 사실을 호도하고 있다는 성명까지 발표했다. 주창윤 서울여대 교수는 우리 사회의 이러한 현상을 '사실의 위기'라 말한다.

영화를 넘어 사회적 맥락에서 보면, 〈부러진 화살〉은 우리 사회 '사실의 위기'를 그대로 보여준다. 사실이 무엇인가 하는 질문은 수천 년 동안 철학자들이 탐구한 문제이지만, 지금 우리 사회 대중은 사실관계에 굶주려 있다. 그러나 돌아보면 이런 사실에 대한 굶주림은 놀랄만한 일도 아니다.

지난해(2011)만 보더라도 해병대 총기사고, 일본 대지진 사건보도, BBK 관련, 내곡동 사저, 선관위 디도스 공격, 1억 원 피부과 논란 등 어디까지가 사실이고 사실이 아닌지 혼란스럽다.

경찰과 검찰 등이 수사결과를 발표하면 의혹은 풀리는 것이 아니라 증폭된다. 법원이 판결해도 의문을 가지며, 언론보도도 대중은 자신만의 시각으로 재해석한다. 얼마전 1억 피부과 문제만 하더라도 경찰이 나경원 전 후보가 해당 병원을 15차례 찾아가 자신과 딸의 피부 관리 비용으로 550만 원을 쓴 것으로 확인했다고 발표하자, 〈시사IN〉은 이를 반박하는 동영상을 인터넷에 공개했다. 아마도 대부분 사람들은 경찰 발표보다 〈시사IN〉의 보도를 더 사실로 믿을 것이다. 그 동안 정권, 경찰, 검찰, 사법부뿐만 아니라 언론, 재벌 등과 관련된 사안을 보면서 대중은 권력이 사실을 제대로 밝혀내지 못한다고 생각해왔기 때문이다."[169]

---

(169) 주창윤, 「부러진 화살, 사실의 위기」, 한국일보 2012. 2. 11, 34면

사실의 위기는 소통의 위기를 낳는다. 거짓으로 일관하니 말이 통하지 않는 것이다. 소통의 위기는 갈등을 낳고 결국 불통으로 이어진다. 거짓말이 갖는 위력이다. 그러한 위력에도 불구하고 거짓말에 대한 우리사회의 또 하나의 특징은 거짓말쟁이가 건재하다는 점이다. 그들이 사회로부터 추방되어 매장되는 법이 없다. 시간이 지나면 거짓말은 잊히고 새로운 포장지로 포장한 모습이 등장한다. 거리를 활보하고 때로는 중용되어 중책을 맡는다. 그것을 관용이나 용서라고 착각해서는 안 된다. 거짓말 공화국의 누명을 벗기 위해 우리는 아직도 갈 길이 멀다.

거짓말 법정

법정은 사실관계의 진위여부를 판단하여 피의자에게 어떤 죄가 있는지 또는 쌍방 중에서 누구에게 책임이 있는지를 판단하는 곳이다. 따라서 거짓말이나 거짓증거에 의하여 사실관계가 달라지면 판단결과가 달라져서 피해자가 가해자가 되고 억울한 누명을 쓰게 된다. 법정에서의 거짓말이 금지되어야 하고 엄하게 처벌되어야 하는 이유다.

경미한 물피 사건이 상해 사건으로 조작되어 옥고를 치른 원린수 씨의 얘기다.

최 순경이 물피 사건으로 보고한 사건을 사람을 다치게 하고 도망친 뺑소니 사건인 것처럼 조작한 것이다. 새로 조작한 도면에는 나의 타우너 승합차가 정차 중인 그레이스 승합차 우측을 들이받고 그대로 도망친 모습으로 작성되어 있었다. 처음 최 순경이 작성한 실황도면은 누가 보더라도 사람이 다친 사고라고 볼 수 없었다. 그러나 윤 경장이 작성한 도면은 파출소 최 순경이 작성한 도면과는 전혀 다르게 가해차량 앞 범퍼로 피해 차량 뒤 범퍼를 추돌한 모습으로 도면이 작성되어 있었다. 그 사건을 조작한 장본인은 바로 계양경찰서의 뺑소니 전담반인 윤영준 경장이었다.[170]

석궁 사건의 김명호 교수는 아직도 석궁 사건의 핵심 증거들이 조작되고 은폐됐다고 주장한다. 김 교수는 성균관대를 상대로 제기한 교수 지위 확인소송 항소심 선고결과를 알게 된 2007년 1월 15일 저녁, 스트레스 해소용으로 사놓았던 석궁을 들고 집을 나섰고, 재판을 담당했던 박홍우 서울고등법원 부장판사의 송파구 잠실동 집으로 찾아갔다. 김 교수는 퇴근하던 박 판사와 엘리베이터 앞에서 맞닥뜨려 승강이를 벌였다. 그 와중에 석궁의 활시위에서 화살이 발사됐다. 김 교수는 현장에서 경비원과 박 판사의 운전사에 제압됐다. 박 판사는 인근 병원으로 후송됐다.

박 판사는 사건 직후 '김 교수가 1.5m 거리에서 정조준해 석궁을 쐈고, 복부에 박힌 화살을 빼냈다'고 진술했다. 그러나 이후 검찰 조사에서는 '화살에 맞았다는 것 외에는 기억이 나지 않는다'고 말했다. 김 교수는 '경찰이 박 판사의 진술을 토대로 석궁 발사실험을 해봤더니 화살은 2cm 두께의 합판을 관통하고도 뒤쪽으로 15cm나 더 나갔다. 내가 살인 미수를 했다는 수사 결과는 말이 안 된다고 주장했다.

다른 증거물인 혈흔 없는 와이셔츠도 미스터리다. 박 판사가 입은 조끼와 속옷에서 발견된 혈흔이 그 중간에 입은 와이셔츠에는 없기 때문이다. 김 교수는 '사건 당일 박 판사가 입었던 와이셔츠에는 오른쪽 팔꿈치 부분에만 핏자국이 있을 뿐 화살에 맞은 구멍에는 흔적이 없다.

(170) 원린수,『계란으로 바위깨기』, 화남(2006), 18쪽

와이셔츠 혈흔과 화살에 묻은 혈흔을 감식해 박 판사의 것과 일치하면 박 판사가 화살에 맞았다는 게 입증가능한데 부러진 화살은 어디론가 사라졌다'고 밝혔다. 또 석궁이 발사되기까지 김 교수는 박 판사가 석궁의 앞부분을 잡고 실랑이를 벌이다 우발적으로 발사됐다 했고, 박 판사는 석궁을 잡은 적이 없다고 했다. 석궁에 대한 지문 감식을 해보면 될 일이었다. 경찰이 지문을 채취하지 않았다는 게 그의 주장이다.

그러나 법원은 김 교수의 주장을 인정하지 않고 수사기관의 손을 들어줬다. 대법원은 2008년 6월 선고에서 '범행이 어둠 속에서 순간적으로 일어났고 박 판사가 상당히 충격을 받은 사정을 고려하면 진술이 다소 일관되지 못하다 해서 박 판사의 진술에 신빙성이 없다고 단정하기 어렵다. 와이셔츠 혈흔이 육안으로 잘 확인되지 않는다는 사실보다는 속옷과 내의에서 다량의 출혈흔적이 확인된다는 사실의 증명력이 훨씬 우월한 것으로 보인다'고 밝혔다. 그래서 그는 살인 미수 혐의로 4년간의 실형을 살아야 했다.[171]

혈흔감식이나 지문감식을 했더라면 사실관계가 명확히 드러났을 것이다. 그런데 법원은 이를 하지 않았다. 사건을 조작하기 위하여 법원 스스로 사실을 의도적으로 은폐한 것이다. 김 교수 표현을 빌면 석궁 사건은 사법테러였다.

옛날 시골에서 있었던 강간범 얘기다. 같은 동네서 살던 한 남자가 혼자 사는 한 과부를 강간했다고 기소되어 검사가 징역 3년을 구형한 법정에서 최후진술을 하게 되었다. 남자는 'X 한 번 하고 징역 3년 살려고 하니 너무 억울합니다'라 하였다. 그러자 옆에 있던 과부가 '얼렐레

---

(171) 한국일보 2011. 11. 12, 18면

저놈 보게, 안방에서도 하고 헛간에서도 하고 뒤꼍에서도 하고, 이제 와서 한 번 밖에 안 했다네……' 징역형을 선고하려던 판사는 이 말을 듣고, 그렇다면 사실관계로 보아 강간이 아니라 화간(和姦)이라는 생각이 들어 선고유예를 하게 되었다는 얘기다. 하나의 우스갯소린지 모르지만 사실관계의 진위여부가 재판 결과에 미치는 영향은 결정적이다.

그런데 법정에서 거짓증언을 해 기소되는 위증사범은 해마다 늘고 있다. 위증과 증거인멸죄로 1심에 접수된 사건은 2001년 836건에서 2009년 1,983건에 이어 2010년에는 1,625건이 접수돼 10년새 두 배 가까이 늘었다. 검사가 눈을 부릅뜨고 있는 형사법정이 이 정도다. 서울중앙지법 민사부의 한 판사는 '민사법정은 거짓말 경연장이라고 불러도 좋을 정도'라고 자조했다.[172]

우리나라를 대표(?)하는 범죄 그것은 위증·무고·사기 세 가지라고 한다. 이것은 김승규(金昇圭) 전 법무부장관이 어느 조찬모임에서 한 말이다. 인구비를 고려하지 않은 단순비교로도 2003년 우리나라의 위증은 일본의 16배, 무고는 39배, 사기는 26배나 많다고 한다. 이는 한마디로 우리나라 사람들이 거짓말을 잘한다는 것을 뜻한다. 위증·무고·사기의 공통분모는 '거짓말'이기 때문이다. 우리나라의 사기죄가 일본에 견주어 26배나 많다고 했는데, 피해자가 속을 끙끙 썩이면서도 고소를 포기해서 그렇지, 거짓말 잘하기로 소문난 우리나라 사람들을 생각하면 그 몇 배가 더 될지도 모른다.[173]

2006년 이용훈 대법원장은 '변호사들이 만든 서류는 사람을 속이려

---

(172) 동아일보 2011. 11. 15, 6면
(173) 박우동, 『법의 세상』, (주)지식산업사(2013), 347~348쪽

고 말로 장난치는 것이 대부분이다. 내가 변호사를 해봐서 안다. 그걸 믿고 재판하는 것은 곤란하다'라고 하였다. 인용하기조차도 부끄러운 말이지만, 우리 법정에서는 당사자도 거짓말하고, 증인도 거짓말하고, 변호사도 거짓말한다. 이렇게 재판하는 나라는 없다. 이런 상태라면 신이 아닌 이상 재판을 할 수 없다.

위증사범은 늘고 있지만 처벌은 솜방망이에 그쳤다. 지난해 접수된 위증죄 사건의 1심 선고 결과를 보면 집행유예 이하(재산형, 선고유예 포함) 선고율이 82%였다. 이에 따라 일각에서는 위증죄 처벌을 더 강화해야 한다는 목소리가 높다. 법정에서 거짓말하는 것을 막기 위해 위증죄에 대한 법정형량을 상향 조정하는 등 처벌을 강화해야 한다고 말한다. 언제 실현될지 모르는 까마득한 얘기다.

> 오랫동안 서로 친하게 지내왔던 30대 중반의 두 여성이 어떤 사유로 사이가 틀어졌다. 그렇게 되자 한 여성이 상대방에게 5년 전에 빌려주었던 300만 원을 갚으라고 소송을 냈다. 원고는 5년 전 어느 날 피고와 함께 마산으로 여행을 갔는데, 그곳의 어느 여관방에서 이 금액을 빌려주었다는 것이다. 물론 차용증서나 영수증 같은 서면은 없고, 이를 본 증인도 없다. 그런데 답답한 일은, 피고가 차용사실을 부인하면서, 자기는 태어나서 현재까지 마산에는 한 번도 가본 적이 없다는 것이다. 입증책임분배의 원칙에 따라서 재판하면 결론을 못 내릴 것도 아니었으나, 양쪽이 워낙 확신에 차서 자기주장을 펼치는 바람에, 자신감을 잃고, 사건을 후임자에게 넘겨주는 것으로 책임을 면했다.[174]

양삼승 변호사의 『법과 정의를 향한 여정』에 나오는 얘기다. 위 사실

---

(174) 양삼승, 『법과 정의를 향한 여정』, 까치글방(2012), 60~61쪽

관계만으로 올바른 판결을 내릴 판사는 아무도 없을 것이다. 이와 같은 거짓말 법정에서는 판사에게 사실관계 파악을 위한 노력이 요구된다. 물론 실제 사건에서는 사실관계가 위 얘기보다 더 많이 있었겠지만, 위 사실이 당사자들이 제기한 사실관계의 전부라 하더라도 판사는 누가 거짓말을 하고 있는지를 밝혀야 한다. '300만 원을 왜 가져갔느냐', '300만 원이 현금인가 수표인가', (현금이라 답하면) 평소에 그리 많은 현금을 가지고 다니느냐, 언제 어느 은행에서 인출했느냐', '(수표라고 답하면) 언제 어느 은행에서 발행했느냐', '어떤 이유로 300만 원을 빌려달라고 했느냐', '몇 박 며칠을 함께 여행했느냐', '기차로 갔느냐 승용차로 갔느냐', '여관비나 식비를 카드로 결제한 적이 있느냐' 등등의 몇 가지 질문만 하여도 누가 거짓말을 하는지 쉽게 알 수 있지 않을까?

당사자도 거짓말하고 변호사도 거짓말하고 증인도 거짓말하는 법정에서 가장 중요한 것은 판사의 태도다. 당사자나 대리인 또는 증인의 거짓말은 상대방이 바보가 아닌 이상 상대방의 반박에 의하여 충분히 검증될 여지가 있다.

그러나 거짓말 법정의 진짜 심각한 문제는 판사가 선입견을 가지고 사건을 대하거나 진실을 규명할 의지가 없거나 아니면 청탁이나 다른 부당한 이유에 의하여 진실을 외면하는 데 있다. 물피 사건이 인체 상해 사건으로 둔갑하고 있다는 것은 판사 아니라 보통사람도 알 수 있다. 혈흔감식이나 지문감식을 했더라면 사실관계가 명확히 드러났을 일을 가지고 '진술이 다소 일관되지 못하다 해서 박 판사의 진술에 신빙성이 없다고 단정하기 어렵다' 라든가 '와이셔츠 혈흔이 육안으로 잘 확인되지 않는다는 사실보다는 속옷과 내의에서 다량의 출혈흔적이 확인된다는 사실의 증명력이 훨씬 우월한 것으로 보인다' 라는 이유로 사실관계를 파악하지 않은 채 판결하는 것은 애초부터 각본에 짜인 대로 재판하는 요식행위에 불과하다. 사법피해자가 분노하는 것은 당사자나 대리인 또는 증인의 거짓말이 아니라 판사의 거짓된 마음이다. 판사의 마음이 전관예우와 같은 청탁이나 직역 이기주의로부터 자유로울 때 법정에서의 거짓말은 저절로 사라질 것이다. 빛이 들면 어둠이 사라지는 것처럼.

진정한 언론이 없다

언론도 불신의 늪에 빠져있다. BBC의 한 조사에 따르면, 한국인들은 정부가 언론에 과도하게 개입하는 경향이 있다고 생각하며, 55%는 언론을 신뢰하지 않는다고 대답했다. 이른바 성난 2040세대는 독립언론 쪽으로 기우는 추세다. 젊은이들은 블로그를 읽고 자신의 의견을 덧붙여 트위터로 공유한다. 한국광고협회에 따르면, 2011년 11월, 한국인들은 10만여 개의 정치 관련 트윗을 올렸는데, 이것은 1년 전에 비해 열 배 정도 증가한 수치다. 한국 트위터 사용자 가운데 87.6%가 20대부터 40대까지라는 점도 주목할 만하다.[175]

2011년, 시사풍자 프로그램 〈나는 꼼수다〉가 한 에피소드 당 천만 회 다운로드를 기록하며 세계적으로 가장 인기 있는 팟캐스터로 등극했

---

(175) 다니엘 튜터 지음, 노정태 옮김, 『기적을 이룬 나라 기쁨을 잃은 나라』, (주)문학동네 (2013), 97~98쪽

다. 〈나는 꼼수다〉 제작진은 2011년 4월, 특별한 제작비도, 확보된 청중도 없이 팟캐스터를 시작했지만 몇 달 뒤, 이는 곧 정치적 돌풍을 불러일으켰다. 〈나는 꼼수다〉를 시작한 김어준은 자신이 보기엔 이명박 정부의 부패와 탐욕이 너무나 뚜렷한데도 불구하고 주류 언론이 그에 대해 거론하지 않는다는 것에 문제의식을 느껴 방송을 시작했다고 한다. 자신들이 '지하에서' 방송을 한다는 것 자체가 '수면 위에서 발언하는 것이 얼마나 억압되어 있는지'를 보여주는 증거라고 김어준은 주장했다.[176]

닉슨 대통령을 사퇴시킨 워터게이트 사건에서 결정적인 역할을 한 것은 바로 언론이었다. '워싱턴포스트'의 기자 밥 우드워드(Bob Woodward)는 동료 칼 번스타인(Carl Bernstein)과 함께 독자적으로 조사를 시작해, 사건에 관련된 여러 가지 사실을 신문에 발표했다. 그 기사로 인해 워터게이트 사건이 세간의 주목을 끌게 되면서 닉슨 대통령과 그 측근을 궁지에 몰아넣는 결과를 낳았다.

그리고 그 사건을 전국적으로 부각시킨 것은 텔레비전이었다. 워터게이트 사건을 다루는 데 있어서 워싱턴 포스트에 버금가는 큰 역할을 한 것은 'CBS 뉴스'였다. CBS 뉴스는 가장 용기 있고, 밀도 높은 보도를 했으며, 워싱턴 포스트에 요긴하고 믿을만한 정보를 주기도 했다. 당시 가장 큰 텔레비전 사건은 상원의 워터게이트 청문회에 대한 3대 네트워크나 PBS의 보도였다. 1973년 봄, 여름, 가을 13주 동안 워터게이트 청문회는 낮 시간 텔레비전의 큰 화제가 되었으며, 밤에도 PBS에서 재방송을 하여 많은 시청자를 끌었다. 청문회는 3월 17일에 시작해

---

(176) 다니엘 튜터 지음, 노정태 옮김, 위의 책, 98쪽

서 37주 동안 계속되었으며 11월 15일 마감했다. 3대 네트워크가 돌아가며 거의 300시간 동안 방송한 이 청문회로 인해 발생한 광고시간과 방송시간의 손실을 값으로 치자면 약 1,000만 달러였다고 한다.[177]

1980년 창립되어 현재 미국내 7,800만 가구, 전 세계 1억 명 이상의 사람들이 시청하고 있는 CNN은 뉴스를 실시간으로 시청할 수 있다는 장점 때문에 빠르게 성장하였다. 미국 사람들이 CNN에 처음 눈길을 돌린 것은 1980년 12월 8일, 전 비틀즈 멤버였던 존 레논이 뉴욕에서 총격을 당했을 때였다. 이때 CNN은 개국한 지 6개월 남짓 지난 뒤였다. 충격에 사로잡힌 팬들은 CNN을 보면 이 사건이 어떻게 진행되고 있는지 실시간에 알 수 있다는 사실을 깨달았다. TV 뉴스라고는 오직 거대 방송국과 그 제휴 방송사들이 정해놓은 시간에만 보는 것으로 알았던 사람들에게 큰 변화였다.

이란에서 인질로 피랍되었던 미국인들이 풀려난 사건, 에어 플로리다 항공사의 제트기가 워싱턴 시의 얼어붙은 포토맥강에 빠진 사건, 플로리다 주 상공에서 우주왕복선 챌린저호가 폭발한 사건 등이 벌어질 때마다 사람들은 CNN으로 채널을 돌렸고, CNN은 차츰 화제사건들을 24시간 집중보도하는 믿을 만한 방송국으로 명성을 얻었다. CNN을 세계적인 방송으로 도약시킨 것은 창립 10년후인 1990년의 걸프전쟁이었다. 1990년 8월, 걸프전쟁이 발발하여 미국의 F-117 폭격기가 이라크 수도 바그다드를 맹폭격할 때, 포위된 이라크의 수도나 전투지역 인근에서 송신되는 CNN의 생생한 영상과 소식들은 시청자들의 눈을 TV에 고정시켰다. CNN은 있는 그대로를 보도했다. 미국과의 전쟁이었지만,

---

(177) http://naver.com/watergate

미국에게 유리한 것만을 보도하지 않았다. 언론의 생명인 진실성과 공정성을 갖추고 있었던 것이다. 현재 CNN은 세계에서 가장 명성 높은 텔레비전 뉴스 보도매체가 되었다.[178]

2013년 12월 철도노조가 22일간의 최장 파업을 하였다. 민주노총이 파업을 지원하고자 서울광장에 집결하였다. 언론 보도에 따르면 경찰 측 추산 2만 5천 명, 주최 측 추산 10만 명이 모였다. 한쪽은 축소하고 다른 쪽은 뻥튀기한다 해도 어떻게 4배 차이가 나느냐 말이다. 언론분야에 문외한이라 그런지 나는 이러한 보도가 바로 언론이 언론의 사명을 다하지 못하는 보도라 생각한다. 이런 것이야말로 양측의 대변인 정도에 불과하다. 언론은 6하 원칙에 따라 사실관계를 진실에 가깝게 알려야 할 의무가 있다. 경찰 측도 추산하고 주최 측도 추산하는데 기자는 왜 추산을 못하느냐 말이다. 군중 수를 추산하는 방법도 있는데 말이다.

TV에는 뉴스가 없다. 저녁뉴스를 보고 있노라면 아나운서가 소설을 쓰고 있다. '어느 공무원이 뇌물로 수천만 원을 받은 것이 경찰조사 결과 밝혀졌습니다.', '며칠 전에는 공무원이 성추행을 한 사건이 있었는데, 공무원 사회가 썩을 대로 썩었습니다.' 라는 식의 뉴스가 계속된다. 뉴스는 6하 원칙에 따라 사실만을 전달하면 된다. 그에 대한 평가는 시청자가 하는 것이다. 아나운서가 자신의 생각을 시청자에게 강요하고 있다. 공무원 사회가 썩었다는 생각은 대담프로나 토론프로에서 할 수 있는 것이지 뉴스프로에서 할 수 있는 것이 아니다.

6·25 전쟁 중인 1950년 7월 충북 영동군 노근리에서 수백 명의 무고

---

(178) http://ko.wikipedia.org

한 피난민이 대량 학살되었다. 일명 '노근리 사건'이다. 이 사건을 세상에 알리고자 아들딸을 잃은 정은용 씨가 미군 측에 소송도 해보고 『그대 우리의 아픔을 아는가』라는 기록소설도 출간했지만, 정작 이 사건을 세상에 나오게 한 것은 국내 언론이 아니라 미국의 AP통신이었다. AP통신은 정씨의 책을 보고 특별취재팀을 꾸려 1년여에 걸쳐 현장취재와 가해자 인터뷰 등을 심층 보도해 노근리 사건이 전쟁범죄라는 사실을 밝혀냈다. 2014년 8월 타계한 정씨의 죽음을 3단 부고기사로 알린 것도 국내언론이 아니라 〈뉴욕타임즈〉였다.[179] 우리에게는 그럴 만한 기자도 없었고 언론사도 없었다.

무관의 제왕에 걸맞은 언론인은 찾아보기 어렵고 대다수 기자들은 돈과 권력에 빌붙어 살고 있다. 기자들은 진실을 파헤쳐 대중에게 알려야 하는 것이 그들의 임무다. 불의를 파헤쳐 약자를 보호하고 사회정의를 세워야 한다. 묻혀져가는 비리와 불의를 파헤쳐서 우리사회의 정의 구현에 언론이 그 역할을 주도했던 사건은 우리 뇌리엔 거의 없다. 기자들에게 취재정신이 부족하기 때문이다. 김명호 교수의 경험담이다.

> 중앙일보에서 오랫동안 법조 출입기자와 수석논설위원을 지냈던 ○○○는 필자의 고등학교 동기다. 필자가 성대에서 입시출제 오류 지적으로 해고될 분위기가 무르익을 무렵(아마 1995년 4, 5월경), 가장 먼저 찾아가 상담한 기자가 당시 사회부 차장이었던 ○○○이었다. 상당한 관심을 갖고 들었는데 시간이 지나도 별무소식이라 어떻게 되어가냐고 물어보니, 사회부 부장과 얘기한 결과 '입시 채점도 끝났고 좋은 일도 아닌데 지난 일을 들추는 것이 사회정의는 아니다'라고 하여 그냥 덮기로 했단다.[180]

---

(179)한국일보. 2014.8.30. 26면
(180) 김명호, 『판사 니들이 뭔데』, 석궁김명호출판사(2012), 190~191쪽

김명호 교수 사건은 애초부터 기자들에겐 호재였다. 그 사건은 김 교수가 입시문제의 오류를 지적한 데서부터 시작한다. 좋은 게 좋다고 십중팔구 눈감고 넘어갈 일이었다. 그러나 그는 그럴 수 없었다. 그러고는 대학이라는 그것도 '성균관대'라는 거대한 상대와 싸우기 시작한다. 이쯤 되면 기자가 진실을 파헤쳐야 한다. 무엇이 옳고 무엇이 그른지를 알려야 한다. 그러나 기자들은 수수방관했다. 아니면 피나는 취재활동 없이 보도자료나 베껴댔다. 그 후 이어지는 석궁사건에서도 그랬다. 1심부터 3심까지 법원이 사법권 보호를 명목으로 직역 이기주의에 빠져 증거를 조작하고 진실규명을 외면해도 기자는 바라만 보고 있었다. 사법권 보호는 누구를 위한 것이며, 사법권은 인권보다 더 중요하단 말인가. 부러진 화살은 어디로 갔으며, 지문감식 혈흔감식만 해보아도 사실관계가 드러날 텐데 법원은 왜 감식을 하지 않으려 하는가 등등에 대한 최소한의 의문도 기자에게는 없었다. 기자가 진실을 파헤쳐 국민들에게 알렸더라면 영화 〈부러진 화살〉도 만들어지지 않았을 것이다. 지금도 무명의 돈 없고 빽 없는 시민이 겪는 정의롭지 못한 사건은 도처에 널려있다.

> 증거를 조작한 대법원이 주장하는 대로 앵무새처럼 석궁테러라고 보도하는 대한민국 기자들처럼 편하게 생활하는 기자들은 세계에 거의 없다. 취재 대상을 연구하기는커녕, 발품도 안 팔고 기관에서 떠드는 대로, 나눠주는 보도자료 그대로 복사기처럼 기사를 쓰고 있다.[181]

언론은 법원 판결을 비판함에 있어서 매우 미온적이다. 법원 판결을

---

(181) 김명호, 위의 책, 4쪽

비판하는 경우가 거의 없다. 법원 판결은 원고와 피고가 있듯이 항상 승자와 패자가 있다. 언론은 항상 승자와 패자의 견해를 중립적으로 보도하는 것을 언론의 사명이라고 착각한다. 승자 아니면 패자 어느 한쪽을 위해서 비평하라는 것이 아니다. 어느 한쪽을 일방적으로 응원하라는 것이 아니라 정의의 편에 서서 불의를 말할 줄 알아야 한다. 어느 한쪽을 위해 비판하는 결과를 가져올지라도 정의의 편해서 그렇게 하였다면, 그것이 진정한 언론의 사명이지, 쌍방의 견해를 인용보도하는 것을 언론의 사명이라고 착각해서는 안 된다.

언론은 또 사법권 독립을 훼손해서는 안 된다는 이유를 들어 법원의 판결에 대해 비판하지 못하고 있다. 그것 역시 비겁한 변명이다. 사법권 독립이란 법관이 외부로부터의 압력으로부터 탈피하여 법과 양심에 따라 판단하는 것을 의미하는 것이지, 잘못된 판결에 대한 비판으로부터 자유로울 것을 의미하는 것이 아니다. 언론이 행정부나 입법부를 비판하듯이 사법부도 비판할 수 있어야 한다. 법원의 판결이 비판의 대상이 되지 않아야 할 이유가 없다. 판결에 대한 비판을 사법부 독립을 훼손하는 것으로 오해해서는 안 된다.

진정한 법률가도 없다

우리나라에서 법률가라 하면 사법시험에 합격하고 현직에 임용된 판사와 검사 그리고 재야의 변호사가 주류를 이루고 법학을 공부하여 가르치는 대학교수를 통칭한다 할 수 있다. 주류를 이루는 사법시험 합격자들이 법률가가 되어가는 과정을 알 수 있는 한 단면을 보자. 김두식 교수가 사법시험에 합격하고 사법연수원에서 겪었던 연수과정의 일면에 대한 소회다.

법조계 내부의 제1논리는 무슨 일이 있어도 판검사 임용을 받으라는 것이었습니다. 사법연수원 시절 내내 우리들은 부장판사와 부장검사로 구성된 교수진에게 '임용을 못 받으면 끝장'이라는 세뇌교육을 받았습니다. 사법연수원 수료 후 바로 변호사로 나가게 되면 수임에서도 고생을 하고 전관예우도 못 받고 여러 가지 불편한 점이 있는 것은 사실이지만, 그때만 해도 먹고사는 데 지장이 있을 정도는 아니었습니다. 그런데도 저를 아껴주시던 지도교수(부장판사)님은 제가 딴생각하는 것을 여러 번 나무라시며

'김 시보가 지금은 그렇게 생각할 수 있지만 나중에는 반드시 후회한다. 무조건 판검사 임용을 받도록 공부하라.' 라고 말씀하셨지요.[182]

법조계의 제1논리처럼 가르치고 배우는 상황에서 사법정의나 인권 같은 것을 찾는 것은 나무에서 물고기를 찾는 것보다 더 어려운 일일 것이다. 전관예우를 받아 단기간에 일확천금을 벌기 위해서 판검사 임용을 받도록 교육을 받는다면 사법부의 미래는 암울할 수밖에 없다. 하지만 그것은 부정할 수 없는 사실이다. 존경할 만한 진정한 법률가가 나올 수 있는 상황이 아니다. 진정한 법률가는 고사하고 온갖 불법과 비리의 근거지로 비난받고 그러면서 공권력의 보호를 받으며 처벌받지 않는 범죄자 취급을 받고 있다.

　　판·검사들의 범죄행위는 국민들이 저항할 수 없는 법과 재판이라는 미명 아래 공권력의 보호를 받으며 행해지는 것이어서 일반인들은 도저히 대항하지 못하는 범죄 중에 최고의 악질범죄라 해도 과언이 아닐 것이다. 그러기에 정부수립 이후 60여 년이 지나는 동안 수많은 판·검사들이 수많은 범죄행위를 저질러왔어도 그들의 범죄행위는 철저히 보호되어 왔고 세상에 드러난 것은 손에 꼽을 수 있는 극소수였으며, 최고 악질 범죄임에도 처벌 결과는 일반인이 도저히 납득할 수 없는 미미한 수준에 그쳤다.[183]

법조계의 현직 상황이 이러하니 정작 사법부의 가장 중요한 핵심 업무인 법률 해석이나 법리 개발은 항상 뒷전이다. 그런 것은 아예 관심

(182) 김두식, 『헌법의 풍경』, 교양인(2013), 155~156쪽
(183) 원린수, 『계란으로 바위깨기』, 화남(2006), 5~6쪽

이 없는지도 모른다. 그래서 우리는 역사에 길이 빛날 명판결이 나오지 않는다. 절대로 명판결이 나올 수 없는 상황이다. 대부분의 판결이 문언 해석에만 치중한 '형식적 논리'에 그친다. 입법취지가 가미되고, 시대적, 역사적 소명이 덧붙여지며, 그 근저에 철학적 고뇌가 녹아 있는 법률 해석은 생동감을 가지고 감동적일 수 있지만, 우리 판결에는 그런 것이 없다. 법률가는 단순 기능공이고, 법학은 빵을 위한 학문으로 전락해 버렸다.(184)

법원 판결이 논리적으로 체계적으로 이루어지면 판례는 법 못지않은 훌륭한 기준이 된다. 우리는 법률 해석이나 법리 개발이 제대로 되지 않기 때문에 판결이 뒤죽박죽이다. 어느 한쪽을 지지하는 판례들이 있는 반면 그 반대쪽을 지지하는 판례들도 그만큼 있다. 논리도 없고 법리도 없어서 판단하는 자에 따라 그때그때 적당히 판결하면 된다는 얘기다.

사건을 처음 접하는 자는 변호사이다. 의뢰인이 변호사를 만나 상담을 시작하기 때문이다. 변리사로서 25년간 특허업무를 해온 나로서 의뢰인과 상담을 나누면 그 사건의 승패를 거의 확실하게 예측할 수 있다. 그러고는 의뢰인에게 분명하게 얘기해주고, 그 이유도 상세히 설명해준다. 물론 특허에 관한 판례도 일반 법원의 판례처럼 뒤죽박죽이다. 그럼에도 법리에 충실하여 예측되는 결과를 정확히 설명해주고, 결과에 납득할 수 있도록 그 이유에 대해서 설명해준다. 그러면 나의 설명을 이해하지 못하는 의뢰인은 25년간 한 사람도 없었다.

---

(184) 양삼승, 『법과 정의를 향한 여정』, 까치글방(2012), 96쪽

내가 다녔던 미국 로스쿨 졸업식장에서 있었던 일이다. 졸업식 축사를 하기 위하여 뉴햄프셔 주 대법원장이 초대되었는데 그는 졸업생들에게 세 가지 간단한 주문을 하였다. 그것이 축사의 요지였다. 첫째가 'listen carefully'이고, 둘째가 'think before you speak'이고, 셋째가 'speak clearly'였다. 로스쿨을 졸업하는 그들에게 앞으로 사회에 나가 법률가로서 활동할 때 이 세 가지를 명심하라는 것이었다. 첫째, 고객과 상담할 때 고객이 말하는 얘기를 주의 깊게 충분히 들으라는 얘기다. 그러고 나서 고객에게 말하기 전에 충분히 생각하고, 마지막으로, 말을 할 때는 분명하게 얘기하라는 것이다. 애매모호하게 고객이 잘 이해하지도 못하게 말하지 마라는 것이다. 법률가의 기본적인 자세로서 이보다 더 좋은 지침은 없다. 25여 년 변리사로 일하면서 내가 가슴깊이 새겨두고 있는 말이다. 'listen carefully', 'think before you speak', 그리고 'speak clearly'.

만일 우리 로스쿨의 졸업식장에 초대된 연사가 '주의 깊게 들으세요, 말하기 전에 생각하세요, 분명하게 말하세요'라고 축사를 하였다면 그 연사는 다시는 초대받지 못할 것이다. 우리의 축사는 아주 거창하게 시작되어야 한다. '역사와 전통을 자랑하는 ○○로스쿨 졸업생 여러분은 장차 사회의 일원으로서 여러분 자신의 개인의 영달보다는 국가와 민족을 위하여 희생하고 봉사하는 자세를 가지고⋯⋯.' 이렇게 시작되어야 한다. 역사도 거론되어야 하고 민족이나 국가도 등장해야 한다. 무엇보다 끊이지 않고 이어지는 만연체라야 품위가 있다고 생각한다.

우리나라 변호사들은 두 번째인 'think before you speak'은 아주 잘 지킬 것이다. 몰라도 아는 척해야 하고 쉬워도 어렵다고 해야 하고 결과에 대해서는 최대한 애매한 답변을 해주기 위하여 머리를 굴려야 하기 때문이다.

명확한 법률이 있고 일관성 있는 판례가 있다면 법률가는 사건의 승패에 대하여 정확히 예측할 수 있어야 한다. 그런데 우리나라 변호사에게는 이것이 불가능하다. 일관성 있는 판례가 축적되어 있지 않기 때문이다. 변호사가 정확한 상담을 해준다면 오늘날과 같이 소송이 남발되지도 않았을 것이다. 우리나라에서 소송건수가 그토록 많은 데에 대한 1차적인 책임은 변호사에게 있다. 물론 전관예우와 같이 수단과 방법을 가리지 않고 남이야 어떻게 되든 말든 자기만 승소하면 된다는 생각이 그렇게 만들었고, 그 결과 판결들을 뒤죽박죽으로 만들어 놓았다.

우리나라 변호사에게 가장 심각한 문제는 '모르는 것이 있더라도 절대 모른다고 하지 말고, 일단 아는 척을 하되 최대한 애매한 정답을 제시하라'고 배우고 실제로 그렇게 하고 있다는 점이다.(185) 이는 내가 배운 'speak clearly'와는 정반대의 가르침이다. 아무리 많은 실력을 갖추고 있어도 '최대한 애매한 정답'을 제시하는 법률가는 진정한 법률가가 아니다.

BBK 사건의 당사자 김경준 씨가 경험한 우리나라 변호사들의 다른 실태를 보자.

2007년 12월, BBK 사건 검찰 발표 직후 당시 대통합민주신당(이하 민주당)과 이회창 대선캠프의 변호사 출신들이 몰려와 나에게 여러 질문을 하였다. 나의 형사소송 사건 변론을 해준다고 만났지만, 실제로 나의 변론 준비를 도와준 사람은 없었다. 그 와중에 이회창 대선캠프 출신 홍선식 변호사가 돈을 받고 나의 사건을 맡았다.

---

(185) 김두식, 『헌법의 풍경』, 교양인(2013), 78쪽

이회창 쪽 김정술 변호사는 나의 형사사건 재판 기록상에는 변호사로 되어 있지만 실제로 도움을 주지 않았다. 김정술 변호사는 나의 법정기일에 몇 차례 출석하고 서울구치소에도 몇번 찾아왔다고 하겠지만, 자신이 그 당시 기소당한 형사사건에 대하여 내 사건의 변호사였다는 사실이 그의 방어 핵심이었기에, 자신에 대한 형사소송을 미리 대비하기 위하여 찾아온 것이지 나를 위한 일은 절대 아니었다. 실제로 김정술 변호사는 나의 형사사건 변호사라면서 나의 사건기록을 단 한 번도 읽어보지 않았다. 자신을 위한 형식적인 행동이었다.

박찬종 변호사 역시 나의 변호사로 형사사건 기록에 기재되어 있지만, 그분 역시 자신의 홍보를 위한 기자회견 외에는 실제로 변호사 역할 한 것은 아무것도 없고, 실제로 사건기록을 읽어보지도 않았다.

이 분들이 무료변론해 준다고 하기에 만나기로 했는데 나의 사건을 위한 변론은 아무것도 없었고 자기의 개인 이득을 위한 질문들만 수두룩하였다. 이게 대한민국 정치권 무료변론의 현실이다. 미국 같으면 변호사 윤리위반으로 모두 변호사 자격이 박탈되었을 것이다.[186]

지금도 완전히 없어지지는 않았지만, 다음과 같은 공문 형식의 편지가 흥행했던 때가 있었다.

1. 당 법무법인은 저작권자인 ○○○로부터 저작권자가 저작권을 보유하고 있는 도서물 등의 저작권법 위반 행위에 대한 일체의 단속권을 위임받았습니다.

2. 당 법무법인은 귀하가 도서물 등을 무단복제하는 등 컴퓨터프로그램보호법 및 저작권법 위반 행위를 한 사실을 확인하였기에 이 사실을 귀하에게 알려 드리는 바입니다.

3. 귀하의 행위는 저작권법 제97조의 5, 제18조의 2에 해당하는 것으로서 5년 이하의 징역 또는 5천만 원 이하의 벌금에 처할 수 있으며, 징역과

---

(186) 김경준, 『BBK의 배신』, (주)비비케이북스(2012), 296~297쪽

벌금을 병과할 수도 있습니다.

4. 따라서 귀하는 고소 대상으로서 당 법무법인은 법적 절차를 준비하고 있는 바, 귀하께서는 사전에 당 법무법인에 연락 주시면 해결방안을 모색할 수 있습니다. 또한 이 공지는 10일의 최고기간을 가질 것입니다. 연락처: 02-123-4567[187]

이런 편지를 받고도 법무법인에 전화를 해서 '해결방안을 모색' 하지 않으면 곧이어 경찰서에서 출석요구서가 날아온다. 당신이 저작권법 위반 혐의로 고소되었으니, 경찰서에 와서 조사를 받으라는 거다. 생전 경찰서 근처에도 안 가본 사람이, 특히 어린 청소년들이 출석요구서를 받으면 그 자체로 쇼크다. 오금이 저려온다. 고민을 거듭하고 끙끙 앓아도 자신이 해결할 문제는 아닌 것 같다. 부모에게 말하면 혼날게 뻔하고, 마땅히 고민을 털어놓을 사람도 없다. 매우 안타깝게도, 지방의 한 고등학교 1학년 학생은 고민 끝에 자살을 택했다.[188]

억울한 피해자가 늘자, 서울 동대문경찰서는 법무법인과 변호사에 대한 수사를 진행했다. 유명 소프트웨어 업체의 고문 변호사인 K씨(T법무법인 대표)가 브로커를 통해 피씨(PC) 매장들에게 업체의 소프트웨어를 불법 복제해 설치하도록 하고는, 합의금을 주지 않으면 고소하겠다고 협박해서 11억 원을 챙겼다는 것이 경찰 수사를 통해 드러났다. 동네마다 있는 피씨 수리업체들이 대개는 영세한 상점들일 터인데, 돈 많고 힘 센 변호사들이 이들을 등쳐먹고 있는 것이다. 세상에! 이렇게도 비열한 인간들이 또 있을까.[189]

---

(187) 오창익, 『십중팔구 한국에만 있는!』, (주)도서출판 삼인(2013), 304쪽

(188) 오창익, 위의 책, 305쪽

(189) 오창익, 위의 책, 307쪽

우리 사회 각계 인사와의 인터뷰를 통하여 사법 현실을 재조명하고자 연구하였던 김두식 교수의 연구결과의 일부다.

> 판사, 검사, 헌법재판관, 사법연수원 출신의 다양한 변호사들과 함께 일하며 여러 로펌과 개인 사무실을 거친 강예리[190] 씨는 면담 도중 '이 새끼나 저 새끼나 변호사 새끼는 다 똑같아요'라는 절망적인 탄식을 내뱉었습니다. 어찌하여 법조인들이 가장 가까이에서 일하는 사람에게 이런 평가를 받게 되었을까요. (중략) 법조계 주변의 다양한 사람들을 인터뷰하는 과정에서 우리는 판검사, 변호사들에 대한 시민들의 다양한 불만을 전해들을 수 있었습니다. 또한 판검사, 변호사들은 남들에게 잘 알려지지 않은 자신들의 일상과 고뇌를 들려주었습니다. 법조인이 아닌 사람들은 법조인들이 '다른 세상'에서 행복하게 살고 있을 것으로 상상하지만, 사실 많은 법조인들은 '거절할 수 없는 돈', '거절할 수 없는 관계', 사무실 운영의 압력, 브로커 고용의 유혹 속에서 힘든 하루하루를 보내고 있었습니다.[191]

법조인들에게 이보다 더 큰 비극은 없다.

---

(190) 김두식 교수의 『불멸의 신성가족』에서 인터뷰하였던 각계 23인의 한 사람으로, 변호사 사무실 직원이다.

(191) 김두식, 『불멸의 신성가족』, 창비(2009), 215쪽

멀어져가는 정의

우리 사회가 정의롭지 못한 사회가 되어버린 원인을 찾는다면 연고주의를 빼놓을 수 없다. 연고주의가 국가적인 차원에서 적용되는 것이 대통령의 낙하산이다. 후보 시절 그러지 않겠다고 다짐했던 대통령들이지만 대통령이 되고 나면 낙하산은 어김없이 등장한다. 새 대통령이 선출되면 국가 지분이 높은 은행, 행정기관, 국영 매체에서는 새로운 고위직을 맞이할 준비를 시작한다. 낙하산 인사가 만연해 있기 때문이다. 대통령의 낙하산은 업무의 비효율성과 비리 연루가능성이라는 두 가지 심각한 문제를 낳는다. 낙하산들은 관련 분야의 경험이 전무하더라도, 기업 경영진의 일원으로 높은 연봉을 받으며 채용되기도 하지만, 전문성이 없으니까 비효율을 가져온다. 오늘 수많은 공기업들이 엄청난 부채를 앉고 국민의 혈세를 빨아들이고 있는 것은 이제까지 오랜 전통에 걸쳐 낙하산들이 만들어 놓은 업적이라 보아도 크게 틀리지 않을 것이다. 아홉 차례 공기업 구조개혁을 단행했다고 하지만 개선은 더욱

더 수렁으로 빠져들고 있다. 낙하산은 비리에 연루될 가능성이 높다. 낙하산과 같이 정치적 힘을 가진 사람이 있을 때 부패가 발생하는 것은 자연스러운 결과다.(192)

대통령의 낙하산은 먹이사슬처럼 작동한다. 대통령을 중심으로 행정부의 각 부처를 비롯하여 공기업들은 그들의 권한과 능력 범위 내에서 연고주의를 실현하고 다시 말단의 하부조직까지 이어진다. 온 나라가 온통 연고주의로 물들고 있다. 연고주의는 나라살림을 파탄 나게 하고 우리 사회를 온통 부패와 비리의 온상으로 만들어 버렸다.

우리 사회에서 연고주의가 만연한 이유로 좁은 땅덩어리와 혈연, 지연, 학연 등의 인맥으로 긴밀하게 형성된 관계망을 얘기한다. 좁은 땅덩어리에서 과하다 할 만큼의 인맥을 형성해 놓고 있다. 우리나라처럼 동창회, 향우회, 동문회가 성행하는 나라도 아마 없을 것이다. 그런 인맥에서 소외되는 것은 성공과 출세가도에서 멀어지는 것을 의미한다.

우리는 행정부나 사법부 아니면 공기업들을 비롯한 모든 사회의 부패 청산을 위하여 많은 노력을 해왔다. 매번 구조개혁을 하려했다. 하지만 모두 실패하였다. 근본적으로 연고주의를 청산해야 하는데, 연고주의를 청산하고자 할 때 또 연고주의가 작용하기 때문에 실패하는 것이다. 이는 애당초 근본부터 잘못되었기 때문이다. 처음부터 주춧돌을 잘못 놓았기 때문이다. 우리는 그런 관계망 속에서 법과 상식을 깨버리고 잘못된 온정주의를 키워나갔다. 그리고 그런 온정주의가 성공과 출세로부터 얻어진 전리품 정도로 여겼다. 애초부터 우리 사회 각 분야에서 사

---

(192) 다니엘 튜터 지음, 노정태 옮김, 『기적을 이룬 나라 기쁨을 잃은 나라』, (주)문학동네 (2013), 86쪽

회정의를 이룩하지 못한 결과이다.

우리보다 작은 유럽의 많은 나라들도 우리 못지않은 인맥 관계망을 갖고 있다. 우리보다 더 작고 단일 민족으로 이루어져 우리보다 더 끈끈한 관계망을 갖고 있는 나라들이 많이 있다. 그럼에도 우리처럼 연고주의에 이끌려 부정부패가 만연해 있지 않다. 애초부터 정의사회를 구축한 결과이다.

연고주의와 관련하여 일본과 미국의 모습을 소개한 신평 교수의 얘기다.

> 필자가 일본에 유학했을 때 가장 인상 깊었던 점은 우리와 비슷한 문화를 가졌을 법한 일본사회가 연고주의에서만큼은 상당히 다른 양상을 보인다는 사실이었다. 일본도 우리처럼 수직적 네트워크를 가진 사회이다. 인사이더와 아웃사이더를 엄격하게 구별해 네 편, 내 편 가리기를 유난히 좋아하는 사회이다. 그럼에도 그 사회 전체를 관통하는 원칙과 상식이 건재함을 느낄 수 있었다. 연고 같은 것을 이용해 그런 원칙과 상식을 깨려는 측에 대해서는 아주 엄격하게 대응한다. 그래서 사회는 언제나 예측가능하다. 거기에 맞춰 살아가면 되니 다른 데 신경 쓰지 않아도 살아가기 편하다.
> 미국 유학시절에는 이런 점을 더욱 깊이 느꼈다. 미국이나 일본에서는 우리처럼 법조 브로커가 설쳐서 재판과정에 영향을 미쳤다는 이야기는 들을 수 없다. 최근 들어 우리도 연고주의를 극복하고 원칙에 따라 사회가 움직이도록 하는 데 많은 노력을 기울이고 있고 또 상당히 좋아지긴 했으나, 미국이나 일본에 비하면 아직 갈 길이 멀다.[193]

우리 사회의 발전을 저해하는 요인 중의 하나는 전문가를 양성하지

---

(193) 월간 신동아 2006. 9. 1, 통권 564호.

않는다는 점이다. 전문가가 양성되지 않기 때문에 우리 사회에는 전문가가 없다. 우리 사회에서는 다른 사람보다 조금 높은 지위에 있는 사람이 전문가다. 사회가 발전하고 국가경제가 튼튼해지려면 각 분야의 전문가 집단이 견실해야 한다. 우리는 경찰청장 하던 사람이 공항공사 사장으로 가고 기업의 CEO가 특허분야의 중책을 맡는다.

변리사가 개업하여 어느 정도 경력이 쌓이면 특허명세서를 작성하는 일을 하지 않는다. 그것이 변리사의 생명인데도 그런 일은 초임 변리사나 직원에게 맡긴다. 사무실에서 그런 일을 하고 있다가는 일감이 다 떨어진다. 그런 일 대신에 골프채를 들고 나가야 한다.

기자도 경력이 쌓여지면 여전히 현장에서 취재하고 리포트를 하는 게 좋다 하더라도 본의 아니게 현장을 떠나 데스크가 되거나 아니면 한직으로 쫓겨 가야 한다. 입사경력 20년차 기자가 현장에서 일하지 못하는 문화는 쉽게 이해가 되지 않는다. 더 많은 경험과 더 많은 인맥, 더 훌륭한 노하우를 갖고 있는데도 현장에서 뛸 수 없다니, 이게 과연 합리적인 방식인가? 외국의 뉴스채널을 보면 한국으로 치면 할머니, 할아버지 취급을 받을 사람들이 리포트를 하는 경우가 비일비재하다. 그런데 왜 한국에서는 안 되는가?(194)

우리 법원의 문화를 보자. 해마다 인사철이 되면 많은 판사들이 옷을 벗고 변호사가 된다. 특정 기수가 서울지법 부장판사, 또는 지방법원장, 고등법원 부장판사 등의 승진을 할 때가 되면(사실 그런 게 기수에 따라 연차적으로 진행되는 문화도 우습다) 그 기수 가운데 승진에서 밀린 사람들이 단체로 옷을 벗는 것이다. 이 무슨 국가적인 낭비인가? 판사들이 너무 젊

(194) 박에스더, 『나는 다른 대한민국에서 살고 싶다』, (주)쌤앤파커스(2012), 64쪽

어 다각적인 경험에서 우러나오는 판단을 못하는 건 아닌가 우려된다는 지적이 많다. 그런데 왜 경험 많은 판사들은 해마다 옷을 벗는가? 이들이 다시 단독 판사가 되어 현명한 판결을 내려주면 안 되는 것인가? 안 된다. 그것은 위계질서, 부장판사까지 한 그들의 체면에 완전히 어긋나는 것이다. 적어도 한국에서는.[195]

우리 사회는 전문가를 양성하지도 않지만 그나마 있는 전문가들도 우리사회의 정의구현이나 진리탐구와는 거리가 멀다. 철밥통만을 차고 앉아 있을 뿐이다.

김명호 교수가 1996년도 성균관대 본고사 수학문제의 오류여부에 대한 사실조회를 대한수학회에 보냈을 때 돌아온 답은 '답을 할 수 없다'는 것이었다. 법원에서 기각한 혈흔 감정신청에 대하여 물리학자들의 견해를 묻고자 한국물리학회에 보낸 공개질의에 대해서도 같은 대답이었다. 반면 미국 예일대의 서어지 랭(Serge Lang) 교수와 영국 케임브리지대 엠. 아티야(M. Atiyah) 교수는 당시 한국고등과학원 부원장과 대한수학회장에게 김 교수의 오류 문제 지적이 옳다는 답변을 해야 한다는 서신을 보내왔다.[196]

법학교수들도 별반 다르지 않다. 정치권이나 기웃거리면서 정치적인 코멘트나 한두 마디 내뱉을 뿐 잘못된 판결에 대하여 명쾌한 평석을 내놓는 일이 없다. 법학자들은 법학자대로 고고한 자신들만의 성(城)에서 혼잣말만 하며 살고, 법조인들은 법조인들대로 자기 특권 속에 안주하며 청지기의 소명을 저버리는 가운데, 우리 시민 한 사람 한 사람의 인

---

(195) 박에스더, 위의 책, 65쪽
(196) 김명호, 『판사 니들이 뭔데』, 석궁김명호출판사(2012), 200~201쪽

권은 길바닥에 나뒹굴고 있다.(197)

2010년 타계한 리영희 교수는 지식이 아무리 많아도 '의식'이 없으면 그 지식은 죽은 지식이라고 했다. 국제법을 몇 십 년을 공부해도, 박사학위를 몇 개씩 받아도, 아무런 회의도 없이 그저 정부가 내놓은 대로만 '지식화' 하면 영원히 무식자로 남을 뿐이며, 그것이 우리 교수들, 전문가들, 박사들의 실정이라고 했다.(198)

우리 사회가 과거에는 그러지 않았다. 정의를 사랑했고 불의에 항거했다. 비록 부모는 도둑질을 하더라도 자식에게는 도둑질을 하지 말라고 가르쳤다. 이제 우리는 자식에게 도둑질을 해오라고 가르치는 세상에 살고 있다. 거짓말이 난무하고 도덕과 양심과 사회정의는 내팽개쳐지고 있다. 남이야 어찌 됐든 나만 출세해서 잘 먹고 잘살면 그만이다. 사법피해자 같은 사람들은 안중에도 없다. 사법정의는 온데간데없고 판검사 임용되어 전관예우로써 수십억 챙기면 소기의 목적을 달성한 것이다.

자유당 정권은 4·19혁명으로 무너지고 말았다. 자기 딸이 4·19 데모 대열에서 빠진 게 부끄럽고 괴롭다는 어느 아버지가 1960년 5월 2일자 조선일보에 '너는 그날 무엇을 하고 있었느냐?' 라고 추궁하는 글을 기고했다.(199)

> 인옥아, 내 사랑하는 딸아! 내가 이 글을 신문에 투고해 세상에 널리 읽히고자 하는 것은 나만이 딸을 가진 애비가 아니고 또 나와 같이 너희 학

(197) 김두식, 『헌법의 풍경』, 교양인(2013), 47쪽
(198) 리영희, 임헌영, 『대화』, 한길사(2009), 717쪽
(199) 강준만, 『갑과 을의 나라』, 인물과사상사(2013), 205쪽

교에 딸을 보낸 7,000의 부모, 형제자매들이 모두 내 심정과 같을 것을 생각하고 이 부끄러움을 이 고통을 함께 나누고 함께 울고자 함이로다. (중략) 너희 학교는 ○○여 년의 역사를 가지고 빛나는 전통을 자랑하며 수많은 현모양처와 여성 지도자를 배출해낸 이름 높은 학교였다. 세상에서는 너희 학교 학생들에 대해서 사치와 방종하는 경향이 있다느니 다른 학교보다 학비가 많이 든다느니 하는 세평도 없지 않으나, 나는 너희 학교의 역사와 그만한 시설과 그만한 학생 수효로 보아서 그러한 세평은 도리어 이해력이 부족한 소치라고 생각하고 역설도 하고 반박도 하여왔다. 그것은 내 딸이 다니는 학교라 해서만 하는 말은 아닐 것이다. 그러나 나는 완전히 할 말이 없게 된 '부끄러운 아버지'가 되고 말았다. (중략) 너는 정녕 그 젊은 기수(旗手)들 속에 네 생명을 바쳐 사랑하는 애인 한 사람 없었더란 말이냐? 서글픈 일이다. 분한 일이다. 네 젊음을 스스로 모독한 시대의 고아가 되고 말았구나. 어찌 네가 가슴에 '배지'를 달고 이 태양 아래 활보할 수 있으랴! 총탄에 넘어진 아들딸을 가진 부모들의 비통함보다, 털끝 하나, 옷자락 하나 찢기지 않은 너를 딸로 둔 이 애비의 괴로움이 더 깊고 크구나. 인옥아! 어서 '배지'를 떼고 교문을 나와 병원으로 달려가거라. 죄인과 같은 부끄러움과 겸손한 태도로 아직도 병상에서 신음하는 그 젊은 영웅들 앞에 네 피를 아낌없이 쏟아라. 그 젊은이들이 너 같은 여자의 피라도 받아준다면……. 그리고 그만 시골로 내려오너라. 그 편이 한결 애비 된 내 마음이 편할 것 같다. 그리하여 아버지와 함께 조용히 생각해보자! 결코 '부잣집 맏며느리'를 만들기 위해서 너를 대학에 보낸 애비가 아니라는 것, 네가 잘 알 것이다. 이 찬란하고 장엄한 역사의 아침 앞에서 이렇게 흥분하지 않고는 못 배길 것만 같다.

제7장

판결문 공개
– 사법정의를 향한 첫걸음

공개되지 않는 판결문
미국의 판결문 공개
법원은 왜 판결을 공개하지 못하나
판결문이 공개된다면

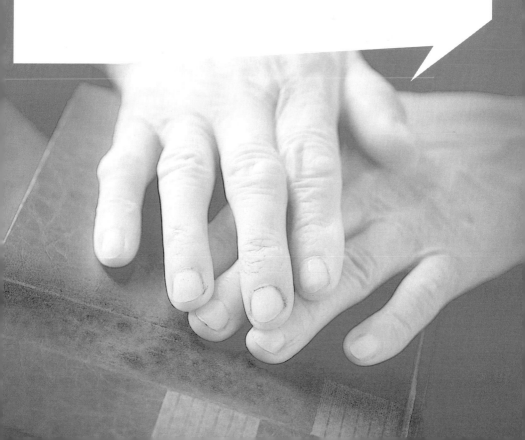

공개되지 않는 판결문

국회 법제사법위원회 소속 노철래 의원은 2013년 10월 대법원 국정 감사에 앞서 배포한 보도자료에서 '법원은 2013년 1월부터 형사사건 판결문을 인터넷에 공개하고 있으나, 9월말까지 공개된 판결문 14만 9,887건 중 열람 건수는 5,846건으로 3.9%에 불과하다'고 밝혔다.

대법원은 판결문이 공개될 때 개인정보가 삭제된다고 해도 사생활이 침해될 우려가 있다면서 추후 부작용을 보완해가면서 점진적으로 확대해 나간다는 입장이다. 노철래 의원은 '국민들이 판결문을 열람하기 위해선 판결을 선고한 법원, 사건번호, 당사자 이름을 알아야 한다'며 '세 가지를 모두 알지 못하면 판결문을 열람할 수 없어 일반시민뿐 아니라 법조계 종사자들도 공개된 판결문을 보기 어려운 것이 현실'이라고 지적했다. 그는 '판결문을 보려는 이유는 개인의 범죄 사실이 궁금해서가 아니라, 유사 사건의 판결이 어떻게 났는지, 법원이 어떤 기준으로 이를 판단하는지 궁금하기 때문'이라며 '그런데 현재 판결문 공개제도는 국민들에게 아무런 도움이 되지 않고 있다'고 말했다. 그는 법조계 종사자들도 판결문 열람이 쉽지 않아 인터넷에서 핵심단어로 판결문을 검색할 수 있도록 개선해야 한다고 강조했다.[200]

판결문은 당연히 공개되어야 함에도 불구하고 제대로 공개되지 않으니까 그리고 헌법에서 판결을 공개하도록 규정하고 있는데도 불구하고 그러한 사실을 모르니까 이런 것들이 우리나라에서는 뉴스가 된다. 모든 법원의 전체 판결을 빠짐없이 공개해도 시원찮을 판에 일부 공개되는 판결마저 접근하기가 쉽지 않다는 얘기다. 이 정도를 가지고 판결문을 공개한다고 말할 수는 없다.

그런데 법원은 판결문을 공개하고 있다며 법원 도서관에 가면 열람할 수 있다고 한다. 요즘 같이 바쁘게 돌아가고 과학이 발달한 시대에 법원 도서관까지 가야 한단 말인가? 더 심각한 문제는 과연 법원 도서관에 가더라도 자신이 원하는 정보를 찾을 수 있느냐는 것이다.[201]

> 필자(김명호)는 2006년도에 자주 법원 도서관에 가서 자료를 찾아보았는데 모든 판결문이 법원 도서관에 비치되어 있지 않았다. 필자가 원하는 판례가 있는지 조차도 알 수 없었을 정도로 형편없었다. 인터넷에서 정보 찾듯이 그냥 판례검색 페이지에 가서 '사기'라고 치면 '사기' 관련 모든 판결문들이 올라와야 하는데, 대법원에서 말하는 공개는 사건번호를 알아내어 법원에 정보공개를 신청하면 자기들 컴퓨터에 소장된 판결문을 복사해 준다는 것이다. 사건 당사자가 아니면 사건번호를 어떻게 알 수 있단 말인가? 이렇게 대법원처럼 편하게 사기치고 돈 버는 기관은 대한민국밖에 없다.

---

(200) 로이슈(www.lawissue.co.kr) 2013. 10. 15
(201) 김명호, 『판사 니들이 뭔데』, 석궁김명호출판사(2012), 199쪽

게다가 판결문 공개 비율이 미국은 100%, 일본은 70% 이상인 반면에 대한민국은 5%미만이란다. 얼마나 판결문이 엉터리이면, 공개하지 않으려고 그렇게도 발버둥 치는가를 상상해 보라. 그나마 필자가 훑어본 수백여 편의 판결문 중 95% 이상이 개판이었다."(202)

　한 언론사의 기자가 문흥수 변호사와 인터뷰를 하면서 묻는다. '사법 정보 중에서 대법원 판결문은 일반인에게 공개되고 있습니다. 일부에선 원심판결문도 공개해야 한다고 주장합니다. 또 확정된 사건의 재판기록에 대해 일반인들의 접근이 허용되어야 한다고 주장합니다. 이에 대한 의견을 말씀해 주십시오.' 이에 대하여 문흥수 변호사는 답변한다. '모든 원심판결을 공개할 필요는 없다고 본다. 사회적으로 이목을 끄는 중요한 사건의 원심판결문은 당연히 공개되어야 한다. 확정재판기록에 대한 일반인의 접근은 기술적으로 상당히 어려운 문제가 있어 보인다. 재판당사자에 대한 명예훼손의 가능성이 있고 확정기록도 경우에 따라서는 재심의 대상이 될 수 있는데, 일반인에게 공개하면 기록이 훼손될 염려가 있다고 생각된다.'(203)

　우리 헌법 제109조에는 '재판의 심리와 판결은 공개한다. 다만 심리는 국가의 안전보장 또는 안녕질서를 방해하거나 선량한 풍속을 해할 염려가 있을 때에는 법원의 결정으로 공개하지 아니할 수 있다.' 라 규정한다. 재판의 심리는 필요한 경우에 공개하지 않을 수도 있지만 판결의 공개에 대해서는 어떤 단서도 없다. 헌법은 모든 판결이 반드시 공개되도록 규정하는 것이다.

---

(202) 김명호, 위의 책, 199쪽
(203) 문흥수, 『그들만의 천국』, 유로출판(2010), 255~256쪽

공개라는 것은 판결문을 열람하고자 하는 국민이라면 누구든지 자유롭게 열람할 수 있는 상태를 말한다. 법과대학이나 로스쿨을 비롯하여 국회 도서관 아니면 최소한 법원도서관에 가면 우리나라 각급법원에서 나온 모든 판결을 열람할 수 있어야 한다. 우리나라에 그런 도서관은 하나도 없다. 요즘 같은 디지털시대에는 각급 법원의 모든 판결문이 온라인으로 제공되어야 한다. 물론 이것은 어느 정도 비용이 들기 때문에 유료화 할 수도 있다. 하지만 모든 판례가 그 데이터베이스에 존재해야 한다. 그것이 헌법에서 규정하는 진정한 의미의 판결 공개다.

대법원 판결만 공개해서도 안 된다. 지방법원, 고등법원은 물론 특수 전문법원이라 할 수 있는 특허법원, 행정법원, 가정법원 등의 판결도 모두 공개해야 한다. 사건의 내용에 따라 공개를 제한해서도 안 된다. 형사사건은 공개하고 민사사건은 공개하지 않는다면 그것 역시 헌법의 취지에 어긋난다. 그런데 우리는 판결문 공개비율이 5%라고 할만큼 판결이 공개되지 않는 나라다. 독재국가를 제외하면 전 세계적으로 유례가 없는 일이다.

미국의 판결문 공개

미국에서는 판결문이 모두 공개된다. 미국은 50개 주로 이루어진 연방국가로서 우리보다 훨씬 복잡한 법원 조직을 가지고 있고, 따라서 법원 수도 우리에 비할 바가 아니다. 일단 연방정부를 보면 9명의 대법원 판사로 구성되는 연방최고법원인 연방대법원이 있고, 그 밑에 우리나라 고등법원에 해당하는 연방항소법원이 미국 전역에 걸쳐 모두 13개 있다. 그 밑에는 연방지방법원이 있는데 50개 주에 모두 94개의 지방법원이 있다. 연방법원 외에 50개 각 주는 독자적인 사법시스템을 운영한다. 각 주마다 주대법원이 있고 그 밑에 주항소법원이 있으며 그 밑에 다시 주지방법원이 있다. 주항소법원이 없이 2심제로 운영하는 주가 11개 주이고 나머지 39개주는 각 주마다 3심제의 법원 조직을 운영한다. 방대한 법원조직을 갖고 있는 나라인데도 각급 연방법원을 비롯하여 50개주의 각급 주법원에서 나오는 판결을 모두 공개하고 있다.

미국연방판례집(한동대학교 법률도서관 제공)

법원조직이 방대함에도 불구하고, 판결은 아주 잘 분류되어 나오는 대로 하나도 빠짐없이 공개된다. 예를 들어, 연방대법원 판결은 제1권부터 시작하여 연속적인 시리즈 출판물로 발행된다. 13개의 연방항소법원의 판결문도 일련번호로 정리된 판례집에 수록되어 출판된다. 94개에 달하는 연방지방법원도 마찬가지다. 3심제 또는 2심제를 택하고 있는 50개 주의 주법원 판결도 이런 식으로 분류하여 출판되고 도서관 서가에는 각급법원 분류에 따라 순서대로 판례집이 진열된다.

229 S. Ct. 334

위 표시는 어떤 암호가 아니라 이 판결문이 어디에 수록되어 있는지를 나타내는 방식이다. 우선 가운데 'S. Ct.'는 일종의 '분류기호'로서 연방대법원(Supreme Court) 판결을 의미한다. 앞의 숫자 '229'는 연방대법원 판례집의 권수 즉, 제229권을 의미한다. 뒤의 숫자 '334'는 페이지를 의미한다. 이 판결문은 연방대법원 판례집 제229권 334페이지에 수록되어 있다는 의미다. 따라서 이 판례를 열람하고자 한다면, 도서관 판례집 서가로 가서, 'S. Ct.' 즉, 연방대법원 판례집이 진열된 위치에서 제229권을 찾으면 된다. 봉사가 아니라면 누구든지 금방 찾을 수 있다.

모든 판결이 이처럼 잘 정리되어 공개되기 때문에 미국에서는 소송소장을 제출하거나 준비서면을 제출할 때 위와 같은 표시만 기재해준다. 만일 판결문 전체를 보고자 하더라도 도서관에서 아주 쉽게 판례를 찾을 수 있기 때문이다. 우리는 판례 전체를 복사해서 참고서면으로 첨부해서 소장이나 준비서면과 함께 제출해야 한다. 판결 하나 제대로 정리할 줄 몰라서 대대로 자원낭비하고 곱빼기로 고생하고 있는 것이다.

미국 로스쿨은 미국 각급법원의 판례를 위와 같이 도서관에 비치한다. 내가 다니던 로스쿨은 미국에서 가장 작은 로스쿨이라 그런지 도서관의 절반이 판례집으로 채워져 있었다. 내가 미국에 있을 때 들은 얘기라 확신할 수는 없지만 미국에서 로스쿨을 설립하기 위해서는 도서관에 미국 연방법원 및 주법원의 모든 판례집을 갖추어야 설립인가가 난다고 한다.

우리나라도 로스쿨 제도가 도입되어 로스쿨 인가를 받기 위해 많은 투자를 하고 교수를 확보하고 시설을 확충하였지만, 우리나라 모든 판례가 수록된 판례집을 갖추어야 한다는 소리는 들어보지 못했다. 그렇게 할 판례집도 없지만.

미국에서는 판례집이 그만큼 중요하다. 보통 영국과 미국을 중심으로 한 영미법 체계를 관습법(common law; 판례법[case law]이라고도 한다) 시스템이라 하고, 독일을 중심으로 한 대륙법 체계를 시민법(civil law) 시스템이라 한다. 관습법을 불문법이라고도 하고, 시민법을 성문법이라고도 한다. 관습법 시스템에서도 성문법이 없는 것은 아니지만 법원의 판례가 더 중시된다고 할 수 있다. 물론 시민법 시스템에서도 법원의 판례가 중요시되지 않는 것은 아니다.

관습법이건 시민법이건 모든 나라에서는 법원의 판례가 중시되기 때문에 판례가 일관성을 갖게 되고 성문법 못지않게 중요하게 이용된다. 그렇기 때문에 그들은 판례를 잘 분류해서 모두 공개한다. 양질의 명판결이 나오지 않으려야 않을 수 없는 판결공개 시스템을 갖추고 있는 셈이다.

미국에서의 수많은 판결에 대한 공개는 민영 출판사인 웨슬로컴퍼니(WEST LAW COMPANY)가 맡아서 하고 있다. 각급 법원에서 나오는 판결을 모아 한 권의 책으로 출판할 분량이 되면 출판하여, 판례집을 수요자에게 공급하는 방식이다. 판례집은 로스쿨은 말할 것도 없이 미국 내 법률사무소, 큰 회사의 법률부서, 공공 도서관, 외국의 고객 등에 배포된다. 1980년대 들어 인터넷이 대중화 되면서 웨슬로컴퍼니는 모든 판례를 인터넷으로 제공하기 시작하였다. 키워드만 입력하면 자기가 원하는 판례를 손쉽게 찾을 수 있다. 종이책과 더불어 온라인으로 완벽하게 공개되고 있는 것이다.

다음의 내용은 미국 판례집에 수록된 한 예다. 원고는 'Butts'이고 피고는 'Dragstrem'이며, 이 판례는 분류기호 'So. 2d' 판례집 제349권 1203페이지에 수록되어 있다. 판결문 전문은 물론, 양 당사자인 원고와 피고, 양측 대리인(위 판례는 다시 인용한 것으로 대리인은 기재되어 있지 않다), 판사 이름, 심지어 판결문을 작성한 판사의 이름이 모두 공개된다. 우리나라에서 판결문을 법원에 신청하면 양 당사자의 이름을 지워

ERVIN, Judge.

The Butts appeal a judgment entered in favor of Mr. and Mrs. Dragstrem for $42,000.00. They urge that the lower court erred in denying their motion for directed verdict on the ground that John Dragstrem was not justified in relying upon certain fraudulent representations made by Willis Butts which were material in the Dragstrems' decision to purchase Butts' trailer park. We agree and reverse.

In early 1973, John Dragstrem visited his brother, Wayne, who at the time managed a seventeen unit mobile home subdivision in Jacksonville, Florida, which was owned by Butts. Dragstrem had in Illinois operated a small apartment building for seven years and was experienced in the maintenance and upkeep of rental property. He advised his brother he was interested in purchasing rental property which would net him at least $1,000.00 per month. His brother consulted Mr. Butts concerning the possibility of Dragstrem's purchasing the property. Butts evinced interest, advising Wayne that his brother could easily make $1,000.00 per month net income, saying he had made at least that much per month for several years in the past.

Between February and October, 1973, Dragstrem spent a considerable portion of his time in the Jacksonville area. He socialized with Butts and his wife and saw them frequently in church. Butts appraised his own property, based upon his thirty years experience in the rental of mobile homes, at $167,000.00, but told Dragstrem he would sell the subdivision to him for $147,000.00. Although Dragstrem was never shown Butts' books of account, he was given a pink slip listing average monthly expenses of $249.00, of this amount $30.00 was allocated to "maintenance and upkeep: mower; minor maintenance on mobile homes and street." Butts represented these figures as accurate. Dragstrem, relying on Butts'

representations as a Christian brother and on Butts' reputation for honesty agreed to purchase the property for $145,000.00.

After purchasing the property, Dragstrem soon realized that he was unable to make anywhere near the $1,000.00 per month net income Butts had claimed to have made. After the contract to buy and sell was signed, Dragstrem came upon the premises and found there the ledger book maintained by Butts. It reflected during a period of 15 months gross income of $31,945.00. It did not, however, show the expenses involved.

At a deposition of Butts' accountant, taken three weeks prior to trial, Dragstrem learned for the first time that Butts' net monthly income, after subtracting expenses and mortgage payments, was $540.00 per month. At trial Dragstrem testified that following the purchase, his average net monthly income was $490.00. The accountant for Butts, one Rudolph Black, testifying on behalf of Butts, did not substantially contradict the testimony of Dragstrem. He testified the total gross income for fifteen months was $32,938.04, excluding rental deposits. Total expenses, excluding mortgage payments, for the same period were $7,190.00. Net monthly expenses during the 15 months were $480.00, which contrasted sharply with the average monthly figure of $249.00 supplied by Butts to Dragstrem on the pink slip.

[1–3] At the outset we conclude there was ample evidence in support of the conclusion that Butts fraudulently misrepresented the average monthly net income he derived from his business. In general, misrepresentations as to past income—as opposed to probable future profits—are proper predicates for alleging fraud.[1] Dragstrem was required, however, to prove also that he relied upon the representation resulting in his injury, which representation was a material fact in inducing the pur-

---

1. *Oceanic Villas, Inc. v. Godson*, 148 Fla. 454, 4 So.2d 689 (1941).

chase [2] and that he was justified in relying upon the truth of the statement.[3] The right of reliance is also closely bound up with a duty on the part of the representee to use some measure of protection and precaution to safeguard his interests.[4] His justifiable reliance goes to the heart of the problem. In the absence of a showing of a fiduciary or confidential relationship, if there 's no accompanying actual deception, artifice, or misconduct, where the means of knowledge are at hand and are equally available to both parties and the subject matter is equally open to their inspection, one disregarding them will not be heard to say that he was deceived by the other's misrepresentations.[5]

Thus it was necessary for Dragstrem to avail himself of an opportunity to inspect Butts' books. True, Dragstrem testified he asked to see the books and, according to Dragstrem's testimony, Butts replied he would bring them over in the morning, but the morning never came. Later after the purchase was consummated, the books of account containing only items of income were found upon the premises. Before the sale, however, Dragstrem was advised the name of Butts' bookkeeper yet he made no attempt, until three weeks prior to trial, to ascertain from the accountant what Butts' expenses had been. If there was evidence of active concealment by Butts of his books then a different result might well obtain. There is no such evidence here. We have previously held that where a vendor by his actual deception or misconduct conceals the evidence of a defective condition in such a way as to render it incapable of detection from a reasonable and ordinary inspection,

the vendor can no longer rely upon the purchaser's duty to inspect because such conduct by the vendor serves to impair the purchaser's opportunity to make a meaningful inspection.[6]

While Dragstrem had never operated a mobile home park before the purchase, he was not an inexperienced man of business. He had for seven years maintained a small apartment building in Illinois and was thereby not unaware of the attendant problems associated with the maintenance and upkeep of rental properties. There were certain avenues of inquiry which this record does not show Dragstrem pursued. In addition to his failure to consult Butts' accountant, Dragstrem could also have directed appropriate inquiries to his brother concerning what knowledge, if any, he had concerning the income and operational expenses of the subdivision.

[4] It appears Dragstrem's primary justification for his reliance upon Butts' representations was owing to their close personal friendship and mutual religious interests. Unfortunately for Dragstrem's position such a relationship does not create a fiduciary or confidential relationship. True, the relation and correlative duties necessary to give rise to such status need not be legal but may be moral, social, domestic or merely personal.[7] But close friendship is not enough to sustain Dragstrem's action. In refusing to rescind a deed from a mother-in-law to a son-in-law, conveyed to him following his false representations that he would care for her the remainder of her life or so long as she remained a single woman, our Supreme Court stated, "[t]he law does not prohibit contracts entered into upon the

2. *Citizens' State Bank v. Jones*, 100 Fla. 1492, 131 So. 369 (1930).

3. *Morris v. Ingraffia*, 154 Fla. 432, 18 So.2d 1 (1944).

4. *Kaminsky v. Wye*, 132 So.2d 44 (Fla. 2nd DCA 1961).

5. *Farnham v. Blount*, 152 Fla. 208, 11 So.2d 785 (1942); *Beagle v. Bagwell*, 169 So.2d 43 (Fla. 1st DCA 1964).

6. *Beagle v. Bagwell*, 215 So.2d 24 (Fla. 1st DCA 1968).

7. *Dale v. Jennings*, 90 Fla. 234, 107 So. 175 (1925).

basis of mutual confidence and friendships."[8]

[5] Having considered the record before us we determine that Dragstrem had a duty to make a reasonable inquiry of the seller's operational expenses. His casual request to Butts for his books did not discharge this burden. He knew the name of Butts' accountant, yet it was only after the action was filed and three weeks prior to the date of trial that he asked any questions as to the expenses incurred by Butts in the operation of the mobile home park. While it may have required a bit more persistence by Dragstrem to ascertain the truth, there is nothing before us indicating he could not have acquired the requisite knowledge by the exercise of ordinary care. On the facts before us we conclude his failure to discover the truth is attributable to his own negligence.

The lower court erred in denying Butts' motion for directed verdict. The judgment is reversed.

RAWLS, Acting C. J., concurs.

SMITH, J., dissents.

SMITH, Judge, dissenting:

In my view the trial court properly concluded that the evidence presented a jury question on the pertinent issues. Butts misrepresented his average monthly expenses at a precise $249.00. Even assuming that inspection of Butts' books of account was reasonably required of Dragstrem as a matter of law, Dragstrem's persistence in his request for inspection would have been unavailing because, as the majority opinion recognizes, the books contained no information inconsistent with Butts' misrepresentation of expenses. I do not conceive that we are justified in imposing on Dragstrem a duty to interview Butts' accountant in order to verify information so explicitly misrepresented. *Board of Pub. Instr. of Dade Co. v. Everett W. Martin & Son, Inc.,* 97 So.2d 21 (Fla. 1957). To so hold as a matter of law imposes an incalculable burden on a prospective purchaser and reduces the seller's precise misrepresentation of facts to the legal insignificance of puffery. The question was one for the jury under proper instructions, concerning which Butts has demonstrated no error. I would affirm.

○○○으로 처리하여 보내주는 것과 대조적이다. 우리나라도 판사가 판결문에 서명하도록 하여 판사 이름은 기재되지만 누가 그 판결문을 작성했는지는 기재되지 않는다.

판결문의 서두에는 반드시 판결문을 작성한 판사 이름이 나오는데 이 판결은 어빈(ERVIN) 판사가 작성하였다. 그리고 판결문 말미에는 3인 합의부인 경우 나머지 두 판사가 그 판결에 동의하는지 아니면 동의하지 않는지가 기재된다.

재판장인 롤스(RAWLS) 판사는 이 판결에 동의하지만, 또 다른 판사인 스미스(SMITH) 씨는 동의하지 않는다. 그리고 동의하지 않는 이유를 구체적으로 설명한다. 우리 대법원 판결에서 이따금 나오는 '소수의견'이라고 보면 된다. 미국은 대법원뿐만 아니라 3인의 합의부 판결인 경우에는 판결문을 반드시 그렇게 작성한다. 진정한 의미의 3심제를 시행하고 있음을 알 수 있다. 동의한다 하더라도 이유가 다르면 그 이유를 다시 말미에 설시한다. 우리처럼 재판장 옆에 앉아서 재판 중에 질문 한번 하지도 않는 배석판사들과는 많이 다르다.

미국에서도 판사가 판결문을 작성하여 최종적으로 판결을 내리게 되지만, 그러한 판결을 나오도록 한 변호사의 노력이 매우 가치있는 일로 평가된다. 변호사가 법리를 연구개발하고 논리적인 주장을 하여 그 사건을 승소할 수 있도록 이끌었기 때문이다. 그래서 변호사가 어떤 소송에서 법리적으로 승소했다는 것은 그 변호사의 업적으로 기록된다. 그러한 업적을 가지고 변호사는 고객에게 홍보하고 고객을 개발한다. 우리 변호사들이 그러한 업적이나 실력이 아니라 전관이나 팔고 인맥이나 자랑하면서 홍보하고 고객을 유치하는 것과도 대조적이다.

우리나라에서 고등법원급에 해당하는 특허법원이 1998년 3월 문을 열었다. 다른 법원들은 이미 설립된 지도 수십 년 되고 또 내가 대리할 수 있는 법원도 아니기 때문에 판례집에 대하여 별로 관심이 없었지만, 특허법원에 대해서는 나름대로 판례집에 대한 욕심이 있었다. 1998년 3월 개원하니까 처음부터 나오는 판례들을 차례로 모아서 특허법원이 존재하는 날까지 계속해서 판례집으로 발행한다면, 대한민국 특허제도 발전에 소중한 자료가 될 거라는 생각이 든 것이다. 그래서 특허법원을 접촉하여 이 같은 취지를 설명하였더니 법원 왈, 그렇게 할 수 없다는 것이었다. 그러면 그렇지, 공개는 아무나 하나, 떳떳해야 하지.

법원은 왜 판결을 공개하지 못하나

무엇인가를 공개하지 못한다는 것은 두 가지 관점에서 그 이유를 살펴볼 수 있다. 첫째는 일반인들이 알아서는 안 되는 매우 중요한 비밀이 있는 경우다. 국가안보를 위협하는 정도의 비밀 아니면 부자지간이라도 말 못하는 그런 비밀 말이다. 둘째는 떳떳하지 못한 경우다. 떳떳하지 못하고 당당하지 못해서 공개되는 경우 치부가 드러날 수 있기 때문이다.

판결문을 모두 공개하라고 하면 대법원으로부터 돌아오는 답변이 하나 있다. 판결이 공개되면 당사자에 대한 사생활 침해나 명예훼손의 우려가 있다는 것이다.

노철래 의원이 2013년 10월 배포한 보도자료에 따르면, 법원은 2013년 1월부터 형사사건 판결문을 인터넷에 공개하고 있다. 그 공개는 국민 누구나 자유롭게 열람할 수 있는 것이 아니고 판결을 선고한 법원명, 사건번호, 당사자 이름을 알아야 하기 때문에 사실상의 공개가 아니고 비공개에 가깝다. 대법원은 판결문이 공개될 때 개인정보가 삭제된다고 해도 사생활이 침해될 우려가 있다면서 추후 부작용을 보완해 가면서 점진적으로 확대해 나간다는 입장이다.

판결문이 과연 당사자에 대하여 사생활 침해나 명예훼손의 우려가 있는 것인지 살펴보자. 우선 결론부터 얘기하면 그럴 우려는 전혀 없다. 헌법에서는 재판을 공개하도록 규정하고 있기 때문에 공개재판을 해야 하고 비밀재판은 인정하지 않는다. 단서 조항으로 국가의 안전보장 또는 안녕질서를 방해하거나 선량한 풍속을 해할 염려가 있을 때에는 비공개로 심리할 수 있지만 이제까지 그런 경우는 없었다고 해도 과언이 아니다. 공개재판이 행해진다는 것 자체가 이미 사생활 침해나 명예훼손의 우려가 없다는 것을 반증한다.

만일 사생활 침해나 명예훼손의 우려가 있다면 당사자들이 먼저 판결문 공개를 원치 않을 것이다. 과연 당사자들은 그럴까. 그럴 당사자는 하나도 없다. 우선 원고와 피고가 서로 잘했다고 싸운 결과 정당하게 판결이 나왔다고 하자. 이때 승자는 '보라! 내가 정당하지 않은가!'라고 생각하기 때문에 판결문 공개를 꺼릴 이유가 전혀 없다. 오히려 공개하여 그의 당당함을 알려야 한다. 패자는 어떤가? 패자는 다시 두 경우를 생각해볼 수 있다. 그 판결이 정당하다고 스스로 인정하는 경우다. 이 경우는 자기의 잘못을 인정하고 판결에 수긍하게 된다. 설사 판결이 공개된다 하더라도 누구를 원망할 상황이 아니다. 담담히 판결문 공개를 받아들여야 한다. 헌법에서도 공개하도록 규정하기 때문에 혼자만 공개하지 않는다고 버틸 수 없는 노릇이다. 두 번째는 그 판결이 어딘가 미흡하고 부당하다고 생각하는 경우다. 이 경우라면 패자는 판결문이 반드시 공개되기를 원한다. '보라! 이 판결문이 이런 점에서 잘

못되지 않았는가! 이것은 상급법원에 항소하면 반드시 이길 수 있다!'
라고 생각하기 때문에 적극적으로 판결문 공개를 원할 것이다.

다음 원고와 피고가 서로 잘했다고 싸웠지만, 어느 한쪽이 전관예우
나 아니면 기타 부정한 방법으로 승소했다고 하자. 이 경우 패자는 판
결문이 절대적으로 공개되길 원한다. 부당한 판결을 세상에 알려 그 잘
못이 바로 잡혀지기를 바라기 때문이다. 그러나 이때 승자는 판결문 공
개를 원치 않을 것이다. 이때는 법원도 승자와 같은 편이다. 결론적으로
판결문 공개를 꺼리는 경우는 전관예우 아니면 기타 부정한 방법으로
부당한 판결이 나온 경우에 국한된다는 것이다. 비리에 연루된 승자와
판사 그리고 그 대리인만이 판결문 공개를 극도로 꺼릴 것이다. 그런 자
들을 보호하기 위하여 판결문을 공개하지 않을 수는 없다.

법원은 판결문 공개에 적극 앞장서야 한다. 판결문은 판사가 하는 일
의 전부이다. 또 판결이 정당하고 떳떳하다면 판결을 공개하지 않을 이
유가 없다. 그렇지 못하다면 판사는 법복을 벗어야 한다.

당사자에게 사생활 침해나 명예훼손의 우려가 있기 때문에 판결문을
공개할 수 없다는 대법원의 논리는 한낱 허구에 불과하다. 판결문 공개
가 당사자에게 사생활 침해나 명예훼손의 우려가 있다면 헌법에 그런
규정을 두지 않았을 것이다. 그것은 핑계에 불과하다. 판결문을 공개하
지 않는 진짜 이유는 전관예우와 같은 부당한 판결이 내려지고 그 부당
한 방법에 의하여 논리에 맞지 않는 부당한 판결의 공개를 법원이 두려
워하기 때문이다. 그렇기 때문에 법원은 헌법을 위반하면서까지 판결
을 공개하지 않는 것이다.

미국의 판결문은 일반적으로 사건번호로 통용되지 않고, 반드시 원
고이름 대 피고이름(Butts v. Dragstrem) 방식으로 통용된다. 우리나라는

2013후2217, 2013허6196 등으로 통용된다. 2013은 년도를 의미하고 '후'는 대법원의 특허사건을 의미하고, '허'는 특허법원 사건을 의미한다. 미국판례는 사건 명칭만 보아도 누가 누구와 싸운 사건인지를 금방 알 수 있다. 우리는 숫자로 나타내기 때문에 그것을 알 수 없다.

미국은 이처럼 사건 명칭을 원고와 피고이름으로 표시한다. 우리의 판례를 대법원으로부터 받아보면 원고와 피고의 이름을 ○○○으로 처리한다. 우리 대법원의 이 친절한 행위는 당사자의 사생활을 보호하고 명예훼손의 우려를 불식시키기 위한 사려 깊은 행위로 해석된다. 그렇다면 미국놈들은 당사자의 사생활을 보호하지도 않고 명예훼손의 우려 따위는 고려하지도 않기 때문에 판례명칭에 버젓이 당사자 이름을 쓰고 있는 걸까?

우리 대법원이 판결문에서 원고와 피고의 이름을 ○○○으로 처리하는 것은 희대의 사기극이다. 그렇게 할 정도로 당사자의 사생활을 보호하고 명예훼손을 방지하겠다는 의지를 보여주는 척 국민을 기만하는 고도의 위장술이다. 거기에는 사생활 침해나 명예훼손 가능성 같은 것은 전혀 없다. 우리나라 법원이 그토록 국민의 권익보호에 힘써왔다면 왜 진작 전관예우를 퇴치하지 못하고 사법피해자를 양산해왔느냐 말이다. 판결을 그런 식으로 공개하고 공개조건을 까다롭게 하는 것은 아직도 의도적으로 부당한 판결이 내려지고 있다는 것을 반증한다. 사생활 침해에 대해 가장 참지못하는 국민이 바로 미국 국민인데, 판결문에 공개되는 이름으로 인하여 그들의 사생활이 침해되었다면 난리가 나도 벌써 오래전에 났을 것이다. 그러니까 대법원은 판결문을 제한적으로 공개하는 것에 대하여 어떤 이유도 정당성을 갖지 못한다는 것을 명확히 인식하고 판결과 관련된 모든 내용을 제한 없이 공개하도록 하여야 한다.

　모든 판결문을 공개하라고 하면 법원은 또 다른 반대이유를 들고 나온다. 판사들의 과중한 업무로 인하여 부담이 되기 때문에 모든 판결문 공개가 어렵다는 것이다. 이 또한 논리의 허구다. 항상 엘리트 집단이라 자처하면서 이런 얘기가 나오면 꼬리를 내린다. 공개를 하든 하지 않든 판결문은 작성된다. 판결문 공개는 이미 작성된 판결문을 누구나 열람할 수 있도록 하는 것으로 공개를 한다고 해서 판사가 별도의 일을 할 것은 없다.

　이제까지 공개하지 않던 상황에서 모두 공개하라고 하면 부담되지 않을 판사는 별로 많지 않을 것이다. 그러나 판결문 공개는 선택이 아니라 헌법규정에 따른 의무사항이다. 반드시 공개되는 것이 원칙이고 이제까지 공개되지 않은 것은 변칙이고 위법이었다.

　'판사는 판결로만 말한다' 라는 법언(法諺)이 있다. 판사들이 자주 인용하는 말이다. 내가 아는 이 법언의 의미는 판사가 법과 양심에 따라 공정하게 판단하고 그 결과 모든 판단의 논리가 판결에 담겨있다는 것이다. 판사는 자신의 판결에 대하여 한점 부끄럼 없이 떳떳하고, 그 판결 안에 누구나 수긍할 수 있는 논리가 담겨있기 때문에 누구에게 내놓아도 떳떳하다는 것이다. 판결은 완벽하지는 않지만 지극히 논리적이고 쌍방에게 공정하게 판단하였기 때문에 판결을 따르라는 의미다. 석궁 같은 거 들고 판사 집으로 찾아오지 마라는 의미다. 이 법언의 의미대로 한다면 판사는 마땅히 판결문 공개를 환영해야 한다.

　그런데 우리는 이 법언의 의미마저 바꾸어 놓았다. 기자가 묻는다. '판사는 판결로 말을 한다고 생각하십니까? 대법원에서 판례로 확정된 것도 시대적인 흐름에 따라 판사가 다르게 판단할 수 있어야 한다는 주장이 있습니다. 이에 대해 문 판사님은 어떻게 생각하십니까?"

　　판사가 판결로 말한다는 것은 자신이 재판하는 사건에 관해서 판결하기
　전 또는 판결 후 이러쿵저러쿵 이야기하는 것은 바람직하지 않다는 당연
　한 사실을 말하는 것이라고 본다. 그러나 판사도 국민의 한 사람으로서 그
　리고 전문가의 한 사람으로서 금도를 지키면서 대법원판례에 대해서 비판
　할 수 있고 그 밖의 문제에 대해서도 이야기할 수 있어야 한다고 생각한
　다. 특히 법원제도의 문제에 대해서는 판사들이 적극적으로 비판하고 의견
　을 말할 수 있어야 한다. 법원 내부의 문제는 국민들이 알기 어렵게 되어
　있다. 이것을 기화로 출세주의에 사로잡힌 소수 엘리트 법관들이 전횡을
　일삼으면서 법원의 문제점을 지적하는 판사들의 입을 막기 위해서 판사는
　판결로만 말한다는 격언을 견강부회로 사용한 것은 우스운 일이다.[204]

　한번은 한 신문의 인터뷰 기사를 읽으면서 내 눈을 의심한 적이 있었
다. 그 기사는 20년간 법관 생활을 마감하고 한 대형로펌으로 간 변호
사가 출간한 책을 소개하는 기사였다. 그 기사에는 이런 내용이 들어
있었다.

　　책에는 ○ 변호사가 서울고법 판사시절부터 틈틈이 써 왔으나 '판사는
　판결로만 말한다'는 법언(法諺) 때문에 쉽게 내놓지 못했던 글들과, 2004
　년 변호사로 개업해 2006년부터 7년간 법률신문 편집위원·논설위원을 맡
　으면서 게재했던 칼럼들을 두루 실었다.[205]

　'판사는 판결로만 말한다'의 의미는 판사가 법원 판결이나 제도에 대

(204) 문홍수, 『그들만의 천국』, 유로출판(2010), 256~257쪽
(205) 한국일보 2013. 1. 28, 29면

하여 비판도 하지 말고 의견도 내지 마라는 것이 아니다. 판사가 책을 출간하지 마라는 것은 더더구나 아니다. 기자가 '판사는 판결로만 말한다'는 법언의 진정한 의미를 이해하지 못해서 그런 기사를 썼다고 생각하고 그 책을 사 보았다. 아뿔싸! 그 책에도 그런 글이 있지 않은가.

1989년, 서울유학 15년 만에 드디어 어릴 적부터의 꿈이었던 법관이 되었다. 그 이후 여기저기 기고하거나 써둔 에세이나 칼럼 종류의 글을 모아 보았다. 서울고등법원 판사를 하던 지난 1999년에 첫 저서인 『인신구속과 인권』을 펴내면서, 나는 별도로 이런 일상적인 글을 모아 책을 묶으려다 그만둔 적이 있다. '판사는 판결로만 말한다'는 법언(法諺)이 있듯이 현직 법관이 그런 책을 낸다는 것이 이상하게 여겨졌다.[206]

---

(206) 저자 주: 이 책에서 유일하게 출처를 밝히지 못하게 되었다.

판결문이 공개된다면

　　지난 십 수 년간 우리의 사법시스템을 개혁하고자 많은 변화가 있었다. 사법시험을 통한 법조인 양성제도를 개선하기 위하여 2009년 3월부터 로스쿨제도를 도입하였다. 2012년에는 1회 변호사시험을 치렀다. 기존의 사법고시는 2009년부터 8년 동안 로스쿨 제도와 병행하여 실시되다가 2017년부터 폐지될 예정이다. 2008년 1월부터는 형사재판에 배심원제가 도입되어 극히 일부의 형사소송에 제한되지만 국민이 직접 재판에 참여하는 계기가 되었다. 대법원의 구성방법이나 법조일원화 실현방안 등도 논의 중에 있다. 사법개혁과 함께 검찰개혁도 항상 논의되고 있다. 상설특검제나 특별감찰관제도 거론된다. 국회는 국회대로 매번 국회가 구성될 때마다 사법개혁을 위한 위원회를 운영해왔다. 대법원도 비슷한 시스템을 가동시켰다.

　　'사법개혁'이라는 구호와 깃발은 현란하지만, 그 실현은 결코 쉽지 않다. 무엇을 어떻게 개혁할 것인가? 그 어려운 물음에 정답을 찾는 일은 여간 벅찬 일이 아니다. 법조팀 기자로 잔뼈가 굵은 이춘재, 김남일 두 저자가 쓴 『기울어진 저울—대법원 개혁과 좌절의 역사』는 지난 10년 간 사법개혁의 시도와 좌절을 정리한 흥미로운 다큐멘터리다. 그들은 말한다. 사법개혁은 쉽지 않다고. 더 많은 고민과 철저한 준비가 필요하다고.(207)

사법개혁은 분명 국민을 위해 하는 것이다. 그런데 국회, 법원이 그토록 십 수 년간 사법개혁을 위하여 그토록 훌륭한 위원들이 많은 예산을 써가면서 사법개혁을 해왔는데도 국민들의 반응은 아직도 싸늘하다. 국민들이 원하는 것은 판결 좀 제대로 내려달라는 것이다. 로스쿨을 도입하든 국민참여재판을 실시하든 다 좋으니 제발 전관의 청탁이나 부당한 압력에 영향 받지 말고 죄지은 놈 처벌받게 해주고 잘한 놈 손들어줘 억울한 놈 좀 생기지 않게 해달라는 것이다.

아무리 좋은 제도를 도입해도 쓰기에 달려 있다. 그나마 형사재판에 배심원제도를 도입하여 국민이 재판에 참여하는가 싶더니 안도현 사건 이후 법무부는 또 꼼수를 부리고 있다. 법무부는 2013년 말 선거법 위반사건을 국민참여재판 대상에서 제외하는 법률개정안을 입법예고했다. 대법원도 이 법안에 반대하는 입장을 보이고 있는데 앞으로 국회에서 어떻게 처리될지 두고 볼 일이다.(208)

우리나라 사법개혁에는 백약이 무효하다. 로스쿨 제도가 도입되고, 배심원제가 시행되고, 대법원 구성방법, 법조 일원화방안, 상설특검제, 특별감찰관제가 논의되고 있으나 이러한 것들은 모두 사법개혁의 핵심

---

(207) 이춘재, 김남일, 『기울어진 저울』, 한겨레출판(주)(2013), 표지
(208) 한국일보 2014. 1. 1, 10면

사항이 아니라 주변사항에 불과하다고 한다.

우리가 절실하게 필요로 하는 사법개혁의 핵심은 우리 국민이 왜 사법개혁을 갈망하는지, 우리 국민이 사법부로부터 무엇을 원하는지에 대해서 정확하게 진단하고 그 원인을 제거하는 데에 있어야 할 것이다.[209]

어떻게 하면 국민이 원하는 사법개혁을 할 수 있을까? 어떻게 하면 돈과 빽이 없어도 법과 정의에 따라 판단한 제대로 된 판결을 받아볼 수 있을까? 여기 그 확실한 방법이 있으니, 첫째도 판결문 공개요, 둘째도 판결문 공개요, 셋째도 판결문 공개니라.

판결문 공개는 감시기능을 확보하기 위한 것이다. 감시기능은 법원 내에 둘 수도 있고 법원 밖에서 할 수도 있다. 이제까지 보아왔지만 법원 내의 감시기능은 기대할 것이 없다. 그것은 고양이에게 생선을 맡기는 거와 같다. 대법원을 중심으로 한 법원 내의 감시기능이 제대로 작동했다면 오늘날 사법부가 그토록 불신을 받는 오욕의 역사를 쓰지는 않았을 것이다. 판결문 공개는 국민의 국민에 의한 국민을 위한 감시기능을 확보하겠다는 것이다.

첫째, 판결문이 공개된다면 판결문의 질이 향상될 것이다. 우리나라 판결문은 문제가 너무 많다. 용어도 어려운데다 사실과 법률판단 사이의 구분도 명확하지 않고 무엇보다 판결을 수긍할 수 있는 논리가 있어야 하는데 그렇지 못한 판결이 너무도 많다. 양삼승 변호사의 『법과 정의를 향한 여정』에 나오는 얘기인데, 미국에서 오랜 기간 공부한 비법학 전공자인 어느 교수가 미국에서 언론에 보도되는 법원 판결을 읽고

---

(209) 양삼승, 『법과 정의를 향한 여정』, 까치글방(2012), 78쪽

받은 감동을 기억하여, 어느 해 여름휴가 동안, 우리 대법원의 판결집을 구하여 읽어보기로 작정하고 이를 실천했으나, 결과는 실망 그 자체였다는 것이다. 대법원 판결을 읽고 감동을 받기는커녕, 사람이 살아가는 데에 필요한 어떠한 교훈도 담겨져 있지 않았고, 읽는 데에 짜증만 불러일으켰다는 것이다.[210]

특허소송과 관련된 판결은 외국인이 고객인 경우가 많기 때문에 판결문을 영어로 번역해서 보내주어야 하는 경우가 종종 있다. 판결문을 번역하고 있노라면 화가 치민다. 승패를 떠나 판결이유가 논리적이어야 하는데 전혀 그렇지 못하기 때문이다. 우리나라 판결 수준을 알 수 있는 것이기 때문에 때로는 부끄러운 나머지 적당히 각색하기도 한다.

판결문이 인쇄되어 종이책으로 모든 법원도서관을 비롯하여 로스쿨, 법과대학, 대학도서관, 공공도서관, 법률사무소, 회사의 법률부서에 대한민국이 존재하는 날까지 비치된다면 판사들은 심혈을 기울여 판결문을 작성할 것이다. 논리적으로 작성된 판결문은 당사자는 물론 읽는 이로 하여금 감동을 자아내게 할 것이다. 그렇게 되면 속이 답답하고 뭔가 일이 잘 풀리지 않을 때 성경이나 불경보다도 판결문을 찾게 될 날이 올지도 모른다.

둘째, 판결문이 공개된다면 판결에 일관성이 유지될 것이다. 이제까지는 판결문이 공개되지 않기 때문에 어디에 어떤 판결이 있는지 알 수 없다. 아마 법원 내부에서는 판사들만이 볼 수 있도록 관리하고 있는지 모르지만, 대한민국 국민이라면 누구나 자유롭게 판결문을 열람할 수

---

(210) 양삼승, 위의 책, 96쪽

있어야 한다. 2015년 1월부터 대한민국의 모든 법원에서 선고되는 판결을 종이책과 온라인으로 공개한다면, 키워드를 가지고 누구든지 쉽게 판례를 검색할 수 있게 되고, 그러한 판결이 해를 거듭하면서 축적되면 판결은 일관성을 유지할 수 있다. 판결에 일관성이 유지되면, 변호사도 의뢰인의 사건에 대하여 승소여부를 정확히 예측할 수 있게 될 것이다. 의뢰인에게 애매모호하게 말하지 않고 승패에 대한 이유를 납득할 수 있도록 설명할 수 있다. 이긴다면 왜 이기는지 그리고 진다면 왜 지는지 그 이유를 설명할 수 있다.

셋째, 판결문이 공개된다면 전관예우가 사라질 것이다. 판결문이 공개되어 온라인과 오프라인에서 자유롭게 열람할 수 있다면, 그리고 그 판결이 역사와 함께 존재한다면 돈과 청탁에 의하여 판결문이 혼탁해지지는 않을 것이다. 판결이 모두 공개되는 데에도 예우를 바라거나 부당한 청탁을 하는 몰염치한 전관은 없을 것이다. 판결문이 모두 공개되는데 사실관계를 뒤엎어 억지의 논리를 전개한다는 것은 스스로 양심을 파는 행위라는 것을 알게 될 것이다. 그리고 모든 것이 백일하에 드러난다는 것을 아는 한 감히 그렇게 할 수는 없을 것이다. 고인 물은 썩게 마련이고 공개되지 않은 판결은 부패되기 마련이다. 판결문 공개는 판사가 전관의 청탁을 아주 자연스럽게 물리칠 수 있는 유일한 수단이 될 것이다.

넷째, 판결문이 공개된다면 비판이 활성화될 것이다. 이제까지는 판결에 대한 비판이 전무한 실정이다. 판결이 잘못되어도 사법부의 판단이고 사법부는 독립성을 갖기 때문에 제3자가 개입할 여지가 없다고 하고 체념하는 분위기였다. 언론도 그랬고, 학문적으로 법을 연구하는 학자들도 그랬다. 전문가라 자처하는 변호사들은 한번 찍히면 헤어나기 어려워 더욱더 그랬다. 간혹 언론이나 사회단체들이 비판의 목소리를 내는 경우가 있지만, 극히 일부에 지나지 않았고 일과성에 불과했다. 이론에 근거한 체계적인 비판은 거의 전무했다. 이해관계가 없어서 가장 날카로운 비판을 할 수 있는 대학교수들은 침묵으로 일관했다.

판결이 공개된다면 잘못된 판결에 대한 연구와 평석이 활성화 될 것이다. 사회는 비판을 통하여 발전하게끔 되어 있다. 헤겔은 사물의 변화 과정을 정-반-합의 변증법적 과정으로 설명했다. 한 시대에 그저 옳다고 받아들여졌던 정(正)은 그다음 시대에 그 단점이 명백해지면서 정면으로 부정된다. 그리고 이 반(反)을 거치면서 정의 본래 좋았던 점들이 새로운 시대에 맞게 변화하며 비로소 합(合)을 이룬다. 이렇게 정이 전면 부정되는 반의 과정을 거쳐야 비로소 합을 이뤄 사회는 앞으로 나아갈 수 있다.[211]

정보공개를 통하여 건전한 비판이 가능하도록 제도적으로 보장되어야 한다. 판결문 공개가 황당한 판결이 내려지지 않도록 예방하는 효과가 있을 것이다.[212]

판결문은 저작권의 보호대상도 되지 못한다(저작권법 제7조). 누구나 새로운 어문저작물을 저술하면 저작권으로 보호받지만 판결문은 예외다. 판결문은 누구나 비판할 수 있도록 공개되어야 하고 인용되어야 하고 퍼나를 수 있어야 하고 실어나를 수 있어야 하기 때문에 저작권으로

(211) 박에스더, 『나는 다른 대한민국에서 살고 싶다』, (주)앤파커스(2012), 70쪽
(212) 김승열, 「사법의 갑을문화도 바꾸자」, 한국일보 2013. 6. 13, 29면

도 보호받을 수 없는 것이다.

다섯째, 판결문이 공개된다면 소송건수가 감소될 것이다. 석가모니 부처님은 억울해도 소송하지 말라고 하였다. 아직도 우리나라 국민은 송사에 지치고 덕 볼 게 없다는 생각에 잘못이 없어도 송사를 기피하는 경향이 뚜렷하다. 그런데도 소송이 남발되어 소송 왕국이 되었다. 돈과 빽으로 부당하게 이기려는 자들이 소송을 남발하고 당한 자는 억울해서 혹시나 하는 기대를 가지고 소송을 또 남발한다. 모든 것이 전관예우 때문에 빚어진 것인데 모든 판결문이 공개되면 전관예우가 사라져 판결을 신뢰하게 된다. 판결을 신뢰하니 더 이상 시간과 돈을 들여 항소할 이유가 없다.

소송건수가 줄어들면 변호사가 싫어할 것이다. 가뜩이나 변호사 수가 대폭 늘어나 옛날 같은 대우는커녕 일자리도 얻기 어려운 상황인데 소송건수가 줄어들면 더 막막해질 것이다. 이제 변호사도 양적인 경쟁에서 질적인 경쟁으로 탈바꿈해야 한다. 의뢰인이 찾아가면 사무장이나 시켜 상담토록 하지 말고 변호사가 직접 그들의 얘기를 주의 깊게 들어야 한다. 변호사나 의사와 같이 의뢰인과 상담을 하는 전문 직업인은 그들의 애환을 성실히 들어주는 것만으로 문제를 절반쯤 해결한다. 그리고 나서 전문가답게 양질의 서비스를 제공하면 그에 상응하는 대가가 돌아올 것이다. 판결문이 공개된다면, 비로소 변호사들이 존경받는 사회가 도래할 것이다.

소송건수가 줄어들면 법원도 달가워하지 않을 것이다. 소송건수가 줄어들면 재판부가 줄어들고, 지방법원이나 지원이 폐지될 수도 있다. 그렇게 되면 재판부가 줄어들고 재판부가 줄어들면 부장판사 자리도 줄어들고 심지어는 그토록 바라던 법원장 자리도 줄어들지도 모르기 때문이다. 그건 기우(杞憂)에 불과하다.

우리나라 판결의 수준에 대하여 얘기하면 법원은 항상 외국의 수치를 내민다. 선진 외국에서 판사 1인당 하는 건수가 얼마인데 우리는 그들의 몇 배에 달하는 소송건수를 처리해야 하기 때문이라 한다. 이제 그런 변명은 더 이상 하지 않아도 된다. 판결문이 공개된다면, 소송건수는 외국과 같이 줄어들 것이고, 그렇게 되면 법원은 선진국 수준의 판결을 내리게 될 것이다.

여섯째, 판결문이 공개된다면 돈 한 푼도 안들이고 사법개혁을 완성할 것이다. 판결문 공개는 돈이 한 푼도 안 드는 사업이다. 대법원이 판결문을 공개하겠다고 선언하기만 하면 된다. 그리고 명망 있는 출판사를 하나 지정하면 된다. 나머지는 출판사가 알아서 할 것이다. 모든 법원에서 나오는 판결을 모아 법원마다 한권의 책으로 발행할 분량이 되면 판례집으로 계속해서 발행하여 각 수요처에 배포하게 될 것이다.

판결문이 공개된다면, 사법개혁을 하기 위하여 국가예산을 쓸 필요도 없고 국회나 대법원에 위원회 같은 것을 설치할 필요도 없다. 그런 방법들은 이제까지 대부분 실패하였다. 국가 예산만 낭비하고 고급 인력만 낭비하였다. 그런 예산과 인력은 이제 양질의 판결문을 작성하는데 써야 한다.

진리는 항상 가까이 있고 의외로 간단하여 생각만큼 어렵지도 않다. 도인들은 진리를 깨우치는 것이 세수할 때 코를 만지는 것보다 더 쉽다고 하였다. 판결문 공개를 두고 한 말인지도 모른다. 무슨 일을 하자고 하면 예산타령 하고 시간타령 하는 사람들이 있다. 그런 사람들은 십중팔구 무능하다고 보면 크게 틀리지 않는다. 예산을 확보하여 거기에서 떡고물이라도 떨어지길 바라는 흑심이 있다는 것을 알아야 한다. 또 무슨 일을 하자고 하면 위원회 같은 것을 만들어야 한다고 주장하는 사람들이 있다. 그들에게는 그 위원회의 위원 자리를 바라는 꿍꿍이속이 있다는 것도 알아야 한다. 판결문 공개는 돈도 필요 없고 위원회도 필요 없다. 더 연구하거나 생각할 필요도 없다. 이미 모든 나라에서 그렇게 하고 있다. 더 연구하거나 생각하도록 시간을 달라고 하면 거기에도 꼼수가 있다는 것을 알아야 한다.

일곱째, 판결문이 공개된다면 드디어 사법정의가 구현될 것이다. 전관예우도 사라지고 부당한 청탁도 사라져 그들에게는 썰렁한 사회가 될지 모르겠지만 국민들은 행복해지기 시작하고 살맛나는 정의로운 세상이 펼쳐질 것이다. 판결문 공개가 결정되는 날은 대한민국 사법정의가 실현되는 날로 제헌절 다음으로 중요한 경축일이 될 것이다. 그날이 언제 올지 모르지만 그날이 오면 「애절양」의 통곡소리가 멈출 것이다. 판결문이 공개된다면 사법개혁의 90%가 자연스럽게 달성될 수 있다. 나머지 10%에 대해서는 8장에서 설명한다.

판결문 공개를 위하여 대법원은 용단을 내려야 한다. 대법원이 용단을 내릴 수 있도록 대형로펌들이 협력해야 한다. 뼈를 깎는 고통이 오더라도 그렇게 해야 한다. 우리나라에서 대법원을 움직일 수 있는 기관은 대형로펌 밖에 없기 때문이다.

목영준 전 헌법재판관이 김앤장 법률사무소의 사회공헌위원장으로 갔다. 법조인의 사회적 책임이 막중해 공익소송과 법제도 연구활동을 하여 남은 인생을 헌신하겠다는 것이다.

헌법재판소장 후보자로도 이름을 올렸던 목영준(58) 전 헌법재판관이 김앤장 법률사무소에서 '공익 활동'을 시작한다. 목 전 재판관은 1일 한국일보와의 통화에서 '김앤장 사회공헌위원회 신임위원장으로 선임됐다'며 '공직에서의 경험을 바탕으로 사회에 조금이라도 더 도움이 되도록 노력하겠다'고 말했다. 목 전 재판관이 운영할 사회공헌위는 공익활동을 전담하던 기존의 김앤장 공익활동연구소를 독립기구로 확대 개편한 조직으로, 공익법률센터와 사회봉사센터로 구성됐다.

위원회는 앞으로 상근 변호사 2명을 추가로 선임해 장애인, 성폭력 피해자, 다문화가정, 외국인 노동자, 탈북자 등 사회적 약자에 대한 공익소송 등 법률지원 사업을 벌이고 정기적인 봉사활동도 펼칠 방침이다. 그는 '국내 최대 로펌인 김앤장에 소속됐지만, 송무 등 돈을 버는 일은 하지 않고 공익활동에 모든 역량을 집중할 계획'이라며 '한국 법조계에 프로보노(공공의 이익을 위해 제공되는 무료봉사) 활동에 대한 인식을 넓히기 위해 최선을 다하겠다'고 다짐했다.

목 전 재판관은 후진국의 해외법률지원 사업에도 힘을 쏟을 예정이다. 그는 '한국 법조계의 시스템은 국민들이 알고 있는 것보다 더 효율적이고 선진적인 구조를 갖췄다'며 '공직생활을 통해 축적된 해외 법조계 인맥을 활용해 후진국에 한국의 법률제도를 보급하는 것도 유의미할 것'이라고 말했다.[213]

물론 의미 있는 일이다. 하지만 예우를 받는 전관들이 즐비하고 그로부터 가장 많은 수혜를 받는 로펌이 전관예우를 퇴치하려는 근본적인 노력을 기울이지 않고 그런 일을 하는 것은 늑대가 여우새끼를 잡아먹

---

(213) 한국일보 2013. 5. 2, 28면

기 위하여 발에 밀가루를 묻혀 여우처럼 보이게 위장하려는 것과 다르지 않다.

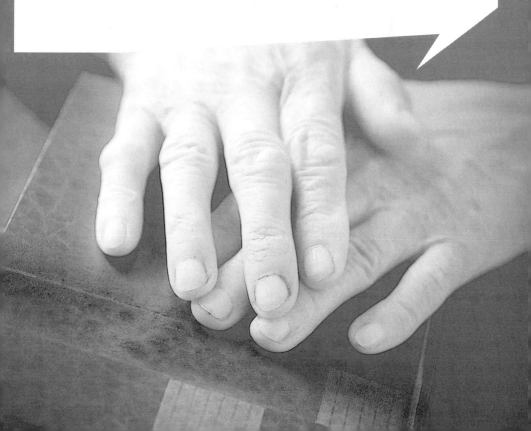

어려운 판결문

우리의 판결문은 너무 어렵다. 판결문이 어려우면 공개되어도 별로 효용가치가 없다. 어려워서 이해를 하지 못하는데 누가 그 글을 읽겠는가. 글이란 자고로 재미가 있든지 아니면 필요한 정보를 제공하든지 둘 중의 하나이어야 한다. 재미도 있고 필요한 정보도 제공한다면 금상첨화다. 판결문은 재미라기보다는 필요한 정보를 전달하기 위한 것이다. 이러이러한 일이 인간사(人間事)에서 일어났는데 누가 옳고 누가 그르다는 것을 알기 위한 것이다. 그래서 비슷한 일이 벌어지면 누가 옳고 누가 그른지를 스스로 판단해서 서로 싸우지 말고 원만하게 잘 해결하라는 것이다. 그런데 우리는 판결문이 어렵기 때문에 국민이 판결문에 접근하기 어렵다.

노철래 의원은 '법원이 판결문을 공개한 취지는 국민들에게 재판 관련 정보제공을 통해 도움을 주기 위한 것'이라며 '그런데, 로스쿨 학생들마저도 판결문이 너무 어려워 이해 못하겠다고 하면 판결문 공개제도를 도입한 취지가 무색해지는 것'이라고 지적했다. 그는 서울 소재 로스쿨 학생을 대상으로 판결문에 대한 설문조사를 한 결과, 응답자 중 48%가 '판결문을 읽다가 이해하는데 어려움을 느끼는 일이 자주 있다', 49%는 '가끔 어려움을 느낀다'고 답한 것을 근거로 제시했다. 노 의원은 '진정한 전문가는 어려운 전문용어를 일반인들도 이해할 수 있도록 쉽게 풀어서 설명할 수 있어야 하고, 로스쿨생마저도 이해하기 어려운 판결문은 곤란하다'며 '법률문서 작성의 전통과 판결의 본질적 기능을 훼손하지 않는 범위에서 판결문을 쉽게 쓰려는 노력이 지속돼야만, 사법부에 대한 국민들의 신뢰와 소통이 강화될 수 있다'고 충고했다.[214]

우리는 전 세계적으로 유례가 없는 과학적이면서 아주 쉬운 문자를 갖고 있다. 특히 디지털시대에서의 한글의 우수성이 입증됐다. 한글은 우리 민족의 보배요 자랑이다. 다니엘 튜터 기자는 한글에 대하여 이렇게 말한다.

> 한국인들이 글을 읽고 쓰게 된 역사는 한 영웅의 출현으로 시작되었다. 조선왕 초기, 세종대왕은 한국어 표기문자인 한글을 만들라고 명령했는데, 이것은 역사적으로 한국인의 평등주의에 가장 큰 힘을 실어준 사건이었다. 세종대왕은 한반도 역사상 가장 위대한 임금이며 수많은 업적을 남겼지만, 그의 업적 중 한글 창제에 비견될 만한 것은 없다.[215]

한글은 세종 28년 1446년에 창제되었다. 근대적 사법제도가 도입되

---

(214) 로이슈(http://www.lawissue.co.kr/) 2013. 10. 15

(215) 다니엘 튜터 지음, 노정태 옮김, 『기적을 이룬 나라 기쁨을 잃은 나라』, (주)문학동네 (2013), 52쪽

어 판결문이 나오기 시작한 것은 19세기 말엽으로 남아있는 판결문 중 가장 오래된 것은 고등재판소가 1895년 5월 4일 선고한 판결서다. 동학당 관련 판결로, 재판을 받았던 이들은 무죄 방면됐다. 대부분 한자였고 일부 조사 등에 한글이 쓰였다.[216]

일제강점기 판결문은 일본어로 작성됐다. 한지에 펜 등으로 직접 썼으며, 일본의 민사, 형사소송법에 따라 주문, 사실, 쟁점, 이유, 당사자 및 법정대리인, 재판소 등을 명시했다. 물론 세로쓰기 방식이었다. 해방 직후 판결문도 한자와 한글을 혼용해 세로쓰기로 작성했다. '~라고 보여진다 할 것이다', '~라고 보지 못할 바 아니라 할 것이다' 등 일본어식 어미를 쓰는 관행은 계속됐다. 이는 여전히 일부 판사들이 쓰는 표현이다.[217]

가로쓰기 판결문은 1960년대에 등장했다. 국·한문 혼용과 세로쓰기는 타자기에 적합하지 않았고, 신속한 처리에도 장애가 됐다. 일제의 틀에서 벗어나 우리식 판결문 양식이 정해진 것은 1964년 대법원 통첩 때부터다.[218]

1990년대 초 법원에 개인용 컴퓨터가 보급되자 법원 구성원은 환호했다. 글꼴과 크기, 줄 간격 등을 규정한 '컴퓨터를 이용한 재판서 작성 방식'이 제정됐고, 판결문에 표나 엑셀 프로그램을 이용한 도표 등이 등장했다. 전산시스템이 정비되면서 2004년 이후 판결문은 규정된 전산 양식, 시스템을 활용해 작성되기 시작했다. 판결문의 양도 부쩍 늘어났다. 경제규모가 커짐에 따라 사건 내용이 복잡해지면서 수백 장짜

(214) 뉴시스(http://www.newsis.com/) 2011. 10. 7

(215) 뉴시스(http://www.newsis.com/) 2011. 10. 7

(216) 뉴시스(http://www.newsis.com/) 2011. 10. 7

리 판결문이 등장했다. 2000년 민사소송법이 개정되면서 한문 투의 문어체와 일본어식 표현이 대폭 개선됐다.[217]

역사와 함께 많은 변천을 하였는데도 우리 판결문은 여전히 어렵다. 논리가 결여되어 있는 것도 판결문 이해를 어렵게 한다. 법은 논리이고 논리는 상식이다. 인간사에 어떠어떠한 일이 벌어졌는데 누가 옳고 누가 그르다고 판단하였다면 그 이유가 있어야 하고 그 이유는 대부분의 사람들이 합당하다고 생각해야 한다. 합당한 이유에 우리는 감탄하는 것이고 그래서 판결문을 읽는 것이다.

전문분야의 소송으로 가면 판결문은 더 어렵다. 전문분야의 지식도 함께 요구되기 때문이다. 분식회계 등을 다룬 경제사건이나 기술분야를 다룬 특허사건, 의료분쟁사건 등은 해당 전문분야의 지식 없이 판결문을 이해하기 쉽지 않다. 이러한 사건들은 특정분야에 한정되어 있다. 전문지식을 갖춘 대리인이나 감정인들이 소송을 대리하거나 참여한다. 이들 사건을 제외한 각급 법원에서 취급되는 대부분의 사건은 우리 인간사에서 일어나는 일들이다. 얼마든지 쉽게 작성될 수 있다.

많은 사람들은 판결문이 너무 복잡하고 어렵게 쓰여 있어서 일반인이 이해하기 힘들다고 하면서, 이는 판사들이 자기들끼리만 알아보고 다른 사람의 접근을 막으려는 의도적인 것이라고 비판한다. 국회에서 제정되는 법률도 마찬가지다.[218]

판결문이 어렵게 작성되는 것도 알고 보면 전관예우와 같은 부당한 청탁이나 권력에 의한 부당한 압력과 무관하지 않다. 사실관계가 명확

---

(217) 뉴시스(http://www.newsis.com/) 2011. 10. 7

(218) 양삼승, 『법과 정의를 향한 여정』, 까치글방(2012), 232~233쪽

하다면 결론에 이르는 논리는 복잡하거나 어렵지 않다. 부당한 청탁이나 압력에 의하여 만인이 수긍하지 못하는 결론을 내야 하니까 논리가 꼬이게 되고 판결문이 어려운 문장으로 작성된다. 만인이 생각하는 뇌물이라는 결론을 뒤집어야 하니까 '사랑의 정표'라는 논리가 등장하는 것이다.

만연체에서 간결체로

우리의 판결문을 읽다 보면 숨넘어간다. 쉬어야 하는 쉼표도 없고 마쳐야 하는 마침표도 없다. 처음부터 끝까지 하나로 이루어진 통문장이다. 원린수 씨의 인천지방법원 사건 98고단7979 판결이유에 기재된 범죄사실을 보자.

1998. 2. 19. 19:30경 인천 80나 8284호 타우너 승합차량을 운전하여 인천 계양구 효성동 617 소재 육군 제5공수여단 입구 노상을 가정동 방면에서 효성동 방면으로 편도 2차로 중 2차로를 따라 시속 약 40킬로미터의 속도로 진행함에 있어, 전방 주시를 태만히 한 채 진행한 업무상 과실로 마침 전방에서 신호대기를 위해 일시정차 중이던 피해자 이용찬(32세, 남) 운전의 인천 73고 2307호 그레이스 승합차량을 미처 피하지 못하고 사고차량 좌측 앞범버 부분으로 피해차량 우측 뒷범퍼 부분을 충격하여 위 피해자 이용찬과 피해차량에 동승하고 있던 피해자 김선영(29세, 여), 같은 나모래(22세, 여)로 하여금 각 약 3주간의 치료를 요하는 견갑부좌상 등을 입게 함과 동시에 피해차량 수리비 1,576,850원 상당을 부수어 이를 손괴

하고도 즉시 정차하여 피해자를 구호하는 등 필요한 조치를 취하지 아니하고 도주한 것이다.[219]

주의를 기울여 읽지 않으면 이해하기가 쉽지 않다. 주의를 기울여도 정확한 이해를 위해선 반복해서 읽어야 한다. 그리고 이 판결은 어디가 사실이고 어디가 법률판단인지 불분명하다. '업무상 과실', '3주간 치료를 요하는 견갑부좌상', '피해차량 수리비' 등은 직접적인 사실관계가 아니다. 위 내용을 사실관계에 기초하여 간결체의 문장으로 작성해 보자.

피고인은 1998. 2. 19. 19:30경 타우너 승합차량(인천 80나8284)을 운전하여 인천 계양구 효성동 617 소재 육군 제5공수여단 입구 노상을 가정동 방면에서 효성동 방면으로 주행하였다. 피고인은 편도 2차로 중 2차로를 따라 시속 약 40킬로미터의 속도로 운전하였다. 피고인은 전방에서 신호대기를 위해 정차 중이던 피해자 이용찬(32세, 남)의 차량(인천 73고2307 그레이스 승합차량)을 미처 피하지 못하고, 자신의 차 좌측 앞범퍼 부분으로 피해차량 우측 뒷범퍼 부분을 충격하였다. 피해차량에는 운전자 이용찬과 함께 김선영(29세, 여)과 나모라(22세, 여)가 동승하고 있었다. 피고인은 이 사고 후에 즉시 정차하여 피해자를 구호하는 등 필요한 조치를 취하지 아니하고 도주하였다.

○○병원에서의 진단결과 운전자 이용찬과 동승자 김선영 및 나모라는 약 3주간의 치료를 요하는 견갑부좌상을 입은 것으로 나타났다. 그리고 ○○카센터에서의 견적결과 피해차량 수리비는 1,576,850원 상당이었다.

---

(219) 원린수, 『계란으로 바위깨기』, 화남(2006), 120~121쪽

사건을 간결체로 정리하기만 하여도 무엇이 진실이고 무엇이 거짓인지가 명확히 드러난다. 진실을 은폐하고 거짓으로 포장하려 하니까 만연체 문장을 동원하여 끝도 시작도 없이 아득한 미로를 만들어 놓는 것이다.

만연체로 작성되는 우리 판결문을 비약시키면 '원고는 이렇게 주장하고 피고는 저렇게 주장하는데 원고의 주장은 일부 정당한 것으로 볼 수 있지만 항상 옳다고는 할 수 없고 따라서 원고의 주장을 배척하기에는 무리가 따르지 않는다고 할 수 없지만 피고의 정당한 주장도 배척할 수만은 없기 때문에 주문과 같이 판결한다' 라는 형식을 취한다. 나는 이런 문장을 보면 머리에 쥐가 나기 시작한다. 나는 이런 문장을 꽈배기 문장이라 한다. 내가 어려서 즐겨 먹던 꽈배기는 어디가 시작이고 어디가 끝인지 분간하기 어렵다.

꽈배기 문장에서는 결론이 이쪽으로 왔다 저쪽으로 갔다 한다. 마치 시소를 타는 듯하다. 내가 초등학교 때 즐겨 타던 시소 말이다. 꽈배기 문장은 결론이 시소의 무게중심처럼 이리 왔다 저리 갔다를 반복한다. 그러다가 꼴리는데 가서 멈춘다. 각본에 짜여있는 대로 미리 낙점해 놓은 쪽에 가서 멈추는 것이다.

해방 후에는 판결문을 한자와 한글을 혼용해 띄어쓰기 없이 세로쓰기 방식으로 작성했으며 한지에 펜으로 작성했다. 1961년에 이르러 한자와 한글 혼용 세로쓰기 방식에서 한글전용 가로쓰기를 시작하였다. 조진만 전 대법원장은 1961년 12월29일 '법원공문서규칙' 을 공포하면서 법원의 모든 문서는 한글로 간명하게 기술하고 정자로 가로 띄어쓰기를 해서 작성토록 했다.

판결문을 세로쓰기에서 한글전용 가로쓰기로 바꾸고자 할 때도 많은 저항에 부딪혔다. 대한변호사협회가 이에 반대하였는데, 이유인즉슨 판결문은 내용이 복잡한데 한글로만 작성하면 의미를 오해해 국민의 생명과 재산에 중대한 결과를 가져오고, 막대한 사무 적체가 예상될 뿐 아니라 한글전용은 학술과 문화의 발전을 저해한다고 주장했다. 당시 대한변호사협회는 전국대의원대회를 열어 법령이 국·한문 혼용이고, 법률술어는 한자여서 한글로 풀어쓸 수 없으며, 음역도 무의미하고, 괄호 안에 한자를 병기한다면 거의 한자를 삽입하는 결과가 돼 문서가 장황해진다며 반대했다. 심지어 일부 판사들은 '사법부의 권위가 끝났다'라고 말하기도 했다. 그러나 먼 훗날 대법원은 판결문의 한글전용과 가로쓰기가 성공적으로 정착됐다고 회고했다. 특히 판결문의 한글전용과 가로쓰기는 사건의 신속한 처리에 크게 기여했을 뿐 아니라 훗날 재판 사무를 전산화·정보화하는 데 중요한 밑거름이 됐다고 대법원은 풀이했다.[220]

　호랑이 담배피던 시절 얘기를 꺼내는 이유는 판결문의 한글전용 가로쓰기가 오늘날은 당연한 것처럼 보이지만 우여곡절 끝에 많은 노력을 기울여 정착되었다는 것을 상기시키기 위함이다. 마찬가지로 만연체에서 간결체의 문장으로 바뀌는 것도 하루아침에 될 수 있는 것이 아니다.

　대법원은 1991년 마련한 '판결문 작성 방식의 개선을 위한 참고사항'에서 문장을 짧게 세분화하고, 항목별로 번호를 붙이도록 했다. 또한 구두점을 적절히 찍고, 도면 첨부와 인용을 할 것을 장려하고 나섰다. 그 전까지의 판결문에서 한 문장에 사용된 글자 수는 평균 394.1자나

---

(220) 뉴시스(http://www.newsis.com/) 2011. 10. 7

되는 장문이었다. 이는 보통 책을 기준으로 볼 때 한 문장이 10줄을 넘는다. 국어학자들은 한 문장의 글자 수가 50자 정도일 때 가장 읽기 편하다고 한다. 50자를 넘으면 장문이 돼 읽는 사람이 부담을 느낀다는 것이다.

간결체 문장의 판결문에 대한 대법원 지침이 나온 지 20년이 지났건만 아직도 우리의 판결문은 만연체다. 내 개인적인 생각이지만 판사들이 간결체보다 만연체 문장을 주로 쓰는 이유는 만연체로 써야 문장이 중후하고 품위가 있는 것처럼 생각해서가 아닌가 싶다. 간결체로 쓴 문장은 어딘가 경박스럽고 비천한 것으로 생각하는 것 같다. 그렇지 않다 하더라도 우리는 최소한 간결체 보다는 만연체에 더 습관화되어 있다. 이는 비단 판사들뿐만 아니라 소장, 준비서면을 작성하는 변호사도 마찬가지다. 법조계뿐만 아니라 관공서, 학교, 회사 아니 우리 국민 모두가 그런 습관에 익숙해 있다. 이는 어찌 보면 우리나라 국어 교육에 대한 심각한 문제가 아닐 수 없다.

미국 로스쿨에서 공부할 때, 영어를 잘하지 못해서 과제물을 작성할 때 어려움이 있다고 지도교수에게 말했더니 교수는 한 문장(one sentence)에는 하나의 개념(one concept)만 전달할 수 있도록 문장을 쓰라고 말해 주었다. 문장을 길게 쓰지 마라는 소리다. 특히 영어도 잘하지 못하면서 긴 문장을 쓰려고 애쓰지 마라는 소리다. 교수의 말 한마디에 나는 단 문장을 큰 어려움 없이 쓸 수 있었고 차츰 긴 문장도 잘 쓸 수 있었다.

한글을 비롯한 우랄 알타이어는 영어와는 달리 관계대명사라는 것이 없기 때문에 짧은 문장으로 써야 의미가 명확하게 된다. 한글에는 영어의 관계대명사가 없기 때문에 문장이 길어지면 의미가 모호해진다. 영어에는 관계대명사가 있기 때문에 아무리 문장을 길게 쓰고 길게 말하더라도 의미가 명확한데 그들은 오히려 문장을 짧게 쓰고 말을 할 때도 짧은 문장으로 말한다. 그런데 관계대명사라는 것이 없어서 문장을 길게 쓰거나 긴 문장을 말하면 의미가 명확하지 않은 우리 국어에서는 오히려 문장을 길게 쓰고 긴 문장으로 말한다. 동서양의 이러한 습관은 참으로 아이러니가 아닐 수 없다.

판결문은 논리를 생명으로 하고 있기 때문에 문장의 명확성이 필수적으로 요구된다. 위의 판결이유에서도 보았듯이, 만연체로 된 문장은 논리가 명확하지 못해서 전체적인 의미가 구렁이 담 넘어 가듯이 넘어간다. 그러나 간결체의 문장은 논리에 맞지 않는 것이 확연히 드러나기 때문에 결론이 잘못되면 그 잘못을 쉽게 알 수 있다. 문장 사이에서 모순이 발견되기 때문이다.

결론적으로 판결문을 간결체로 작성해야 하는 이유는 판결문을 쉽게 이해하기 위한 것이고, 그보다 더 중요한 것은 만연체에 비해 간결체는 사건의 사실관계를 더 명확히 한정하여 논리적인 결론을 도출해내기가 더 쉽다는 점이다. 국어교육이 정상화되어 간결체 문장이 습관화가 되어 있다면 좋겠지만 대한민국에서 고등교육을 받은 사람들이고 그 중에서도 뛰어난 사람들이라 하니까 마음만 먹으면 언제든지 가능할 것이다.

사실관계와 법률판단의 경계가 없다

피고인은 20대 후반의 청년이다. 어느 날, 저녁 늦게 술이 약간 취한 상태에서 논두렁을 지나 한밤중에 집으로 귀가하던 중이었다. 도중에 외딴곳에 불이 켜져 있는 초가를 발견하고, 물을 얻어 마시기 위하여 집 안으로 들어갔다. 집에는 70세 정도의 직업이 무당인 노파가 혼자 살고 있었다. 여기서부터 이야기가 갈린다. 노파는 청년이 물을 마신 후 자신을 강간했다고 주장한다. 일을 당한 후 노파는 분을 삭이지 못하여 새벽이 되기를 기다렸다가 30분 정도 거리에 떨어져 사는 친구를 찾아가서 억울함을 하소연했다. 반면에, 피고인은 1개월 전 척추수술을 받아 성행위를 할 수도 없었을 뿐만 아니라, 20대인 그가 왜 70도 넘은 노인에게 그런 짓을 했겠느냐고 반문한다.[221]

이것이 사실관계의 전부라면 어떤 판결을 내리겠는가? 법정에서의 거짓말을 강조하려다 보니까 실제 소송에서 제기된 사실관계보다 생략

---

[221] 양삼승, 『법과 정의를 향한 여정』, 까치글방(2012), 53쪽

된 부분이 있었겠지만, 이 사실관계만을 가지고 청년이 강간범인지를 판단하는 것은 하느님이나 할 수 있을 정도로 어려운 일이다. 이 사실 관계만을 가지고 검사가 어떻게 청년을 처벌해 달라고 기소할 수 있었 겠는가.

검사는 최소한 물증을 확보해서 기소해야 했고, 여의치 않다면 피해 자도 사건현장을 보다 더 구체적으로 설명할 수 있어야 했다. 어떻게 성관계가 시작되었으며 어떻게 옷을 벗었고 청년은 어떤 옷을 입고 있 었으며 노파 스스로는 아무런 저항 없이 성관계에 응했는지 성관계 후 의 물증 처리는 어찌 했는지 등등을 신문했다면 보다 더 정확한 판결을 할 수 있지 않았을까. 필요하다면 비밀재판을 해서라도 치욕스러웠던 현장의 사실을 더 확보할 수 있지 않았을까.

재판장과 주심 사이에 의견이 팽팽히 갈린다. 여러 시간의 토론에도 합 의점에 도달하지 못하여, 밤새 다시 생각해보기로 한다. 다음 날의 토론도 마찬가지이다. 격론 끝에 형소법의 대원칙으로 돌아가기로 한다. '의심스 러울 때에는 피고인의 이익으로.' 법정에서의 선고 순간 재판장이 판결요 지를 설명하고 주문을 낭독하는 동안 내내 주심인 나는 계속 피고인의 얼 굴을 주시하고 있다. 이윽고 무죄 판결이 선고되자, 피고인이 놀라 숙이고 있던 고개를 번쩍 든다. 그 순간 나는 그 얼굴을 보고 느꼈다. 우리는 오판 을 한 것이다. 피고인은 유죄였음이 틀림없었다.[222]

형사소송의 대원칙을 설명하기 위한 글이었겠지만, 사건에서 결론에 이르는 과정은 석연치 않다.

---

(222) 양삼승, 『법과 정의를 향한 여정』, 까치글방(2012), 54쪽

사실관계는 소송의 전부다. 사실관계가 명확히 밝혀져야 그에 대한 잘잘못을 판단할 수 있기 때문이다. 사실관계를 밝히기 위하여 증거를 제출하고 증인이 증언토록 하는 것이다. 원고는 돈을 빌려주었다고 하는데 상대방은 돈을 빌린 적이 없다고 하면 그리고 아무런 증거가 없다면 원고가 이길 수 없다. 피해자는 강간을 당했다고 하는데 피고인은 그런 적이 없다고 하면 그리고 아무런 증거가 없다면 피고인이 범인이라고 할 수 없다.

물론 소송이 아무런 증거 없이 진행되는 경우는 거의 없다. 각자 주장하는 사실관계를 입증하기 위하여 온갖 증거를 제출하고 가능한 모든 증인을 동원한다. 문제는 그들 증거나 증언이 얼마나 신빙성이 있느냐 하는 것이다. 거짓말이 난무하는 법정에서 어느 것이 진실이고 어느 것이 거짓인지를 명확히 판단할 수 있다면 판결은 그리 어려운 일이 아닐 것이다.

판사 혼자 아니면 3인이 증거의 진위여부를 판단하는 것은 쉬운 일이 아니다. 그래서 그 판단을 보통의 일반인과 함께 해보자는 것이 바로 배심원에 의한 국민참여재판이다. 일반인들은 법률에 대해서는 잘 모를 수 있지만 소송 사건은 다양한 인간사(人間事) 중의 하나로서 보통의 상식을 가진 일반인도 진짜인지 가짜인지를 판별할 수 있다고 보기 때문에 배심제가 도입된 것이다.

배심제 재판에서는, 사실관계(matter of facts)에 대해서는 배심원들이 그 진위여부를 판단하고, 배심원들이 판단한 사실관계를 가지고 판사가 법률문제(matter of law)를 판단한다. 단독 또는 3인의 판사가 사실관계를 모두 판단하여 재판하는 것보다 여러 명의 배심원들이 사실관계를 판단하고 그에 기초하여 판사가 법률문제를 판단하는 것이 더 정확한 판단을 하리라는 것은 두말할 필요가 없다.

일반 국민이 재판에 참여하는 국민참여재판에는 배심제와 참심제 두 가지가 있다. 배심제는 관습법 체계의 미국이 채택하는 방식으로 평범한 시민들로 구성된 배심원단이 사실관계를 확정하고, 이를 기초로 법관이 법률을 적용하여 판결을 내린다. 예를 들어 살인죄로 기소된 피고인이 살인을 했는가 아니면 하지 않았는가에 대하여 증거를 기초로 배심원단이 판단하고, 만일 살인을 했다고 배심원단이 판단하면 법관은 법을 적용하여 형량을 결정한다. 이처럼 배심제에서는 배심원의 역할과 판사의 역할이 명확히 구분된다.

우리나라는 현재 형사소송 그것도 전체의 0.1%도 안 되는 사건에 배심제를 적용하고 있지만, 미국에서는 민사소송은 물론 모든 소송에 배심제를 적용한다. 특허소송과 같은 전문분야 소송에도 배심제가 적용되는데 일반 시민이 각 기술분야를 이해한다는 것이 쉽지 않기 때문에 미국 내에서도 말이 많다. 하지만 그들은 배심제의 장점과 취지를 살려 배심제를 운용하고 있다.

참심제는 재판부를 구성할 때 아예 직업법관과 일반 국민을 법관으로 임명하여 일반 시민이 법관으로 참여한다. 재판부를 구성할 때 법관 한명에 2인 이상의 일반 국민이 법관으로 임명되어 재판부가 사실문제와 법률문제를 직접 판단한다.

형사소송에 일부 적용되는 우리 배심제는 배심원들이 사실문제뿐만 아니라 법률적 판단인 양형에까지 개입하기 때문에 참심제 성격을 띠는 듯 하지만 배심원단의 결정이 법원에 권고적 효력밖에 없다는 측면에서 이것도 저것도 아닌 모호한 상태다.

2013년 도마 위에 올랐던 안도현 시인의 국민참여재판에서는 배심원단이 무죄라고 판단하고 무죄니까 형량도 당연히 있을 수 없다고 판단하였다. 그런데 판사는 배심원단의 무죄판단에 동의하지 못한다 하여 유죄라는 판결을 내리고, 양형에 대해서는 배심원 의견을 따른다는 판결을 내렸다. 다른 나라에서는 배심원의 유무죄 의견이 절대적이고 양형만 법관이 결정하는데 안도현 재판에서는 반대가 됐다. 그래서 이 판결이 세계역사상 유례가 없는 희한한 배심재판이 됐다고 비난하는 것이다.

소송에서 사실관계의 확정은 그만큼 중요하고 쉽지 않은 문제다. 그래서 소송에서 사실문제의 인정과 관련하여, 우리의 소송실무가 개선되어야 한다는 주장이 늘 제기되고 있다.

> 우리의 법정에서는 원·피고 쌍방이 각각 자기의 주장을 펴고, 이에 부합하는 각각의 증거를 제시한 후, 나머지 결론은 판사가 알아서 내려주기를 기다린다. 이렇게 되면 판사가 점쟁이가 아닌 마당에, 진실을 찾아낼 수가 없다. 사실관계는 당사자들 스스로가 가장 잘 알고 있을 것임에도 불구하고, 자기들 스스로 하나밖에는 없을 진실을 밝히지 않고 판사에게 떠넘기는 것은 좋은 제도가 아니라고 생각한다. 참고로 미국의 소송에서는, 판사 앞에서 변론이 열리기 전에 양쪽 변호사들 사이에서 '증거개시제도(discovery)'를 통하여, 이러한 사실관계를 자기들 사이에서 확정시키는 제도를 채택하고 있다. 그래야만, 판사에게 불필요한 업무 부담을 줄이고, 판사의 판단을 받아야 할 사항에만 변론을 집중시킬 수 있게 될 것이다.[223]

사실관계와 법률문제가 이토록 중요하지만, 우리의 판결문은 그 구

---

(223) 양삼승, 『법과 정의를 향한 여정』, 까치글방(2012), 60~61쪽

분이 명확하지 못하다. 어디까지가 사실문제이고 어디부터가 법률적 판단을 한 것인지 그 구분이 모호하다. 미국 판결문을 보면 그 구분이 명확하다. 어떤 사실이 일어났는지를 판결문 서두에 반드시 설명한다. 그러고 나서 사건의 논점에 대한 검토의견을 상세하게 설명해나간다. 논점에 대한 법률적 판단이 매우 논리적이기 때문에 판결문을 읽으면서 감탄하게 된다.

앞에서 인용했던 원린수 씨의 인천지방법원 사건 98고단7979 판결 이유를 다시 보자.

> 1998. 2. 19. 19:30경 인천 80나 8284호 타우너 승합차량을 운전하여 인천 계양구 효성동 617 소재 육군 제5공수여단 입구 노상을 가정동 방면에서 효성동 방면으로 편도 2차로 중 2차로를 따라 시속 약 40킬로미터의 속도로 진행함에 있어, 전방 주시를 태만히 한 채 진행한 업무상 과실로 마침 전방에서 신호대기를 위해 일시정차 중이던 피해자 이용찬(32세, 남) 운전의 인천 73고 2307호 그레이스 승합차량을 미처 피하지 못하고 사고 차량 좌측 앞범버 부분으로 피해차량 우측 뒷범퍼 부분을 충격하여 위 피해자 이용찬과 피해차량에 동승하고 있던 피해자 김선영(29세, 여), 같은 나모라(22세, 여)로 하여금 각 약 3주간의 치료를 요하는 견갑부좌상 등을 입게 함과 동시에 피해차량 수리비 1,576,850원 상당을 부수어 이를 손괴하고도 즉시 정차하여 피해자를 구호하는 등 필요한 조치를 취하지 아니하고 도주한 것이다.[224]

이처럼 장황한 내용이 한 문장으로 이루어진 것도 문제이지만 사실관계와 법률판단이 혼재되어 그 구분이 명확하지 못하다. 사실관계를

---

(224) 원린수, 『계란으로 바위깨기』, 화남(2006), 120~121쪽

설명하면서 '업무상 과실'이 있다고 함으로써 벌써 죄를 언급하고 있으며, '필요한 조치를 하지 아니하고 도주했다'고 결론을 내림으로가 **뺑소니** 사건으로 단정 짓고 있다.

이 사건에서 가장 핵심적인 사실관계는 **뺑소니**에 관한 것이다. 사고를 내고 도주했느냐가 사건의 쟁점이다. 원린수 씨는 그 상황을 이렇게 설명한다.

> 바로 앞에 정차 중인 그레이스 승합차를 비켜 진행하려고 그레이스 승합차의 우측 틈새를 빠져 나가는 도중 내 차 좌측 뒤 펜더 부분이 그레이스 승합차의 우측 후미등 부분과 살짝 스치는 사고가 발생했다. 나는 핸들을 우측으로 완전히 돌려 내 차를 뺀 다음 그레이스 승합차 앞 공간에 정차를 시켰다. 차에서 내려 내 차의 스친 부분을 살피는 도중 신호등이 진행 신호로 바뀌었다. 신호를 기다리던 다른 차량들이 일제히 경적을 울려 계속 그 자리에 있을 수 없었다. 마침 사고현장 200미터 앞에 넓은 공터가 있었다. 나는 그레이스 승합차 운전사에게 공터를 손으로 가리키며 그곳에 주차하자고 하였다. 그러고 나서 공터에 주차하려는데 핸드폰으로 전화가 걸려왔다. 나는 통화를 하면서 공터에 주차를 시킨 후 차에서 내렸다. 그런데 상대 차가 보이지 않았다. 날이 어둡기 시작하여 더 크게 눈을 뜨고 주변을 돌아보며 상대 차를 찾아보았지만 더는 보이지 않았다. 아마 피해가 경미하여 그냥 갔나보다 하고 별 생각 없이 차를 몰고 가던 길을 재촉하였다.[225]

위 내용 만으로는 누구한테서 핸드폰으로 전화가 왔는지 알 수 없지만, 피고인 원린수 씨가 주장하는 사실관계가 맞는다면 판결문에는 그

---

[225] 원린수, 위의 책, 13~15쪽

러한 사실관계가 모두 누락되어 있다. 판결문에 기재된 사실관계는 피해자만을 위한 사실관계였다. 이는 의도적인 것으로 밖에 볼 수 없고 쌍방에게 공정해야 한다는 소송의 대원칙은 무시되었다.

사실관계를 판결문에 이처럼 편파적으로 기재하니까 결론이 달라진다. 거의 모든 판결문에 나타나고 있는 현상이다. 물론 당사자들은 자기에게 유리한 사실만을 진술하고 불리한 사실이나 불리한 증거는 감추게 마련이다. 그래서 미국 같은 나라는 증거개시제도를 시행하고 나아가 배심원제를 실시한다. 그만큼 사실관계에 대한 확정이 중요하다는 의미다.

사실관계의 확정을 위하여 우리의 소송실무가 개선되어야 한다고 주장한다. 배심원제를 전면적으로 실시하자는 안도 나올 수 있고 미국처럼 증거개시제도를 실시하자는 안도 나올 수 있다. 하지만 우리나라에서는 거의 실시 불가능한 제도다.

내가 25년간 특허심판과 특허소송을 하면서 얻은 경험을 바탕으로 사실관계의 확정을 위한 하나의 방안을 제시하고자 한다. 역시 돈이 드는 제도도 아니고 법을 고쳐야 하는 제도도 아니며 법원 내부규정 만으로 아주 간편하게 그러나 명확한 사실관계의 확정을 위하여 매우 좋은 결과를 가져올 수 있다고 믿는다.

소송이 진행되면 사실관계가 반드시 존재하기 때문에 당사자 상호간에 일명 '사실관계 확인서'를 주고받아 법원에 제출하는 제도다. 이때 각 당사자는 사실관계를 개조식으로 분명하게 기재하고, 예를 들어 원고가 피고의 사실관계 확인서를 접수하면 그 사실의 진위여부를 ○ 또는 X로 표시한다. 이때 원고가 X로 표시한 경우에는 피고가 주장하는 사실관계가 왜 옳지 않은지 그리고 원고가 주장하고자 하는 사실관계가 무엇인지에 대하여 기술하도록 한다. 만일 원고가 피고의 사실관계 확인서를 작성하여 법원에 제출하지 않으면 원고가 주장하는 사실관계 모두를 법원이 인정하도록 한다. 피고의 경우도 마찬가지다.

위 사건에 이러한 방식을 적용하면, 원린수 씨는 상대방에게 다음과 같은 사실관계 확인서를 보내게 될 것이다.

사 실 관 계   확 인 서

수신: ○○○ 귀하(피해자)
발신: 원린수(피고인)

1. 피고인은 1998. 2. 19. 19:30경 타우너 승합차량(인천 80나8284)을 운전하여 인천 계양구 효성동 617 소재 육군 제5공수여단 입구 노상을 가정동 방면에서 효성동 방면으로 주행하였다. (   )

2. 피고인은 전방에서 신호대기를 위해 정차 중이던 피해자 이용찬(32세, 남)의 차량(인천 73고2307 그레이스 승합차량)을 미처 피하지 못하고, 피고인의 차 좌측 앞범퍼 부분으로 피해차량 우측 뒷범퍼 부분을 충격하였다. (   )

3. 피해차량에는 운전자 이용찬과 함께 김선영(29세, 여)과 나모라(22세, 여)가 동승하고 있었다. (   )

4. 사고 후, 피고인은 핸들을 우측으로 완전히 돌려 피고인 차를 뺀 다음 그레이스 승합차 앞 공간에 정차시켰다. (   )

5. 피고인은 차에서 내려 피고인 차의 스친 부분을 살피는 도중 다른 차량들이 일제히 경적을 울려, 피해자에게 사고현장 200미터 앞에 있는 넓은 공터를 손으로 가리키며 그곳에 주차하자고 하였다. (   )

○○○○년 ○월 ○일   피해자 ○○○ 서명

피해자는 위 사실이 맞으면 ○로 표시하고, 틀리면 X로 표시함과 동시에 어떤 부분이 어떻게 틀린지에 대하여 설명하도록 한다. 판사는 서로 의견이 갈리는 쟁점부분에 대해서만 심리하여 사실관계를 보다 쉽게 판단할 수 있다. 사건 내용을 모두 알 수 없어서 더 많은 사실관계를 확인할 수는 없지만, 이 정도만 물어보아도 뺑소니 사실관계를 어느 정도 확인할 수 있을 것이다. 만일 피해자가 위 사실관계 확인서에 서명하지 않거나 제출을 거부하면 피고인이 주장하는 사실관계를 모두 인정해주어야 한다.

피해차량의 동승자 모두가 약 3주간의 치료를 요하는 견갑부좌상을 입었다는 것은 당사자가 확인할 문제가 아니라 입증의 문제다. 의사가 허위진단서를 발급한 것인지도 밝혀야 한다. 피고인의 설명에 따르면, 정차 중인 피해차량을 비켜 진행하려고 피해차량의 우측 틈새를 빠져나가는 도중 피고인의 차 좌측 뒤 펜더 부분이 그레이스 승합차의 우측 후미등 부분과 살짝 스치는 사고에서 과연 탑승자 3명 모두 3주간의 치료를 요하는 견갑부좌상을 입을 수 있는지 의문이다. 바로 이런 것을 판단하기 위해서 배심원단이 필요한 것이다. 배심원단 없이 판사가 혼자 판단하는 경우, 판사가 그 증거를 인정하면 물피 사건이 영락없는 인체 상해 사건으로 둔갑하기 때문이다. 피해차량 수리비가 150여만 원이라는 것도 증거의 문제다. 카센터가 피해자와 짜고 허위견적서를 발급할 수 있기 때문이다. 피고인의 설명에 따르면, 살짝 스치는 사고에서 과연 얼마나 많은 사람들이 그 수리비를 정당하다고 할 수 있느냐 말이다.

우리의 실제 소송에서는 상대방이 제출한 증거를 인정하거나 부인하는 인부(認否) 절차를 거치는데 이는 요식행위에 불과하다. 한 당사자가 증거를 부인해도 판사가 인정해버리면 그만이다.

호텔종업원이 호텔 내 주차장에 주차된 차량의 번호판 가리는 행위에 대한 위법여부를 다룬 대법원 2009도2800 사건인 경우에는 사실관계 확정이 필요하지 않기 때문에 굳이 사실관계 확인을 할 필요가 없다. 피고인이 번호판 가린 것을 부인하는 것도 아니기 때문에 이 사건의 논점은 그러한 행위가 위법한지의 여부를 따지는 법률문제뿐이다. 따라서 내가 제안하는 사실관계 확인서 제도는 모든 소송에 의무적으로 시행하여야 하는 것은 아니고 어느 한 당사자라도 필요한 경우에 할수 있도록 하여야 한다.

나의 이러한 제안은 법적으로나 절차적으로 아무런 문제가 없는 것으로 생각되지만, 만일 그렇다면 이 제도가 적극 활용되기를 바란다. 사실관계 확정에 대한 재판부의 부담을 그만큼 덜어줄 수 있고, 보다 정확하고 공정한 판단을 할 수 있게 될 것이다.

다시 쓰는 판결문

　특허업무를 대리하고 있는 변리사는 특허와 관련하여 심판청구서, 소장, 준비서면 등을 작성하지만 가장 중요한 업무는 특허명세서(명세서)를 작성하는 것이다. 명세서란 발명자가 개발한 개발품 즉 발명에 관하여 상세히 설명한 서류를 말한다. 명세서는 보통 십 수 페이지부터 복잡한 발명인 경우에는 수백 페이지짜리도 있다. 기계발명과 같이 도면이 필요하다면 도면도 첨부해야 한다.

　명세서는 특허권이라는 무형의 재산권을 취득하는 기초가 되기 때문에 심혈을 기울여 작성해야 한다. 명세서를 잘 작성하는 사람이 유능한 변리사다. 명세서는 반드시 공개되는데, 변리사가 작성한 경우 변리사 이름도 함께 공개된다. 따라서 명세서를 보면 그 변리사의 수준을 알 수 있다. 그러나 그것도 남의 나라 얘기고 우리나라에서는 꼭 맞는 얘기가 아니다. 우리나라는 변리사가 아닌 직원 또는 다른 변리사로 하여금 명세서를 작성하도록 하고 대리인 명의는 대표변리사나 오너 변리사로 하는 경우가 많기 때문이다.

그런데 국내에서 작성되는 명세서는 뒤죽박죽이다. 그만큼 이해하기도 어렵다. 명세서는 특정의 형식을 요하는 것은 아니다. 발명을 이해할 수 있도록 상세히 설명하기만 하면 된다. 특정한 형식은 없지만, 전세계적으로 통용되는 국제적인 명세서는 (1) 발명의 분야(Field of Invention), (2) 발명의 배경(Background of Invention), (3) 발명의 목적(Objects of Invention), (4) 발명의 요약(Summary of Invention), (5) 도면의 간단한 설명(Brief Description of Drawings)(도면이 있는 경우에 한함), (6) 발명의 상세한 설명(Detailed Description of Invention), (7) 특허청구범위(Claims) 순으로 작성한다. 이러한 형식을 취하면 하나의 발명을 무난하게 작성할 수 있다. 그러나 우리는 아직도 이러한 형식조차도 따르지 못하는 명세서가 수두룩하다.

법원에 제출하는 소장이나 준비서면도 일정한 형식으로 작성된다. 개략적으로, (1) 사실관계(Facts), (2) 논점(Issues), (3) 검토의견(Discussion), (4) 결론(Conclusion) 순으로 작성된다. 논점은 검토의견에 포함될 수도 있다. 관련법조문이 논점이나 검토의견에서 함께 설명될수 있다. 판결도 마찬가지다. 이러한 형식을 취하면 내용이 아주 명쾌해진다. 중요한 것은 사실관계가 분명히 적시되어야 하고, 그에 따른 법률검토의견이 논리적으로 구성되어야 한다는 점이다.

■ **사례 1** 대법원 2009도2800 차량번호판 사건의 판결문

[1] 자동차관리법 제10조 제5항은 '누구든지 자동차 등록번호판을 가리거나 알아보기 곤란하게 하여서는 아니 되며, 그러한 자동차를 운행하여서

도 아니 된다.'고 규정하고 있고 같은 법 제82조는 고의로 위 제10조 제5항을 위반한 경우에는 100만 원 이하의 벌금에 처하도록 규정하고 있는바, 위 각 규정은 자동차 등록번호판을 가리거나 알아보기 곤란하게 하는 모든 행위에 대하여 무차별적으로 적용된다고 할 수는 없고, 자동차 관리법이 자동차를 효율적으로 관리하고 자동차의 성능 및 안전을 확보함으로써 공공의 복리를 증진함을 목적으로 하고 있는 점 등에 비추어 그 행위가 이루어진 의도, 목적, 내용 및 장소 등을 종합적으로 고려하여 자동차관리법 위반 여부를 판단해야 할 것이다.

특히 자동차 등록번호판을 가리는 등의 행위가 자동차의 효율적 관리나 자동차의 성능 및 안전 확보, 교통·범죄의 단속과는 무관하게 사적인 장소에서 이를 저해하거나 회피할 의도 없이 행해진 경우에는 위 각 규정에 따른 처벌 대상이라고 할 수 없다.

[2] 이러한 법리에 비추어 이 사건 기록을 살펴보면, 피고인이 호텔의 종업원으로서 호텔 주차장에 주차된 자동차의 번호판을 호텔 간판 등으로 가리는 행위를 하였다고 하여도 이는 호텔을 이용하는 사람들의 요청에 따라 그들의 사생활 노출방지 등을 목적으로 한 행위이고, 자동차의 효율적 관리나 자동차의 성능 및 안전, 교통·범죄의 단속과는 별다른 관련이 없으므로 자동차관리법 제10조 제5항 및 제82조를 적용하여 처벌할 수는 없다고 할 것이다.

[3] 그럼에도 불구하고, 원심은 자동차관리법 제10조 제5항을 함부로 제한해석해서는 아니 된다는 이유를 들어 이 사건 공소사실을 유죄로 인정하였으니, 원심판결에는 자동차관리법 제10조 제5항의 해석·적용에 관한 법리를 오해하여 판결 결과에 영향을 미친 위법이 있다. 이 점을 지적하는 상고이유 주장은 이유 있다.

[4] 그러므로 원심판결을 파기하고 사건을 다시 심리·판단하게 하기 위하여 원심법원에 환송하기로 하여, 관여 대법관의 일치된 의견으로 주문과 같이 판결한다.

위 판결문은 네 문단으로 이루어져 있다. 판결문의 일반적인 순서인

(1) 사실관계(Facts), (2) 논점(Issues), (3) 검토의견(Discussion), (4) 결론 (Conclusion) 순서를 따른다면, 문단[1]에는 사실관계가 나와야 했다. 그런데 문단[1]에는 관련 법조문부터 설명한다. 문단[2]에는 사실관계가 들어있지만 법률해석 즉, 법률판단이 함께 설명된다. 문단[3]은 원심이 왜 잘못 되었는지를 설명하는 법률해석 내지는 결론에 가깝다. 문단[4] 는 본 판결의 결론이다. 이 간단한 사건의 대법원 판결문조차 뒤죽박죽으로 작성되었다. 그래서 우리는 판결문 읽기가 쉽지 않은 것이다.

위 판결이유를 유지시키면서 판결문을 다시 써보자.

[A] 피고인은 ○○시 ○○동 소재 ○○호텔의 종업원으로서 호텔 주차장에 주차된 호텔 투숙객의 자동차 번호판을 가리는 행위를 하였다. (그 행위가 투숙객의 요청에 따라 한 것인지 아니면 호텔 측의 서비스 차원에서 한 것인지는 분명하지 않다. 분명하다면 그러한 사실을 추가할 수 있다)

[B] 자동차관리법 제10조 제5항은 '누구든지 자동차 등록번호판을 가리거나 알아보기 곤란하게 하여서는 아니 되며, 그러한 자동차를 운행하여서도 아니 된다.'고 규정하고 같은 법 제82조는 고의로 위 제10조 제5항을 위반한 경우에는 100만 원 이하의 벌금에 처하도록 규정한다.

[C] 이 사건의 논점은 위 피고인의 행위가 위 자동차관리법을 위반했는지의 여부이다.

[D] 위의 자동차관리법 각 규정은 자동차 등록번호판을 가리거나 알아보기 곤란하게 하는 모든 행위에 대하여 무차별적으로 적용된다고 할 수는 없고, 자동차관리법이 자동차를 효율적으로 관리하고 자동차의 성능 및 안전을 확보함으로써 공공의 복리를 증진함을 목적으로 하고 있다. 따라서 그 행위가 이루어진 의도, 목적, 내용 및 장소 등을 종합적으로 고려하여 자동차관리법 위반여부를 판단해야 한다. 특히 자동차 등록번호판을 가리는 등의 행위가 자동차의 효율적 관리나 자동차의 성능 및 안전 확보, 교통·범죄의 단속과는 무관하게 사적인 장소에서 이를 저해하거나 회피할 의도없이

행해진 경우에는 위 각 규정에 따른 처벌 대상이라고 할 수 없다.

피고인이 호텔의 종업원으로서 호텔 주차장에 주차된 자동차의 번호판을 호텔 간판 등으로 가리는 행위를 하였다고 하여도 이는 호텔을 이용하는 사람들의 요청에 따라 그들의 사생활 노출방지 등을 목적으로 한 행위이고, 자동차의 효율적 관리나 자동차의 성능 및 안전, 교통·범죄의 단속과는 별다른 관련이 없으므로 자동차관리법 제10조 제5항 및 제82조를 적용하여 처벌할 수는 없다.

그럼에도 불구하고, 원심은 자동차관리법 제10조 제5항을 함부로 제한 해석해서는 아니 된다는 이유를 들어 이 사건 공소사실을 유죄로 인정하였으니, 원심판결에는 자동차관리법 제10조 제5항의 해석·적용에 관한 법리를 오해하여 판결 결과에 영향을 미친 위법이 있다. 이 점을 지적하는 상고이유 주장은 이유 있다.

[E] 그러므로 원심판결을 파기하고 사건을 다시 심리·판단하게 하기 위하여 원심법원에 환송하기로 하여, 관여 대법관의 일치된 의견으로 주문과 같이 판결한다.

위 예시는 동일한 내용으로 사실관계, 관련법조문, 논점, 법률검토의견, 결론 순으로 정리한 것으로 이해하기가 훨씬 쉽다. 전 세계의 판결문은 처음에 사실관계에 대하여 설명하고 그 다음에 법률해석이나 법률적용에 관한 의견이 전개된다. 사건과 관련되는 종전의 판례는 법률검토의견을 논할 때 인용된다. 우리나라의 많은 판결문이 사실관계를 서술하기에 앞서 종전의 판례부터 인용하는데, 이는 판결문 작성에 있어서 아주 잘못된 일이다.

■ 사례 2　한 변호사 甲이 변호사사무소를 운영하면서 3명의 직원과 변호사 乙을 고용했다고 하자. 3명의 직원에게는 애초부터 근로기준법에 따라 퇴직금을 지급할 계획으로 퇴직금을 적립하였지만, 직원들

의 평균 연봉의 두세 배에 달하는 고용변호사 을에게는 퇴직금을 적립하지 않고 퇴직금에 해당하는 부분까지 연봉에 포함시켜 매월 연봉의 1/12을 지급했다. 이런 고용관계는 모두 구두로 이루어졌고 서면계약서는 작성하지 않았다. 갑은 을에게 그러한 사실을 고용 초기에 알렸고 을도 이에 동의했다. 5년 동안 일하던 을은 사직한 후, 5년 동안의 퇴직금을 지급하라며 소송을 제기했다. 근로기준법에 따르면, 사용자는 피고용인에게 1년에 1개월 치의 급여에 해당하는 퇴직금을 지급하도록 규정하고 있다. 을은 퇴직금에 대하여 동의한 바는 있지만, 근로기준법에서 퇴직금을 지급하라는 규정이 있기 때문에 퇴직금을 받을 권리가 있다고 주장하였다. 갑의 사무소에는 을이 고용되기 전에도 다른 고용변호사들을 계속하여 고용해왔고 이들은 작게는 1~2년, 많게는 4~5년씩 근무하고 퇴직하였지만 을과 같이 퇴직금을 매월 월급에 포함시켜 지급했기 때문에 어느 누구도 퇴직금을 갑에게 요구하지 않았고, 이러한 사실은 을도 잘 알고 있었다. 이런 사실관계를 가지고 판결문을 작성해 보자.

A. 퇴직금을 지급하라는 주문의 판결 예시:

[1] 변호사 갑(甲)은 변호사사무소를 운영하면서 3명의 직원과 변호사 을(乙)을 고용했다. 3명의 직원에게는 애초부터 근로기준법에 따라 퇴직금을 지급할 계획으로 퇴직금을 적립하였지만, 직원들의 평균 연봉의 두세 배에 달하는 고용변호사 을에게는 퇴직금을 적립하지 않고 퇴직금에 해당하는 부분까지 연봉에 포함시켜 매월 연봉의 1/12을 지급했다. 이런 고용관계는 모두 구두로 이루어졌고 서면계약서는 작성하지 않았다. 을에게는 그러한 사실을 고용 초기에 알렸고 을도 이에 동의했다. 5년 동안 일하던 을은 사직한 후, 5년 동안의 퇴직금을 지급하라며 소송을 제기했다. 고용변호사는

퇴직금에 대하여 동의한 바는 있지만, 근로기준법에서 퇴직금을 지급하라는 규정이 있기 때문에 퇴직금을 받을 권리가 있다고 주장한다.

[2] 근로기준법 ○○조에는 '사용자는 피고용인에게 1년에 1개월 치의 급여에 해당하는 퇴직금을 지급하여야 한다'라 규정한다.

[3] 근로기준법 ○○조의 취지는 약자인 근로자를 보호하기 위한 규정이기 때문에, 설사 을이 그의 퇴직금을 매월 지급되는 급여에 균등분할하여 지급받았다 하더라도 사용자인 갑에게 퇴직 후 1년에 1개월치의 급여에 해당하는 퇴직금을 청구할 권리가 있고, 갑은 을의 청구를 이행할 의무가 있다.

갑과 을의 상호 신뢰의 원칙도 중요하지만 약자를 보호해야 한다는 취지로 규정된 근로기준법 ○○조는 신뢰의 원칙보다 우선하는 것으로 볼 수 있다.

일반 직원 연봉의 두세 배를 받은 을이 사회적 약자라 할 수 있느냐의 문제는 연봉의 액수에 따라서 결정된다기 보다는 갑과 을의 고용관계 관점에서 보아 을이 갑보다는 약자의 위치에 있기 때문에 을이 약자가 아니라고 볼 수 없다.

을이 퇴직 후 다시 퇴직금을 요구할 생각이었다면, 애당초 연봉에서 퇴직금을 제외하고 줄 것을 갑에게 요청해야 하는 것은 일반적인 도덕기준이지만, 이런 도덕기준보다는 근로기준법 ○○조의 취지가 더 중요하다.

[4] 따라서 갑은 을에게 을의 5년간 근무기간에 해당하는 5개월 치의 급여에 해당하는 퇴직금을 지급해야 한다.

B. 퇴직금을 청구할 수 없다는 주문의 판결 예시:

[1], [2] (사실관계와 관련법조문은 위와 동일하다)

[3] 근로기준법 ○○조의 취지는 약자인 근로자를 보호하기 위한 것이라 하더라도, 을은 사실상 퇴직금에 해당하는 부분을 매월 지급되는 급여에 균등하게 포함시켜 지급받은 것이다. 이러한 퇴직금 지급방식을 고용초기에 알고 있었기 때문에, 퇴직 후 다시 퇴직금을 청구하는 것은 이중으로

퇴직금을 지급받게 되는 것이다. 퇴직금을 이중으로 지불하는 경우 갑은 그만큼을 부담해야 하기 때문에 이는 쌍방에게 공평한 것이 아니다.

나아가 퇴직 후에 을이 퇴직금을 다시 청구하는 것은 상호 신뢰의 원칙에도 어긋난다. 근로기준법 ○○조의 취지가 아무리 근로자를 보호하겠다는 것이라 하더라도 인간으로서 도덕적으로 지켜야 할 상호 신뢰의 원칙까지 무시하면서 근로자를 보호하는 것은 부당하다.

또한 을은 일반 직원 연봉의 두세 배를 받는 자로서 사회적 약자라 할 수 없다.

을이 퇴직 후 다시 퇴직금을 요구할 생각이었다면, 애당초 연봉에서 퇴직금을 제외하고 줄 것을 갑에게 요청했어야 함에도 불구하고 고용당시에는 그런 제안을 요청하지도 않은 채 매월 급여에 퇴직금에 상당하는 부분까지 지급받고 나서, 근로기준법에 의거하여 다시 퇴직금을 신청하는 것은 도덕이나 양심에 반하여 법을 악용한 악질적인 행위에 해당한다.

[4] 따라서 을은 이미 갑으로부터 퇴직금에 상당하는 금액을 지급받은 것으로 인정되기 때문에 을의 청구를 기각한다.

서로 상반되는 결론에 이른 두 판결 예시문에 대해서 어떤 예시가 더 논리적으로 타당한가는 독자에게 그 판단을 맡긴다.

■ **사례 3** 다음은 서울중앙지법 민사5단독 재판부의 판결(226)로서 근로자퇴직급여 보장법이 적용된 사건이다. 내가 피고로 소송을 당한 사건으로, 내가 1년 6개월간 고용했던 변리사가 퇴직한 후 나를 상대로 퇴직금을 청구한 사건이다.

1989년 특허법률사무소를 열었던 나는 당시 여직원 한 명과 함께 출발하여 10년 후쯤에는 변리사 서너 명과 직원 7, 8명 규모의 사무소를

---

(226) 사건번호 2010가소5174269 판사 허윤

운영해왔다. 직원들은 변리사에 비하여 연봉이 높지 않기 때문에 항상 퇴직 후에 퇴직금을 지급해왔다. 하지만 변리사는 상대적으로 연봉이 높고 또한 근무기간이 직원에 비하여 길지 않고 이직(移職)이 잦기 때문에 퇴직금을 포함한 연봉을 결정한 후 연봉의 1/12을 매월 지급하는 방식을 택했다. 즉 퇴직금을 매월 급여에 포함시켜 지급하였다. 20여 년간 약 20~30여 명의 변리사가 거쳐 가면서 나에게 퇴직금을 요청한 변리사는 하나도 없었다. 그런데 5년간 근무했던 한 변리사가 퇴직하면서 퇴직금을 요구하는 일이 벌어졌다. 나는 그녀에게 너의 퇴직금을 지급하지 않은 것이 아니라 매월 월급에 이미 포함하여 지급한 것이라고 하였다. 그러나 그녀는 퇴직 후 퇴직금을 지급하도록 법에서 규정하고 있기 때문에 퇴직금을 받아야 한다는 것이었다. 나는 그녀가 요구하는 퇴직금을 지급하지 않았고, 그녀는 퇴직 후 나를 노동부에 고발하였다. 나 같은 경우에 퇴직금을 지급해야 한다는 것이 노동부의 결정이었고, 소송을 가더라도 내가 백번 패한다는 노동부의 설명 때문에 나는 스스로 억울하다고 생각했지만 그녀에게 5년간의 퇴직금 2,500만 원을 지급하고 사건을 마무리하였다.

그 일이 해결되고 한두 달이 지나자 노동부로부터 또 한 장의 공문이 날아왔다. 2년 전에 퇴직한 다른 변리사가 노동부에 퇴직금을 요청하는 고발을 한 것이었다. 그가 퇴직한지는 2년이 지난 후였다. 그는 앞서 고발하였던 그녀와 같은 변리사시험 동기생이었다.

화가 머리끝까지 난 나는 큰 배신감과 함께 끝까지 법정싸움을 할 각오를 하였다. 그는 4년간 근무하다가 퇴직하였는데, 나는 그가 근무기간 중에 대학원을 마치도록 편의를 봐주었다. 물론 등록금을 보태준 적은 없지만 대학원을 가기 위해서는 1주일에 이틀을 한 시간 정도 일찍

퇴근해야 하는 것을 허락하였던 것이다. 그렇다고 내가 그에게 급여를 삭감하거나 불리한 대우를 한 적도 없었다.

그는 근무기간 중에 결혼하였는데 전세자금이 부족하다 해서 나는 그에게 3천만 원을 무이자로 빌려주었다. 그 기간은 약 3년 정도였다. 다른 직원들과 마찬가지로 결혼 때 100만 원의 축의금도 주었다. 그에게 아들이 태어났는데 내가 작명가를 알고 있었던 관계로 아들 이름도 그 작명가를 통해 지어다 주었다.

퇴직금을 또 주는 것도 아까웠지만 그의 배신감을 참을 수 없어서 끝까지 법의 심판을 받고자 나는 노동부의 권고도 무시해버렸다. 그러자 나는 검찰에 고발되어 200만 원 벌금형을 받았다. 끝까지 법정에서 옳고 그름을 판단 받고자 하였으나, 10여 명의 직원과 함께 사무소를 운영하는 일은 그렇게 한가하지 않았다.

시간이 흘러 화도 누그러지고 사무소 일도 바빠서 그에게도 4년간의 퇴직금을 주고 사건을 마무리하였다. 물론 벌금 200만 원도 납부하였다. 그 사건으로 나는 범법자가 되었다. 범법자가 되면 호적에 빨간 줄이 올라간다고 하는데 나는 아직까지 그것을 확인해보지 않았다.

법으로 밥을 먹고 살지만 나는 정작 법으로부터 멀리 있었다. 성격상 전문직종으로 근로자가 많지 않은 작은 사무소에서 일일이 고용계약서를 작성한다는 것이 비효율적이라 생각한 탓이다. 그러나 나는 나의 그러한 방식의 사무소 운영을 후회한 적도 없고 크게 잘못된 것이라고 생각한 적도 없다.

두 번 씩이나 이런 일이 있다 보니 나로서도 법적 장치를 마련해야 했다. 노무사를 찾아 상담하였다. 노무사의 권고에 따라 법에 규정한대로 근로계약서를 작성하기 시작하였다. 당시 법 규정에 따라 1년마다 갱신

하는 근로계약서를 변리사마다 작성한 것이다. 당시 근로자퇴직급여
보장법 제4조 1항에는 '계속근로기간이 1년 미만인 경우에 사용자는 근
로자에 퇴직금을 지불하지 않아도 된다' 제8조 2항에는 '퇴직금을 중간
정산한 경우, 퇴직금 산정을 위한 계속근로기간은 정산시점부터 새로이
기산하는 것으로 한다'고 규정되어 있었다. 쉽게 얘기해서, 1년마다 근
로계약을 하고 퇴직금도 1년마다 정산해주는 조건이다. 지금은 퇴직금
중간정산을 하지 못하도록 법이 개정되었지만, 그 당시 1년마다 근로계
약을 하는 것은 합법적인 것이었다.

한 변리사가 2008년 11월에 입사하여 1년간 근로계약서를 작성하였
다. 1년이 지나 근로계약이 만료되자 다시 근로계약을 1년간 하였다. 당
시 1년차 연봉은 퇴직금을 포함하여 6천만 원이었고, 2년차 연봉은 7천
5백만 원이었다. 물론 1년차 퇴직금도 정상적으로 지급하였다. 그녀는
2년차에 6개월을 근무하고 사직하였다. 근무기간이 1년 미만인 경우는
퇴직금을 지급하지 않아도 된다는 법 규정이 있었기 때문에 나는 그녀
에게 6개월분에 대한 퇴직금을 지급하지 않았다. 그러자 그녀는 나를
상대로 서울중앙지방법원에 소송을 제기하였다. 《보기》는 그 소송에서
내려진 판결문 전문이다.

나는 이 판결문을 받아보고 기절할 뻔하였다. 내가 패소하였기 때문
에 그런 것이 아니라 이것이 과연 판결문인가 하고 하도 어이가 없어서
였다.

판결이유를 보면 퇴직금 계산부터 나온다. 참으로 어이없는 판결문
의 시작이다. 사실관계는 둘째 치고 이 사건에 대한 법리적 해석도 없
이 퇴직금을 계산하고 있다. 정상적인 판결이라면 사실관계가 먼저 기
술되고, 그 다음 퇴직금을 지급해야 하는 상황이라면 퇴직금을 왜 지급

서 울 중 앙 지 방 법 원

판   결

사 건	2010가소5174269 상여금
원 고	황다영
	서울 서초구 서초동 1603-86 서초현대단독주택 5호
	소송대리인 법무법인 이엘케이
	담당변호사 이영철
피 고	최덕규
	서울 강남구 역삼동 648 23 여삼빌딩 301호 명지특허법률사무소
변 론 종 결	2010. 11. 5.
판 결 선 고	2010. 12. 3.

주   문

1. 피고는 원고에게 4,400,140원과 이에 대하여 2010. 5. 15.부터 2010. 10. 11.까지 연 5%의, 그 다음날부터 갚는 날까지 연 20%의 각 비율로 계산한 돈을 지급하라.
2. 원고의 나머지 청구를 기각한다.
3. 소송비용 중 3/5은 원고가, 2/5는 피고가 각 부담한다.
4. 제1항은 가집행할 수 있다.

청 구 취 지

피고는 원고에게 11,931,150원과 이에 대하여 2010. 5. 1.부터 이 사건 청구취지변경 신청서 송달일까지 연 5%의, 그 다음날부터 갚는 날까지 연 20%의 각 비율로 계산한 돈을 지급하라.

이   유

1. 퇴직금의 계산

퇴직 전 3개월(2010. 2. 1.부터 2010. 4. 30.까지) 동안 평균임금 1일당 195,561원 =

[{(월급 5,385,000 × 3개월) + (1년 상여금 5,000,000원 × 3개월/12개월)} ÷ 89일. 원
미만 버림. 이하 같다.]

퇴직금 8,800,280원 = 평균임금 195,561원 × 45일(재직기간 1년 6개월).

원고는, 원고의 2009. 11. 1.부터 2010. 10. 30.까지 1년간의 연봉이 7,500만 원이라
고 주장하나, 이 중 퇴직금 명목의 5,385,000원까지 원고의 임금이라고 인정할 증거가
없고, 또한 피고는 2008. 10. 20.부터 2009. 10. 30.까지 기간 동안 발생한 퇴직금을
중간정산하였다고 주장하나, 법률이 정한 퇴직금 중간정산 절차를 거쳤음을 인정할 증
거도 없다.

2. 상계

피고가 원고에게 2008. 10. 20.부터 2009. 10. 30.까지 근로기간에 대하여 퇴직금 명
목으로 지급한 450만 원은 퇴직금 지급으로서 효력이 없으나, 이는 원고가 피고에게
부당이득으로 반환하여야 하고, 위 부당이득반환채권으로 피고는 원고에 대한 퇴직금
채권과 상계가 가능하나, 원고의 퇴직금 채권의 1/2인 4,400,140원을 초과하는 부분에
대하여만 상계가 허용되므로(2010. 5. 20.선고 2007다90760 판결 참조), 원고의 피고
에 대한 퇴직금 채권은 피고의 원고에 대한 부당이득반환채권 4,400,140원과 대등액
에서 소멸되었다.

3. 결론

따라서 피고는 원고에게 4,400,140원과 이에 대하여 퇴직일로부터 14일이 경과한
2010. 5. 15.부터 갚는 날까지 연 20%의 비율로 계산한 지연손해금을 지급할 의무가
있다 할 것인바, 원고가 구하는 바에 따라 주문과 같이 판결한다.

판사   허윤 _____

해야 하는지 그 이유가 설명되어야 한다. 그러고 나서 지급할 퇴직금이
얼마인지를 계산해야 할 것이다. 그런데 느닷없이 퇴직금 계산을 하고
있다. 이는 이유야 어떻든 퇴직금을 무조건 지급해야 한다는 결론을 내
렸기 때문에 가능한 것이다. 그것은 판결이유가 아니라 결론이었다. 이
처럼 판결이유가 없으니까 퇴직금을 왜 지급해야 하는지 알 수 없다. 이
것은 판결폭력이다. 총칼만 들지 않았지 이것은 그 이상의 폭력이다. 누

가 이런 판결에 수긍하겠는가.

판결문은 퇴직금 계산을 먼저 끝낸 다음에, 내가 1년차에 지급했던 퇴직금의 중간정산을 인정할 수 없다는 이유를 달았다. 설사 그 이유가 옳다 하더라도, 판결문은 사실관계를 먼저 적시하고, 그 다음에 퇴직금을 지급해야 하는 이유를 설명하고, 그리고 나서 지급해야 할 퇴직금을 계산했어야 했다. 이유의 정당성에 대한 가부(可否)를 떠나서 판결문을 이렇게 작성해서는 안 된다.

내가 1차 년도에 퇴직금을 지급하여 중간정산한 것이 과연 잘못된 것인지 판결이유의 정당성을 살펴보자. 이유인즉슨, '퇴직금을 중간정산하였다고 주장하나, 법률이 정한 퇴직금 중간정산절차를 거쳤음을 인정할 증거도 없다' 라 하였다. '법률이 정한 퇴직금 중간정산절차' 란 무엇인가? 어느 법률이 그런 절차에 대해서 규정을 하고 있단 말인가? 근로자퇴직급여 보장법 제8조 2항에는 '퇴직금을 중간정산한 경우, 퇴직금 산정을 위한 계속근로기간은 정산시점부터 새로이 기산하는 것으로 한다' 고만 규정되어 있다. '퇴직금 중간정산절차를 거치지 않았다' 는 것은 도대체 무슨 뜻인지 알 수 없다. 퇴직금을 지급하기 위해서 가족 친지도 초청하고 내빈도 초청해서 애국가도 부르고 국민의례도 하면서 퇴직금 수여식이라도 해야 한단 말인가.

그 다음 판결 이유인 '상계' 를 보자. 보다시피 '상계' 는 하나의 만연체 문장으로 이루어졌다. 이 문장 구조를 보면, 중학생 정도만 되어도 논리적이지 못한 엉터리 문장이라는 것을 알 수 있다. 중학생도 이런 식의 문장은 쓰지 않을 것이다. 그 의미는 이렇다. 원고는 1년차에 지급받은 퇴직금을 나(피고)에게 돌려줘라, 그리고 나는 원고에게 1년 6개월 근무에 대한 퇴직금을 지급하라는 것이다. 이렇게 간단히 설명하면 될 것을 가지고 비비꼬고 있다.

내가 1년차에 퇴직금을 지급한 것은 법과 근로계약서에 따라 지급한 것이다. 법에 따르면 당시에는 1년마다 퇴직금 중간정산이 가능하도록 하였다. 그러나 판사는 법과 근로계약서에 따라 지급한 퇴직금이 효력이 없다고 하였다. 효력이 왜 없는지에 대해서는 아무런 설명이나 이유가 없다. 판사의 판결이유는 법을 무시하여 초법적으로 판단한 것이다.

이제 이 정도의 사건이라면 누구라도 훌륭한 판결문을 쓸 수 있을 것이다. 설사 판사가 아니라 하더라도, 쌍방에게 공평한 판결문을 쓸 수 있을 것이다. 이 사건의 그런 판결문은 독자의 몫으로 남겨둔다.

세상을 살다보면 악연을 만날 수도 있다. 그렇다고 피해서는 안 된다. 피하려다가는 더 큰 악연을 만날 수 있다. 뭐 피하려다 뭐 만난다는 속담도 있다. 돈이 오면 돈을 만나고 똥이 오면 똥을 만나고, 똥자루가 오면 아예 똥자루 속으로 들어가 버려라. 그렇지 않으면 살아남기 힘든 세상이기에.

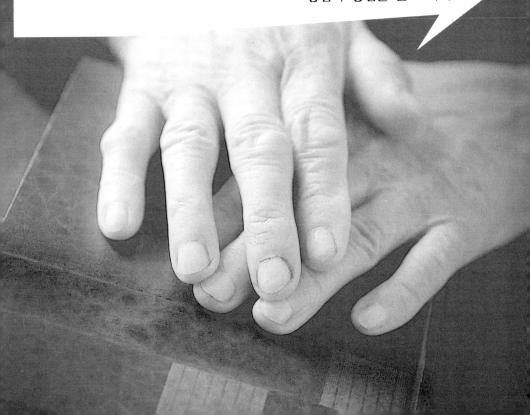

제9장

법의 문외지대(門外地帶)
– 특허분야

캐논 사건의 전모(全貌)를 밝히다

캐논 사건의 개요

캐논 사건은 일본의 캐논사가 프린터에 사용되는 감광드럼을 생산하는 국내의 6개 업체(삼성전기㈜, ㈜네오포토콘, ㈜백산OPC, ㈜알파켐, ㈜대원SCN(후에 '㈜파켐OPC'로 변경), ㈜켐스)를 상대로 특허권을 행사한 사건이다. 캐논은 위 국내업체들이 감광드럼을 생산하는 행위가 그들의 특허권을 침해한다고 주장하여 국내업체들로 하여금 감광드럼을 생산하지 못하게 함과 동시에 그동안 생산한 것에 대하여 손해배상을 청구하였다.

캐논은 2001년 삼성전기㈜를 상대로 특허권침해금지 소송을 청구한 것을 필두로 2002년에는 ㈜대원SCN을 상대로 같은 소송을 청구하였고, 2010년에는 ㈜알파켐을 상대로 같은 소송을 청구하였다. 2012년에는 ㈜백산OPC와 ㈜켐스를 상대로 소송을 청구하여 이들 소송은

2014년 1월 현재 서울고등법원에 계류 중이다.

삼성전기(주)와의 소송에서 캐논은 3억여 원의 손해배상을 받아냈으며, (주)대원SCN((주)파켄OPC)으로부터 18억여 원의 손해배상을, 그리고 (주)알파켐으로부터 15억여 원을 받아냈다. (주)백산OPC에게는 100억 원이 넘는 손해배상을 청구하고, (주)켐스에게는 5억여 원의 손해배상을 청구하였다.

대법원 1부(주심 고현철 대법관)는 (2006년) 12일 '레이저프린터용 핵심부품인 감광드럼 제조방식의 특허권을 침해한 만큼 완제품과 반제품을 모두 폐기하고 손해를 배상하라'며 캐논이 삼성전기와 파켄OPC를 상대로 낸 특허권 침해금지 청구소송 상고심에서 원고승소를 판결한 원심을 확정했다.

대법원은 판결문에서 '감광드럼을 특허권자 허락 없이 생산해 특허를 침해했다고 본 원심의 판결은 타당하다'고 밝혔고, 삼성전기 3억 2,000만 원, 파켄OPC 18억 2,000만 원 등 21억여 원의 손해배상도 확정했다. 이번 판결로 파켄OPC, 백산OPC, 켐스, 네오포토콘 등 300여 개 업체는 동일한 감광드럼을 사용한 토너카트리지를 생산하지 못하거나 캐논 측에 로열티를 지불해야 되는 등 막대한 피해를 입을 전망이다.[227]

2006년 10월에 있었던 신문기사이지만, 7년여가 지난 2014년 1월에도 (주)백산OPC와 (주)켐스를 상대로 한 손해배상소송은 아직 진행 중이다.

특허권자로부터 특허침해금지 또는 손해배상을 청구하는 소송을 당하는 경우, 상대방(피고)은 특허권자의 특허가 과연 올바르게 특허가 난

---

(227) 한국경제 2006. 10. 13 09:54:42, 정태웅 기자 redael@hankyung.com

것인지를 판단하거나 특허가 올바르게 난 것이라 하더라도 과연 자기가 그 특허를 침해했는지를 따져보아야 한다.

특허권은 특허를 받았다고 해서 항상 확고부동한 권리가 아니다. 어떤 특허는 애당초 특허를 받을 수 없는 것임에도 불구하고 특허가 날수 있고, 그런 경우에는 그 특허를 다시 무효시킬 수 있기 때문이다. 이것이 무효심판이다. 특허는 새로운 발명에 대해서 주어지는 권리인데, 새로운 것인지 아닌지는 심사관이 판단한다. 동일한 것이 있으면 특허를 받을 수 없다. 심사관이 전 세계 자료를 열심히 조사하여 판단하지만 전 세계 자료를 모두 다 조사할 수는 없는 노릇이다. 그래서 모든 나라의 특허제도에서는 특허를 받았다 하더라도 추후 발견된 자료에 의하여 다시 무효시킬 수 있도록 무효심판을 두고 있다.

다음에 특허가 올바르게 난 것이라 하더라도 과연 그 특허를 침해했는지를 따져보아야 하는데, 이 경우에는 피고의 침해품과 원고(특허권자) 특허가 일치하는지를 따지게 된다. 이를 권리범위확인심판('확인심판')이라 한다. 침해품이 특허권자의 특허권 범위 내에 속하면 침해가 인정되고, 그렇지 않으면 침해가 인정되지 않는다. 특허권은 발명기술이 매우 복잡하기 때문에 확인심판을 통하여 침해여부를 판단한다. 확인심판은 특허권자가 먼저 청구할 수도 있고, 침해혐의를 받은 자(피고)가 먼저 청구할 수도 있다.

특허권자가 확인심판을 청구하게 되면 특허권자는 침해품이 자기 특허권의 권리범위에 속한다는 주장을 할 것이고, 침해혐의를 받은 자(피고)가 청구하게 되면 침해품이 특허범위에 속하지 않는다는 주장을 할 것이다.

캐논이 국내업체들을 상대로 특허소송을 제기하자 국내업체들도 그에 대항하여 싸우기 시작하였다. 그들이 얼마나 처절하게 싸웠는지 살펴보자.

처절한 싸움

(1) 캐논은 2001년 수원지방법원에 삼성전기(주)를 상대로 침해금지소송을 청구하여 1심(2001가합10055), 2심(서울고등법원 2003나12511), 3심(대법원 2004다36505)에서 모두 승소하였다. 패소한 삼성전기(주)는 3억여 원의 손해배상을 캐논에 지불했다.

(2) 캐논은 2002년 수원지방법원에 (주)대원SCN을 상대로 침해금지소송을 청구하여 1심(2002가합5333), 2심(서울고등법원 2003나38858), 3심(대법원 2006다1831)에서 모두 승소하였다. 패소한 (주)대원SCN은 18억여 원의 손해배상을 캐논에 지불했다.

(3) 반격에 나선 삼성전기(주)는 캐논특허를 무효시키고자 무효심판을 제기하였으나, 1심(특허심판원 2001당2327), 2심(특허법원 2003허6548), 3심(대법원 2004후(당)3287)에서 모두 패소하였다.

(4) 다시 반격에 나선 삼성전기(주)는 그들이 제조한 제품(감광드럼)이 캐논특허를 침해하는지에 대하여 확인심판을 청구하였다(특허심판원 2002당2544). 하지만 삼성전기(주)가 제기한 확인심판은 침해에 대한 확인여부를 받아보지도 못한 채 각하되었다.

(5) 반격에 나선 (주)대원SCN은 캐논특허를 무효시키고자 무효심판을 제기하였으나, 1심(특허심판원 2002당2885), 2심(특허법원 2003허6524), 3심(대법원 2004후(당)3270 및 2004후(당)3287)에서 모두 패소하였다.

(6) 다시 반격에 나선 ㈜대원SCN은 그들이 제조한 제품(감광드럼)이 캐논 특허를 침해하는지에 대하여 확인심판을 청구하였으나, 1심(특허심판원 2002당2838 및 2004당(취소판결)108)에서 침해에 대한 확인여부를 받아보지도 못한 채 각하되었고, 이어지는 2심(특허법원 2003허6531 및 2005허(당)6122), 3심(대법원 2006후(당)1179)에서 모두 패소하였다.

(7) 캐논은 다시 2010년 수원지방법원에 ㈜알파켐을 상대로 침해금지소송을 청구하여(2010가합17614) 15억 원을 지급받는 판결을 받아냈다.

(8) 그러자 ㈜네오포토콘, ㈜백산OPC, ㈜켐스, ㈜알파켐은 합동으로 반격에 나서서 캐논특허를 무효시키고자 다시 무효심판을 제기하였다. 그러나, 1심(특허심판원 2010당2074), 2심(특허법원 2011허7492)에서 패소하였고, 대법원에 상고하여 싸우고 있다. (새로운 증거가 발견된 경우에 무효심판은 얼마든지 다시 청구될 수 있다.)

(9) 캐논은 2011년 ㈜네오포토콘, ㈜백산OPC, ㈜켐스, ㈜알파켐을 무역위원회에 제소하기에 이르렀다. 이때 캐논은 유일하게 패배의 맛을 본다. 무역위원회가 캐논의 청구를 기각한 것이다. 그러나 그것도 잠시 캐논은 다시 서울행정법원에 무역위원회의 기각판정을 취소하라는 소송을 제기하여(서울행정법원 2011구합44471) 그 소송을 승소로 이끌었다. 결국 캐논이 승소하였다.

(10) 캐논은 ㈜백산OPC에게는 100억 원이 넘는 손해배상을 청구하고, 이 소송은 2014년 1월 현재 서울고등법원에 계류 중이다.

(11) 캐논은 ㈜켐스에게는 5억여 원의 손해배상을 청구하고, 이 소송은 2014년 1월 현재 서울고등법원에 계류 중이다.

나는 기록을 살펴가면서 캐논 사건을 위와 같이 정리하는 데에만 며칠이 걸렸다. 이 정도면 소송하다가 지쳐 죽을 지경이다. 소송비용은 아마 손해배상액을 훨씬 넘었을지도 모른다. 앞으로 캐논 사건의 전모가 드러나겠지만 모두가 쓸모없는 소송들이었다.

이 소송을 대리한 대리인을 살펴보면, 캐논은 항상 김앤장이었다. 나머지 국내업체들을 대리한 대리인은 법무법인 광장, 특허법인 제일특허, 특허법인 AIP, 특허법인 대륙 등이었다. 우리나라 1, 2위 로펌과 특허법원 판사와 기술심리관 등을 역임한 전관들이 있는 쟁쟁한 사무소들이었다.

나는 캐논 사건에 관여한 바가 없었기 때문에, 일이 이토록 복잡하게 10년 이상 진행되어 왔음에도 아무것도 알지 못하였다.

2012년 9월 나는 평소 잘 알고 지내던 ㈜켐스의 사장으로부터 전화 한통을 받았다. 캐논과의 싸움에서 국내업체들이 모두 패소하고, 그 결과 ㈜켐스도 손해배상청구소송을 당했다는 것이었다. 그때 ㈜켐스가 나에게 모든 소송기록을 보내와 살펴보기 시작했다. 1, 2, 3심을 모두 합쳐 30여건이 넘는 방대한 소송을 10년 이상 하면서 그들은 어떤 소송을 하였을까. 기록을 살펴보는 순간 나는 한동안 넋을 잃었다. 한마디로 이 특허소송들은 모두 개판이었다. 캐논특허를 무효시키고자 했던 무효심판과 캐논특허를 침해하지 않았다고 주장하였던 확인심판 모두 엉망으로 진행되었던 것이다.

나는 켐스 사장에게 소송을 다시 시작하자고 하였다. 이 소송은 ㈜켐스가 반드시 승소할 수 있는 소송이라고 하였다. 그래서 나는 2012년 9월 ㈜켐스를 대리하여 다시 특허소송을 진행하기 시작하였다.

(12) 나는 ㈜켐스를 대리하여 2012년 9월 캐논특허에 대하여 무효심판을 청구하였다. 그러나 1심(특허심판원 2012당2456), 2심(특허법원 2013허82), 3심

(대법원 2013후1306)에서 모두 패소하였다. 대법원은 본 건 상고에서 심리불속행기각을 하였다.

(13) 나는 ㈜켐스를 대리하여 2013년 1월 켐스가 제조한 제품(감광드럼)이 캐논특허를 침해하지 않는다는 확인심판을 청구하였다. 그러나 1심(특허심판원 2013당11), 2심(특허법원 2013허3340), 3심(대법원 2013후2217)에서 모두 패소하였다. 대법원은 본 건 상고에서 심리불속행기각을 하였다.

캐논특허의 무효심판과 확인심판을 승소할 수 있다고 장담하던 나의 예상은 완전히 빗나갔다. 나의 예상이 왜 빗나갔는지 그 과정을 살펴보자.

지극히 간단한 사건

특허업무는 발명기술을 이해해야 하기 때문에 매우 복잡하고 전문적인 분야다. 특허업무를 올바로 수행하기 위해서는 고도의 첨단기술을 이해해야 하고 동시에 특허법에 관한 지식과 특허실무에 의한 경험이 뒷받침되어야 된다.

우리나라에서는 변리사 또는 변호사가 특허업무를 대리할 수 있다. 그러나 실제로는 변리사가 거의 특허업무를 대리하고 있다. 변호사는 거의 대부분 발명기술을 이해하지 못하기 때문에, 대리를 하고 싶어도 할 수 없는 실정이다. 또한 변리사라고 해서 모든 특허업무를 대리할 수 있는 것은 아니다. 한 변리사가 모든 기술분야를 이해한다는 것이 불가능하기 때문이다.

변리사는 크게 4분야로 나눈다. 기계분야, 전기전자분야, 화학분야, 생화학분야가 그것이다. 이 네 분야 중에서 최소한 어느 한 분야에 전문지식을 갖추어야 그 분야의 일을 할 수 있다.

자기가 잘 알지 못하는 분야의 글을 읽는다는 것은 매우 어려운 일이다. 자기가 알지 못하는 분야의 글을 쓴다는 것은 더더욱 어려운 일이다. 특허발명을 상세하게 설명하는 특허명세서를 읽고 이해하거나 작성하는 것이 어려운 이유가 여기에 있다. 나아가 특허명세서를 기초로 하여 행해지는 특허심판의 심결문이나 특허소송의 판결문이 어려운 이유도 마찬가지다.

캐논사건에서도 캐논특허의 명세서가 수십 쪽으로 이루어지고, 심결문이나 판결문 또한 보통 수십 쪽에 달한다. 그러나 캐논특허나 국내업체들이 제조한 감광드럼은 일반인이 이해하지 못할 만큼 그렇게 어렵진 않다. 오히려 간단하여 중고등학교 정도의 수준만 되더라도 쉽게 이해할 수 있다.

컴퓨터에 연결되어 사용되는 레이저프린터를 모르는 중고등학교 학생은 없다. 레이저프린터를 구입하면 죽을 때까지 사용할 수 있는 것이 아니라는 것도 잘 알고 있다. 토너가 고갈되면 토너를 새로 주입해야 하는데 이때 토너가 들어있는 카트리지를 교체하게 된다. 카트리지에는 감광드럼도 함께 조립되어 있다. 감광드럼도 장기간 사용하면 마모되기 때문에 주기적으로 교체해주어야 한다. 토너나 감광드럼은 소비자가 직접 교체하는 경우는 거의 없고 대부분 서비스 업체에 의뢰하여 카트리지를 교체하게 된다.

국내업체들이 생산했던 것은 바로 감광드럼이다. 감광드럼은 알루미늄 파이프를 주 소재로 해서 제조한다. 이렇게 제조된 감광드럼은 카트리지 재생업체에 판매된다. 카트리지 재생업체는 감광드럼을 구매해서 새로운 카트리지를 제조한다. 카트리지 재생업체는 새로 조립한 카트리지를 원하는 소비자(프린터 사용자)에게 교체해준다. 결국 소비자가 감광드럼을 직접 구입하는 경우는 없다.

감광드럼

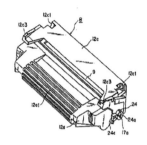

감광드럼(24)이 내부에 조립된 카트리지(8)

　다음으로 국내업체들에게 문제가 되었던 캐논특허의 내용을 살펴보면, 캐논특허는 카트리지에 조립된 감광드럼이 프린터 본체에 결합되도록 하는 일종의 체결구조에 관한 것이다. 문제가 되었던 캐논특허는 2개의 청구항으로 그 내용을 인용하면 다음과 같다. 아래의 두 청구항을 보면 읽기도 전에 질려버릴 것이다. 관련자가 아니면 아래의 두 청구항을 이해할 수 있는 사람은 많지 않다. 일단 밑줄 친 부분만 읽어도 본 사건을 이해하는데 전혀 지장이 없으니 밑줄 친 부분만 읽어도 좋다. 그래도 어려우면 모든 암컷과 수컷이 하는 그 짓거리를 연상하면 된다.

* **청구항 25**: 기록재 상에 화상을 형성시키기 위한 전자사진 화상형성 장치용의 전자사진 감광드럼에 있어서, 상기 장치는, 모터, 이 모터로부터 구동

력을 받는 구동회전 가능부재, 및 상기 구동회전 가능부재의 중앙부에 형성되며 복수개의 코너부가 있는 비원형 횡단면을 가진 비틀린 구멍을 구비하고, 상기 전자사진 감광드럼은, 그 주위면 상에 감광층을 가지는 실린더형 부재와, 상기 주 조립체로부터 구동력을 받도록, 상기 실린더형 부재의 일단부에 마련되고 상기 비틀린 구멍과 결합될 수 있으며 복수개의 코너부가 있는 비원형 횡단면을 가지는 비틀린 돌출부를 구비하여, 상기 감광드럼이 주 조립체에 장착될 때에, 상기 비틀린 돌출부가 비틀린 구멍에 결합되어 상기 전자사진 감광드럼을 회전시키는 구동력을 받는 것을 특징으로 하는 전자사진 감광드럼.

*청구항 26: 기록재 상에 화상을 형성시키기 위한 전자사진 화상형성 장치의 주 조립체에 착탈 가능하게 장착될 수 있는 처리카트리지용의 전자사진 감광드럼에 있어서, 상기 주 조립체는 모터, 이 모터로부터 구동력을 받는 주 조립체 기어, 및 상기 주 조립체 기어의 중앙부에 형성되며 실질적으로 삼각형의 횡단면을 가지는 비틀린 구멍을 구비하고, 상기 전자사진 감광드럼은, 그 주위면 상에 감광층을 가지는 실린더형 부재와, 상기 실린더형 부재의 일단부에 장착된 구동력 전달부재를 구비하고, 이 구동력 전달부재는, 상기 처리 카트리지가 주 조립체에 장착될 때에 구동력을 주 조립체로부터 현상롤러로 전달하는 드럼기어와, 상기 드럼기어의 중앙에 마련된 축과, 상기 처리 카트리지가 주 조립체에 장착될 때 상기 비틀린 구멍과 결합하여 주 조립체로부터 구동력을 받도록 상기 축의 일단부에 실질적으로 삼각형 프리즘의 형상으로 마련된 비틀린 돌출부를 구비하여서, 상기 전달부재가 구동력을 상기 비틀린 구멍과 비틀린 돌출부 사이의 결합을 통하여 주 조립체로부터 받아서, 이 구동력을 상기 축을 통하여 감광드럼으로 그리고 상기 드럼 기어를 통하여 현상롤러로 전달하는 것을 특징으로 하는 전자사진 감광드럼.[228]

---

(228) 캐논이 우리나라에서 받은 특허 제258609호

위에서 보는 것처럼 특허는 청구항(claim)이라는 것이 있다. 청구항은 특허권의 보호범위를 규정하기 때문에 특허명세서에서 가장 중요한 부분이다. 특허명세서는 통상 하나 이상 여러 개의 청구항으로 작성되는데, 이는 하나의 특허라 하더라도 복수개의 청구항으로 기재하여 보호받고자 하는 범위를 명확히 하고자 하는 것이다. 하나의 특허에 보통 10개 내지 20개 정도의 청구항이 작성되지만 때로는 그 이상 또는 수백 개가 넘는 청구항을 갖는 특허도 많이 있다. 청구항 작성은 쉬운 일이 아니기 때문에 해당 기술분야의 전문지식을 가진 고도로 숙련된 변리사에 의하여 작성되어야 한다.

문제의 캐논특허는 모두 70개의 청구항으로 이루어져 있는데, 그 중에서 문제가 되었던 것은 바로 청구항 25와 26이다. 청구항은 기술내용을 문자로 기재하여야 하기 때문에 위와 같이 복잡해질 수 있다. 그런 점을 감안하더라도, 내 기준으로 위 청구항의 수준을 살펴보면, C급 수준이다.

특허명세서에도 품질이라는 것이 있는데, 내 개인적인 생각으로는, 미국의 특허품질이 100점이라면, 유럽은 90점, 일본은 50점 정도라고 말할 수 있다. 일본의 특허명세서는 아직 품질이 그렇게 높은 수준이 아니다. 우리나라는 40점정도 된다고 보면 된다.

캐논특허는 감광드럼에 관한 것도 아니고 프린터 본체에 관한 것도 아니다. 캐논특허는 단지 감광드럼과 프린터 본체가 결합하기 위한 체결구조에 관한 것이다. 카트리지에 조립된 감광드럼은 프린터 본체 내에 장착되어, 감광드럼(수놈)이 프린터 본체의 기어 구멍(암놈)에 결합한다. 수놈과 암놈을 결합시킨 후, 암놈인 기어를 회전시키면 암놈에 삽입되어 있던 수놈인 감광드럼이 회전하게 된다. 다시 말해서, 암놈과 수놈이 맞물려서 동력이 전달되면 이들이 함께 회전하게 되는 것이다. 캐논은 그 구조를 개발한 것이고, 그 구조에 대한 도면은 아래와 같다.

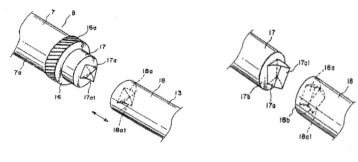

3각형 단면의 체결구조   4각형 단면의 체결구조

캐논특허에는 위 두 가지의 도면을 제시하고 있는데, 우선 '3각형 단면의 체결구조'를 보면, 누구나 쉽게 알 수 있듯이, 수놈(17a1)이 3각형 단면으로 약간 비틀어져 있음을 알 수 있다. 이 비틀어진 수놈이 삽입되어야 하니까 당연히 암놈도 비틀어진 구멍(18a1)이어야 한다. 이것이 캐논특허의 전부다. 이러한 내용은 위 청구항 26에 기재되어 있다. 위 청구항의 밑줄 친 부분을 보면 이제 청구항 26의 의미를 쉽게 이해할 수 있을 것이다. 이토록 간단한 내용을 그토록 복잡하게 기재하였기 때문에 내가 캐논특허를 C급 수준이라 하는 것이다.

다음으로 '4각형 단면의 체결구조'를 보면, 수놈(17a1)이 4각형 단면으로 약간 비틀어져 있음을 알 수 있다. 이 비틀어진 4각형의 수놈이 삽입되어야 하니까 당연히 암놈도 비틀어진 4각형의 구멍(18a1)이어야 한다. 4각형의 수놈을 3각형 구멍에 삽입시킬 수는 없는 노릇이다. 이러한 내용은 위 청구항 25에 기재되어 있다. 위 청구항의 밑줄 친 부분을 보면 이제 청구항 25의 의미를 쉽게 이해할 수 있을 것이다. 3각형, 4각형, 5각형, 6각형 등등마다 청구항을 작성하면 청구항 수가 한정 없이 늘어나기 때문에, 청구항 25에서는 '복수개의 코너부가 있는 비원형 횡단면'이라 하여 '다각형 구조'로 일반화한 것이고, 청구항 26에서는 그 중에서도 가장 중요하다고 생각되는 '3각형 구조'에 대해서 한정한 것이다.

결론적으로 요약하면, 캐논특허는 감광드럼과 프린터 본체가 결합하기 위한 체결구조에 관한 것으로, 감광드럼(수놈)과 프린터 본체의 기어 구멍(암놈)이 결합하도록 비틀어진 돌출부(수놈)와 비틀어진 구멍(암놈)이 그 특징이고, 국내업체들은 비틀어진 3각형의 돌출부(수놈)가 형성된 감광드럼을 제조하였던 것이다.

종전의 무효심판은 왜 개판이었나

캐논특허가 감광드럼과 프린터 본체가 결합하기 위한 체결구조, 즉 감광드럼에 형성된 비틀어진 돌출부(수놈)와 프린터 본체의 기어에 형성된 비틀어진 구멍(암놈)이라는 것을 파악한 국내업체들은 캐논특허를 무효시키고자 하였다. 그 결과 그들은 캐논특허를 무효시킬 만한 자료를 찾아냈다. 실제로는 많은 자료들을 찾아냈지만, 가장 중요한 자료는 아래 자료였다.

국내업체가 찾아낸 위 자료는 미국특허 제4,454,922호로서 광산업 분야에서 사용하기 위한 '드릴로드(drill rod) 및 천공장치(drilling

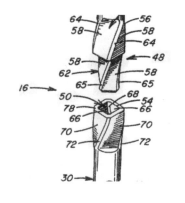

apparatus)'에 관한 것이었다. 즉 캐논특허가 개발되기 전에 이미 선행특허인 위 미국특허가 먼저 개발되었고, 따라서 캐논특허는 선행특허에 의하여 진보성이 없다는 이유에서 무효심판이 제기된 것이다. 바로 여기서부터 무효심판은 개판으로 흘러가기 시작하였다. 캐논특허가 선행특허에 의하여 무효로 되어야 하는 이유는 진보성이 아니라 신규성이기 때문이다.

이제 신규성과 진보성의 의미를 이해해야 한다. 신규성(novelty)과 진보성(obviousness)은 특허법에서 핵심 중의 핵심이다. 그렇다고 이것이 일반인들이 이해하지 못할 만큼 어려운 것도 아니다. 법은 상식이라 하였다. 누구나 이해할 수 있고 납득할 수 있어야 한다.

특허를 받기 위해서는 발명이 신규성과 진보성을 갖추어야 한다. 즉 신규성과 진보성은 특허요건인 셈이다. 다른 특허요건들이 많이 있지만 여기서는 별로 중요하지 않기 때문에, 신규성과 진보성에 대해서만 살펴본다.

특허를 받기 위해서는 우선 새로운(new) 것이어야 한다. 이 세상에 이미 나와 있는 것에 대해 특허를 받을 수는 없다. 이러한 상식으로부터 신규성(novelty)이라는 특허요건이 나온 것이다. 특허를 받기 위해서는 진보성도 갖추어야 하는데, 진보성은 완전히 새로운 것은 아니지만 종전에 나와 있는 것보다 더 진보해야, 다시 말해서, 더 우수해야 특허를 받을 수 있다는 것이다.

예를 들어, 누군가가 감광드럼을 개발하였다면, 종전에 나와 있는 감광드럼보다 어딘가 더 우수해야 특허를 받을 수 있는데 이것이 진보성이다. 당연한 얘기다. 그런데 누군가가 감광드럼의 체결구조(비틀진 돌출부와 비틀린 구멍, 즉 수놈과 암놈)를 개발하였다면, 그러한 체결구조가 이 세상 어디에도 없어야 하는데 이것이 신규성이다. 만일 그런 체결구조가 감광드럼이 아닌 다른 기술분야에, 예를 들어, 자동차 분야나 로켓 분야에, 이미 있었다면 감광드럼의 체결구조는 신규성이 없기 때문에 특허를 받을 수 없는 것이다.

신규성과 진보성의 이러한 차이점을 이론적으로 체계화하면, 진보성을 판단하는 경우에는 해당 발명의 기술분야에 한정하지만, 신규성을 판단하는 경우에는 해당 발명의 기술분야는 물론 다른 기술분야 즉 모든 기술분야를 망라한다는 결론에 이르게 된다. 이러한 이론은 그리 어려운 이론은 아니지만 특허법에서 가장 중요한 핵심적인 이론이다. 특허법을 공부했다면 이 정도 이론은 필수적으로 알고 있어야 한다.

이처럼 신규성과 진보성을 판단함에 있어서 그 기술분야를 달리하는 것은 다음과 같은 상식에서도 쉽게 이해될 수 있다. 예를 들어, '이 감광드럼이 저 감광드럼보다 우수하다(진보적이다)'라고 말할 수는 있어도, '이 운동화가 저 컴퓨터보다 우수하다(진보적이다)'라고 할 수는 없는 노릇이다. 기술분야가 서로 다르면 어떤 것이 더 우수하다거나 진보적이라고 비교할 수 없기 때문이다. A는 영어시험에서 70점을 받고, B는 수학시험에서 50점을 받았다면, 어느 누구도 'A가 B보다 우수하다'고 말할 수 없는 것과 같다.

캐논특허는 감광드럼에 관한 것이고, 선행특허는 광산용 천공드릴장치에 관한 것이다. 그렇다면, 이 둘은 기술분야가 서로 다르기 때문에 서로 우열(진보성)을 가릴 수 있는 것이 아니다. 그런데도 국내업체를 대리하였던 대리인들은 캐논특허의 감광드럼이 천공드릴장치에 대하여 우수하지 않다고 주장하였다. 이보다 더 한심한 주장은 없다. 이러한 주장이 우리나라 1, 2위 로펌과 특허법원 판사와 기술심리관 등을 역임한 전관들이 있는 사무소에서 한 주장이었다. 대한민국의 특허수준이 어느 정도인지 알 수 있을 것이다.

국내업체들의 이러한 주장은 받아들여지지 않았다. 받아들여질 수도 없는 주장이었다. 그래서 1심인 특허심판원에서 기각당했고, 특허법원과 대법원에서도 모두 기각당했다. 심결이나 판결 내용을 살펴보면 한심하다 못해 황당하다. 감광드럼이 천공드릴장치에 비하여 우수하지 않다는 주장에 대하여 그 가부를 판단할 사람은 아무도 없다. 누가 감히 운동화가 컴퓨터보다 우수하다고 말할 수 있으며, 영어 70점인 학생이 수학 50점인 학생보다 우수하다고 말할 수 있겠는가.

캐논특허를 선행특허인 광산용 천공드릴장치에 의하여 무효시키기 위해서는 그들의 기술분야가 서로 다르기 때문에 진보성이 아니라 신규성이 없다고 주장했어야 했다. 그래서 나는 신규성이 없다는 이유로 다시 무효심판을 진행하게 된 것이다.

내가 대리한 무효심판도 개판이었다

내가 다시 무효심판을 청구하자 캐논측은 일사부재리(一事不再理)를 들고 나왔다. 선행특허는 이미 대법원의 상고심까지 거치면서 심리하였기 때문에 다시 심리할 수 없다는 이유였다. 나는 종전의 심리는 진보성에 관한 심리였고, 신규성에 관해서는 심리하지 않았기 때문에 일사부재리에 해당되지 않는다고 주장하였다. 신규성과 진보성은 판단대상도 다르지만 판단방법도 판이하게 다르다. 이들의 판단방법에 대해서도 나는 준비서면에서 소상하게 설명하였고 구두변론에서도 그렇게 하였다.

신규성과 진보성은 모두 특허요건이지만 판단대상과 판단방법이 판이하게 다르다. 한마디로 설명하면, 신규성은 어떤 발명이 선행기술과 동일한지의 여부를 판단하는 것이고, 진보성은 어떤 발명이 선행기술보다 우수한지의 여부를 판단하는 것이다. 신규성의 판단대상은 기술분야가 서로 다를 수 있기 때문에, 신규성은 발명을 구성하는 부분의 동일성 여부만으로 판단하는 반면, 진보성은 동일한 기술분야에서 비교해야 하기 때문에 '발명의 목적, 구성, 작용효과'를 판단하여 진보성 여부를 판단한다.

우선 진보성 판단방법을 먼저 살펴보자. A라는 선행의 감광드럼이 있었는데, B라는 새로운 감광드럼을 개발했다고 하자. 이 경우 감광드럼 분야의 보통의 기술자들이 B를 쉽게 개발할 수 있다고 판단되면 진보성이 인정되지 않는다. 그 기술분야에서 보통의 기술자들이 쉽게 개발할 수 없어야 진보성이 인정되는 것이다. 진보성 판단은 이처럼 '보통의 기술자들이 B를 쉽게 개발할 수 있는지의 여부'에 달려 있기 때문에 주관적인 판단이 될 소지가 있다.

그런데 법은 절대적으로 주관적이어서는 안 된다. 법은 항상 객관성이 있어야 한다. 이러한 주관적 요소를 없애기 위해서 '발명의 목적, 구성, 작용효과'를 판단한다. 즉, B를 개발한 목적이 무엇이며, 어떤 구성이 A와의 차이점이며, 그 결과 B는 A에 대해서 어떤 효과가 있는지를 파악하여 진보성의 여부를 결정하는 것이다. 이를 특허에서는 '진보성의 3단계 판단방법'이라 한다.

다음 신규성의 판단방법을 살펴보면, 신규성에서는 일단 '발명의 목적, 구성, 작용효과'를 판단하지 않는다. 물품이 서로 다르기 때문에 '발명의 목적, 구성, 작용효과'를 판단할 수가 없다. 운동화의 목적과 컴퓨터의 목적을 서로 비교할 수 없고, 운동화의 구성과 컴퓨터의 구성을 서로 비교할 수 없으며, 운동화의 효과와 컴퓨터의 효과를 서로 비교할 수가 없기 때문이다. 그래서 신규성에서는 '발명의 목적, 구성, 작용효과'를 판단하지 않고, 서로 동일한지의 여부(동일성)만으로 판단한다. 두 발명이 동일한지 아닌지는 누구나 보면 알 수 있다. 그래서 신규성은 판단 주체가 해당분야의 기술자가 아니라 상식을 가진 일반인이면 누구나 가능하다. 이쯤 되면 논리상 심각한 의문이 하나 떠오를 수 있다. '물품이 서로 다른데 뭐가 동일하다는 것인가'라는 의문이다. 하나는 감광드럼이고, 다른 하나는 천공드릴장치인데 뭐가 동일하다는 것인가? 바로 그 의문이다.

캐논특허는 감광드럼과 프린터 본체에 관한 것이지만, 발명의 진짜 내용은 감광드럼도 아니요 프린터 본체도 아닌, 바로 그들의 체결구조인 '비틀어진 돌출부(수놈)와 비틀어진 구멍(암놈)'이라는 점이다. 그리고 선행특허인 천공드릴장치도 수많은 부품이 있지만 그 중에 바로 '비틀어진 돌출부(수놈)와 비틀어진 구멍(암놈)'이 있다는 것이다. 이를 도면으로 다시 비교해보자.

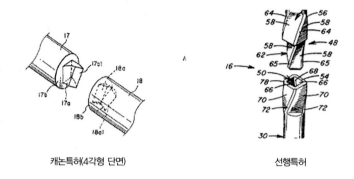

캐논특허(4각형 단면)   선행특허

신규성과 진보성은 판단방법이 다르기 때문에 캐논측이 주장했던 일
사부재리는 받아들여지지 않았다. 그 결과 1심인 특허심판원은 내가 제
기한 신규성에 대하여 심리하였다. 그러나 특허심판원은 이 사건이 일
사부재리에 해당되지 않지만, 선행특허에 의해 신규성이 있다고 판단
하였다.

> 이 사건 심판청구는 일사부재리에 해당한다고 볼 수 없고, 이 사건 특허
> 발명(캐논특허)이 비교대상발명 1(선행특허)에 의해 신규성이 부정된다고
> 볼 수도 없다.(229)

어떤 이유에서 신규성이 없다고 판단했는지 그 이유를 살펴보자.

> 캐논특허는 선행특허와 대비하여 그 목적과 구성 및 작용효과가 서로
> 다르므로 선행특허에 의해 신규성이 부정되지 아니한다.

---

(229) 특허심판원 2012당2456 심결(심판장 이해평, 주심 인치복, 심판관 박준영)

'맙소사!' 내가 심결이유를 읽는 순간 내 입에서 나온 탄식이다. 신규성에서는 '발명의 목적, 구성, 작용효과'를 판단하지 않는다고 하였다. 물품이 서로 다르기 때문에 '발명의 목적, 구성, 작용효과'를 판단할 수가 없기 때문이다. 그런데 특허심판원에서 그렇게 판단한 것이다. 즉 특허심판원은 진보성의 판단방법을 신규성의 판단에 적용한 것이다. 감광드럼의 목적과 드릴장치의 목적이나 구성 또는 효과를 서로 비교할 수 없음에도 불구하고, 심판원은 그들을 서로 비교하여 목적, 구성, 작용효과가 서로 다르기 때문에 신규성이 있다는 결론을 내놓은 것이다.

특허심판원의 심판장의 직급은 국장이고, 심판관은 최소한 과장이다. 그리고 심판장이나 심판관은 특허실무에 다년간의 경력이 있어야 임명되는 자리다. 그런 사람들이 특허법의 핵심인 신규성과 진보성을 이해하지 못한다면 대한민국 특허제도는 끝장난 것이나 다름없다.

설사 그들이 그것을 이해하지 못했다 하더라도 내가 심판청구서에서 그토록 상세하게 설명했기 때문에 누구라도 신규성과 진보성의 차이를 이해할 수 있는 상황이었다. 이런 상황에서 '그들의 목적, 구성, 작용효과가 다르기 때문에 신규성이 있다'는 결론에 이른 것은 어떻게 해서든지 캐논 측을 승소시키겠다는 의지가 없다면 나올 수 없는 결론이다. 이런 일은 눈깔이 뒤집히지 않고서는 아무나 할 수 있는 일이 아니다.

나는 다시 특허법원에 항소하였다. 특허심판원에서의 신규성 판단이 신규성 법리에 어긋나기 때문에, 특허법원에서 신규성 판단을 올바로 해 달라는 것이었다. 그러나 특허법원은 나의 청구를 기각하였다. 특허법원도 캐논특허가 선행특허와 동일하지 않다고 판단하였다. 그 이유는 다음과 같다.

이 사건 제25항 발명은 비교대상발명과 모터를 이용한 구동력의 전달구조, 그 전달에 관여하는 부품의 형상 및 결합 태양이 동일하기는 하나, 그 청구하는 물건이 비교대상발명의 드릴 로드와 용도와 기능이 전혀 다른 '감광층을 가지는 실린더형 부재를 구비한 전자화상 형성장치용 전자사진 감광드럼' 이므로, 양 발명은 동일하다고 볼 수 없다.[230]

'하느님 맙소사!' 내가 그 이유를 읽는 순간 내 입에서 나온 탄식이다. 특허법원이 캐논특허의 신규성을 인정한 이유는 '캐논특허와 선행특허는 형상 및 결합 태양은 동일하지만, 용도와 기능이 전혀 다르다'는 것이었다.

특허법원에서 판단한 '용도'는 '발명의 목적'에 해당하고, '기능'은 '효과'에 해당한다. 신규성을 판단함에 있어서, 발명의 목적, 구성, 효과를 비교할 수 없듯이, 발명의 용도나 기능도 비교할 수 없는 것이다. 캐논특허('감광드럼')와 선행특허('천공드릴장치')는 서로 다른 물품이기 때문에 그 용도나 기능이 다르다는 것은 삼척동자도 알고 있다. 특허법원이 '용도와 기능이 전혀 다르다'라고 판단한 것은 특허심판원에서 '발명의 목적과 구성 및 효과가 서로 다르다'라고 판단한 것과 같은 것이다. 이는 무늬만 다른 것이지 그 본질은 동일한 것이다. 이는 말장난, 언어유희(言語遊戱)에 불과하다. 법은 말장난의 과학이라고 한 찰스 맥클린(Charles Macklin)의 말을 실감케 한다.[231]

캐논 사건에서 특허법원이 '용도와 기능이 전혀 다르다'라고 판단하

---

(230) 특허법원 2013허82 판결(재판장 배광국, 판사 곽부규, 최종선)

(231) 아일랜드의 배우이자 극작가였던 찰스 맥클린(Charles Macklin, 1699~1797)이 한 말이다 (프레드 로델 지음, 이승훈 옮김 『저주받으리라, 너희 법률가들이여』, 후마니타스(2014), 20쪽)

여 캐논특허의 신규성을 인정한 것은 어떻게 해서든지 캐논 측을 승소시키겠다는 의지에서 비롯된 하나의 꼼수라고밖에 볼 수 없다.

대법원에 상고하였지만, 대법원은 이 사건을 심리불속행으로 기각하였다.[232] 승소할 수 있다고 장담하였던 나는 그렇게 무효심판에서 패하였다.

확인도 받지 못한 확인심판

캐논특허가 무효되지 않는다 하더라도 국내업체들이 제조한 감광드럼이 캐논특허 범위에 포함되지 않는다면 특허침해가 성립되지 않기 때문에 문제될 것이 없다. 감광드럼이 캐논특허 범위에 속하는지 또는 속하지 않는지를 판단받기 위해서 확인심판을 청구할 수 있다.

먼저 삼성전기(주)가 2002년에 확인심판을 청구하였다(특허심판원 2002당2544). 물론 삼성전기(주)가 제조한 감광드럼이 캐논특허에 속하지 않는다는 청구를 하였다. 하지만 이 확인심판은 침해여부에 대한 확인도 받아보지도 못한 채 각하되었다.

(주)대원SCN도 2002년 확인심판을 청구하였다. 그러나 특허심판원에서의 1심(2002당2838 및 2004당(취소판결)108)에서 각하 당하였고, 특허법원에서의 2심(2003허6531 및 2005허(당)6122), 대법원에서의 3심(2006후(당)1179)도 기각당하였다. 결국 국내업체들이 청구한 확인심판은 모두

---

(232) 대법원 2013후1306(재판장 대법관 양창수, 주심 대법관 고영한, 대법관 박병대, 대법관 김창석)

각하됨으로써 침해여부에 대한 확인도 받아보지도 못한 꼴이 되고 말았다. 이들 심판에서의 각하 사유는 '확인대상'이 잘못 특정되었다는 것이었다.

확인심판을 청구하는 경우에는, '확인대상'을 특정해야 한다. 확인대상이란 확인을 받고자 하는 대상이기 때문에, 캐논 사건에서는 감광드럼이 바로 확인대상인 셈이다. 국내업체들이 제조한 물품은 바로 감광드럼뿐이기 때문에 감광드럼을 확인대상으로 제시한 것이다. 그런데 특허심판원은 확인대상이 감광드럼이 아니라 감광드럼과 프린터 본체가 함께 확인대상이 되어야 한다고 판단한 것이다. 국내업체들은 감광드럼 만을 제조했을지라도, 결과적으로 그 감광드럼이 프린터 본체에 사용되기 때문에 프린터 본체를 포함해야 한다는 논리였다. 프린터 본체를 생산하지도 않은 국내업체로서는 귀신 씻나락 까먹는 소리나 다름없었다.

그래서 나는 귀신 씻나락 까먹는 논리를 반박하기 위하여 다시 확인심판을 진행하였다. 나는 ㈜켐스를 대리하여 2013년 1월 그들이 제조한 제품(감광드럼)이 캐논특허를 침해하지 않는다는 논리의 확인심판을 청구하였다. 그러나 1심(특허심판원 2013당11)[233], 2심(특허법원 2013허3340)[234], 3심(대법원 2013후2217)[235]에서 모두 패소하였다. 대법원은 본건 상고에서 심리불속행기각을 하였다. 내가 청구한 확인심판도 역시 '확인대상'이 잘못 특정되었다는 것이었다. 이제부터는 '확인대상'이 잘못 특정된 것이 아니라는 것에 대하여 상세히 살펴볼 것이다.

---

(233) 심판장 이해평, 주심 인치복, 심판관 박준영
(234) 재판장 배광국, 판사 곽부규, 최종선
(235) 재판장 대법관 양창수, 주심 대법관 고영한, 대법관 박병대, 대법관 김창석

(주)켐스가 제조하였던 감광드럼의 사진과 캐논특허의 도면을 상기해보자.

㈜켐스가 제조한 감광드럼

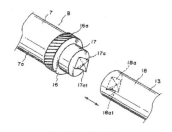

캐논특허(3각형 단면)

캐논특허의 핵심은 감광드럼과 프린터 본체의 체결구조인 '<u>비틀어진 돌출부(수놈)</u>'와 '<u>비틀어진 구멍(암놈)</u>' 이라 하였다. 그런데 감광드럼을 보면, 감광드럼에는 수놈만 붙어있지 암놈은 거기에 없다. 암놈은 감광드럼에 붙어있는 것이 아니라 프린터 본체에 붙어있다. 다시 말해서, 캐논특허는 수놈과 암놈 한 쌍인데, 감광드럼에는 수놈만 있다. 이런 경우에는 특허침해가 성립되지 않는다. 특허를 구성하는 구성요소가 모두 있어야 침해가 성립되기 때문이다(이를 특허법에서는 '전요소이론[全要素理論; All Element Rule]' 이라 한다).

이제 캐논측이 왜 그토록 '프린터 본체'를 '확인대상'에 포함시키고자 하였는지 이해할 수 있을 것이다. 프린터 본체를 포함시키지 않으면, 감광드럼에는 암놈이 없게 되기 때문에, 감광드럼은 캐논특허를 침해하지 않게 된다. 국내업체들이 제조하지도 않은 '프린터 본체'를 포함시켜 '감광드럼'과 함께 '확인대상'이 되어야 특허침해를 인정받을 수 있다. 그래서 캐논측은 '확인대상'에서 '프린터 본체'가 빠져 있기 때문에, '감광드럼'만으로는 올바른 '확인대상'이라 할 수 없고, 따라서 확인심판은 각하되어야 한다고 주장한 것이다. 특허심판원과 특허법원은 캐논 측의 주장을 받아들였다.

이러한 캐논 측의 주장은 특허법의 확인심판에 존재하지도 않는 법리이며, 다음과 같은 관점에서 잘못된 주장이다.

(주)켐스는 '감광드럼'만을 제조하는 회사로서, 그 '감광드럼'이 확인심판에서 '확인대상'이 되어야 한다는 것은 지극히 당연하다. (주)켐스는 '감광드럼'만을 제조하는 회사로서, '프린터 본체'는 제조하지 않았기 때문에, 침해확인을 받기 위하여 그가 제조한 '감광드럼'을 확인대상으로 제시하면 충분한 것이지, 제조하지도 않은 '프린터 본체'를 확인대상에 포함시켜야 할 하등의 이유가 없다. 이는 마치 도둑질을 하지 않는 사람한테 도둑질을 했다고 자백을 강요하는 것과 같다. 확인심판에서 확인대상이란 특허범위에 속하는지를 확인받기 위한 물품에 한정되는 것이지, 그 물품이 본체에 결합하여 사용된다고 해서 그 본체까지 포함시킬 이유가 없는 것이다.

(주)켐스는 '감광드럼'만을 제조하는 회사로서, '감광드럼'이 '확인대상'이 되어야 한다는 것은 지극히 당연하기 때문에, 캐논측은 (주)켐스가 제조한 '감광드럼'이 그들의 프린터 본체에 사용되는 상황 하에서 '감광드럼'이 어떻게 캐논특허를 침해하는지에 대하여 주장을 해야 했고, 심판부나 재판부는 그들의 주장이 타당한지에 대하여 판단했어야 했다. 그런데 캐논측은 그러한 주장을 하지 못한 채 귀신 씻나락 까먹는 논리를 주장했고, 심판부와 재판부는 그러한 논리를 받아들였다.

특허침해이론에 관한 심층부까지 설명하지 않으면 아니 되는 사건이기에 어쩔 수 없지만, (주)켐스가 제조한 '감광드럼'이 그들의 프린터 본체에 사용되는 상황 하에서 '감광드럼'이 캐논특허를 침해하는지의 여부는 특허권의 간접침해이론을 적용해야 해결될 수 있는 사안이다.

내 능력이 허락하는 범위 내에서 가능한 한 쉽게 설명하고자 하였지만, 캐논 사건의 확인심판은 전요소이론을 비롯하여 간접침해이론, 특허권 소진이론, 재생용품의 특허침해문제 등을 다룰 수 있는 특허법적으로도 매우 중요한 사건이었다. 특허심판원이나 특허법원이 이러한 이론들을 적용하여 캐논 사건의 확인심판을 올바로 판결했다면 전요소이론, 간접침해이론, 특허권 소진이론, 재생용품의 특허침해이론에 관하여 기념비적인 판결을 내릴 수 있었던 사건이었다. 그러나 그런 이론들을 판단하기는커녕 제조하지도 않은 '프린터 본체'를 확인대상에 포함시켜야 한다는 귀신 씻나락 까먹는 논리를 받아들임으로써 국내업체들은 수백억 원의 손해배상을 지불해야 할 지경에 이르렀고 그로 인한 우리 산업현장은 수천억 원의 피해를 입게 되었다. 신규성이나 진보성조차도 판단할 줄 모르는 우리의 특허심판원이나 특허법원에게 전요소이론, 간접침해이론, 재생용품의 특허침해이론 같은 고급이론을 기대하며 소송을 다시 제기했던 것은 애초부터 한없이 어리석은 일이었다.

캐논 사건을 마무리하며

그리하여 캐논 사건은 신규성을 주장했어야 할 것을 엉뚱하게 진보성을 주장하는 잘못을 범하였고, 신규성을 주장했더니 이번에는 진보성 판단방법을 적용하여 신규성을 판단하는 잘못을 범하였고, 확인심판을 청구하였더니 제조하지도 않은 '프린터 본체'를 확인대상에 포함시켜야 한다는 귀신 씻나락 까먹는 논리를 받아들여 침해여부에 대한 실체적 판단도 받아보지 못한 채 각하당해야 했다. 장이 뒤집혀서 환장하지 않고서는 이런 판결은 나오려야 나올 수 없는 판결이었다.

장님이 장님을 끌고 가다

캐논 사건은 특허분야에서 빙산의 일각에 불과하다. 신규성과 진보성도 판단할 줄 모르고 확인대상도 파악할 줄 모른다면 특허분야는 법의 문외지대(門外地帶)나 다름없다. 장님이 장님을 끌고 가다가 다 같이 방죽에 빠져 죽는 형국이다.

특허행정의 수장이라 할 수 있는 특허청장은 대부분 청와대 낙하산 인사다. 2014년 재임 중인 23대 김영민 특허청장은 특허청 내부승진을 했다 하지만 산업자원부 관료출신으로 특허청 재직기간은 길지 않다. 특허청이 발족한 1977년부터 2013년까지 지난 35년간 모두 23명의 특허청장이 거쳐 갔다. 평균재임기간이 1.5년이다. 특허법에 대해서 알지도 못하는 특허청장이 1.5년 동안 무슨 정책을 펴겠다는 것인가. 변리사로 일하던 이스라엘의 노엄 박사는 특허청장에 임명된 후 10년간 재직하다가 물러났다. 우리로서는 꿈같은 얘기다.

특허청장 대부분은 특허법에 문외하다. 그래서 그들은 1.5년 동안 발명자에게 도움이 될 만한 특허행정을 펼치지 못한다. 그런 그들이 1.5년 동안 반드시 하는 일이 있다. 법 개정이다. 신임 특허청장이 부임하면 어김없이 특허법을 개정한다. 생색내기용 법 개정이다. 그래서 우리 특허법은 매년 개정된다. 미국특허법이 지난 200여 년 동안 10번도 안 되는 개정을 한 것에 비하면 우리는 연례행사다. 그 다음으로 특허청장이 관심을 보이는 것은 숫자놀음이다. 우리나라 특허출원 건수가 세계 4위를 했느니 5위를 했느니 하는 것들이다. 껍데기 같은 데이터를 언론에 발표하면서 뭔가 중요한 일을 하고 있다는 것을 보여주어야 하기 때문이다. 발명자를 위한 내실은 찾아볼 수 없고 모두 빛내고 광내기 위한 것들이다.

세계경제포럼의 〈2012~2013 국가경쟁력 보고서〉에 따르면, 지적재산권 보호지수는 150여 조사국 중에서 40위였다. 이는 다른 지수들에 비하면 월등히 우수한 것이지만, 특허출원 건수가 세계 4, 5위를 자랑하는 나라로서는 여전히 초라하다. 지적재산권 보호지수가 40위를 기록한 것도 상대적으로 높은 특허출원 건수에 기인한 것으로 생각된다. 많은 외국을 상대로 한 나의 특허실무 경험으로 보아 특허심사나 심판의 질적인 면을 면밀히 평가한다면 우리는 100위권 내에 들기도 어려운 실정이다.

심사관과 심판관의 문제도 심각하다. 심사관은 특허심사관과 상표심사관으로 구분된다. 특허와 상표는 다 같은 산업재산권 또는 지적재산권에 포함되지만 내용을 살펴보면 이들은 유사한 점이 거의 없는 별개의 분야다. 특허분야는 각 기술분야의 전공지식을 갖추어야 하고 나아가 특허법의 지식과 함께 최소한의 특허실무를 겸비해야 한다. 보다 구체적으로 특허명세서를 작성해보아야 하고 작성할 줄 알아야 한다. 그러나 현재의 우리나라 특허심사관 시스템으로는 그것이 불가능하다. 그래서 특허명세서를 한 번도 작성해보지 않은 심사관들이 특허를 심사한다. 그렇기 때문에 심판관이 되어서도 신규성이나 진보성조차 올바로 판단할 수 없다. 상표심사관은 기술과는 관계없고 상표법에 정통해야 한다. 그러나 현재의 상표심사관 제도만으로는 그것도 기대할 수 없다. 미국은 상표심사관들이 모두 상표법에 정통한 변호사들이다.

특허법원장을 비롯한 특허법원 판사의 문제도 특허청 심사관보다 더 하면 더했지 덜하진 않다. 1998년 3월 개원한 특허법원에 2014년 2월 현재 17대 법원장이 재임하고 있으니 평균 재임기간이 1년이 안 된다. 특허법원 판사들은 정확한 재임기간을 알 수 없으나 평균 3년이 넘지 않을 것으로 보인다.

특허법원은 고등법원급이니 고위법관이 잠시 들렀다 가는 곳이다. 양승태 대법원장과 김이수 헌법재판관도 특허법원장을 역임했고, 박일환 대법관, 전효숙 헌법재판관도 특허법원 판사를 역임했다. 특허와는 별로 관계없는 인사들이다. 특허법원의 판사나 법원장은 특허법에 정통한 인사로서 최소한 특허분야에서는 존경받는 인사이어야 한다. 우리에게 그런 인사는 없다. 대법관이나 헌법재판관이 되기 위하여 잠시 머물렀다 가는 곳이다. 특허야 죽이 되던 밥이 되던 승진해서 떠나면 그만이다. 이런 상황이기 때문에 신규성이나 진보성을 제대로 판단할 리 만무하다. 전요소이론, 간접침해이론, 특허권 소진이론, 재생용품의 특허침해이론과 같은 특허법의 고급 이론들은 엄두도 내지 못하는 상황이다.

기술도 이해하지 못하고 특허법도 정통하지 못한 판사들이 판결을 내리고 있으니 그 판결이 어떠하겠는가. 우리나라 특허 심결이나 판결은 문제의 핵심을 찾지 못하고 있다. 특허 심결이나 판결은 괴발개발 써진다고 보면 된다. 판결문에는 인용하는 판례와 특허의 청구항을 베껴 쓰는데 절반을 할애한다. 대부분의 판결문은 기술내용의 핵심을 파악하지 못한 채 단어와 문장을 짜깁기하여 나열하는 수준이다. 기술내용을 중심으로 논점에 대한 충실한 논리가 전개되어야 하는데 그런 판결은 찾아보기 어렵다.

지방법원이나 고등법원에서의 판결도 대동소이하다. 2012년 삼성과 애플의 특허침해소송에서, 서울중앙지법은 삼성에게 2,500만 원, 애플에게 4,000만 원의 손해배상을 내렸다. 그 판결이 내려진 다음날 미국 법원에서는 삼성이 애플에게 1조 2,000억 원을 배상하라는 평결이 내려졌다. 물론 우리나라에서의 판매량이 미국과 다르기 때문에 그 배상액이 같을 수는 없다. 굳이 글로벌 기업 간의 분쟁이 아니라 하더라도, 선진국에서의 특허소송에서 4,000만 원의 손해배상은 그 자체가 존재하지 않는다. 국제적인 망신거리였다. 세계적인 기업 간의 특허분쟁이 이러할진대 개인이나 중소기업의 특허권이 제대로 보호된다고 생각하면 큰 오산이다. 그래서 우리는 자조적으로 말한다. '특허 받아봐야 말짱 도루묵'이라고. 모두 특허법에 대한 무지로부터 비롯된 특허업계의 비참한 현실이다.

특허법원에는 다른 법원에서 볼 수 없는 기술심리관이라는 독특한 직책이 있다. 법복은 입지 않지만 법관 옆의 법대에 앉아서 법관과 같이 심리에 참여한다. 그런데 기술심리관은 특허청에서 파견한 특허청 소속 공무원이다. 특허여부를 판단하는 소송인 경우에는 특허청과 출원인이 상대가 되어 싸운다. 즉 출원인이 원고가 되고, 특허청장이 피고가 된다. 특허청에서는 특허청장을 대리하여 특허청 소속 공무원인

소송수행자가 소송을 수행한다. 기술심리관과 특허청 소송수행자는 다 같이 특허청 소속이다. 가재는 게 편이라 하였다. 공정한 재판이 되었다 하더라도 의혹을 떨칠 수 없는 부분이다. 기술심리관은 특허청 소속으로부터 독립하여야 한다.

우리나라 법과대학이나 로스쿨도 특허분야는 열악하기 그지없다. 특허나 상표의 지적재산권 분야가 부상하자 이 분야로 특화하겠다는 로스쿨들이 있지만 내막을 알고 보면 속빈 강정이다. 상표는 기술에 대한 지식이 없어도 되지만, 특허를 제대로 이해하기 위해서는 기술을 이해할 수 있어야 한다. 그런데 우리나라 대학에서 특허법을 가르치는 교수 중에서 기술을 이해할 수 있도록 이공계 전공을 가진 교수는 거의 전무하다. 기술을 모르면 특허청구범위를 이해할 수 없고 가르칠 수도 없다. 사과를 먹어보지도 못한 사람이 사과 맛에 대해서 그럴듯하게 설명하는 것과 같다. 특허청구범위를 가르치지 않고서 특허법을 가르쳤다고 할 수 없다. 혹세무민하고 있다고 보면 된다.

특허를 심사하는 과정에 '하나의 청구항이라도 거절이유가 있으면 전체 특허가 거절되어야 한다' 라는 법리가 있다. 이는 특허법에 기초를 둔 특허심사에 관한 법리다. (나는 이 법리를 '한항거절 전체거절의 법리' 라 약칭한다.) 이 법리의 의미는, 특허는 하나의 특허라 하더라도 여러 개의 청구항이 있을 수 있는데, 그중에서 한 항이라도 거절이유가 있으면 전체특허가 특허 받을 수 없다는 것이다. 이 경우 특허를 받기 위해서는 거절 이유가 있는 청구항을 출원인이 자발적으로 삭제해야 한다. 완벽한 청구항 만을 남겨놓아야 특허를 받을 수 있다는 의미다. 지극히 당연한 법리이다. 특허를 인정함에 있어서 하나라도 하자가 있으면 특허를 내줄 수 없으니 출원인이 완벽한 상태로 만들어 놓아야 하기 때문이다. 이 법리는 심사관이 심사단계에서 적용되는 법리로서, 심판이나 소송단계에서는 적용될 수 없는 법리다. 그런데 이 법리가 수십 년 동안 대법원 판결에서 인용되고 있다.[236] 그래서 아직도 모든 심판이나 소송에서 이 법리가 그대로 적용되고 있다. 이는 엄청난 잘못이다. 그렇게 심판하거나 소송하는 나라는 이 지구상에 우리밖에 없다. 우리 특허청이나 특허법원 나아가 대법원은 아직까지 이 법리에 대한 의미를 알지 못하고 있다.

특허문제는 매우 전문적인 분야이기 때문에 일반인이 이해하기 쉽지 않다. 특허명세서를 괴발개발 써놓고 판결문을 괴발개발 써놓아도 잘못을 지적하기 어렵다. 나는 2011년 6월부터 2014년 6월까지 우리나라 특허제도의 문제점과 함께 개선안을 제시하는 논문을 모두 10편 발표하였다. 특허료의 문제점[237], '한항거절 전체거절의 법리'의 문제점[238], 선원주의에 관한 문제점[239], 변리사 시험제도의 문제점[240], 특허법령의 미비에 대한 문제점[241], 기술적 표장의 문제점[242], 상표 유사여부판단의 문제점[243], 지리적 표장의 문제점[244], 상표 무효심판의 문제점[245], 지정

(236) 대법원 판결 91후578, 92후1615, 94후203, 94후2018, 96후603, 99후1263(이는 극히 일부에 지나지 않는다)
(237) 창작과 권리, 통권 제63호(2011년 여름호), 세창출판사
(238) 위의 책, 통권 제64호(2011년 가을호)
(239) 위의 책, 통권 제65호(2011년 겨울호)
(240) 위의 책, 통권 제66호(2012년 봄호)
(241) 위의 책, 통권 제67호(2012년 여름호)
(242) 위의 책, 통권 제68호(2012년 가을호)
(243) 위의 책, 통권 제69호(2012년 겨울호)
(244) 위의 책, 통권 제70호(2013년 봄호)
(245) 위의 책, 통권 제74호(2014년 봄호)

상품 유사판단의 문제점(246)이 그것이다. 하루빨리 우리 특허업계가 법의 문외지대(門外地帶)로부터 벗어나길 바라는 심정에서 쓴 것들이다.

---

(246) 위의 책, 통권 제75호(2014년 여름호)

법!
말장난의 과학